Everyday
BIBLE

WORD SEARCH
COLLECTION

365 PUZZLES!

BARBOUR
PUBLISHING

NOTE: In the lists of search words in this puzzle collection, the words of an <u>underlined phrase</u> will be found together in the puzzle grid.

© 2007 by Barbour Publishing, Inc.

ISBN 978-1-63609-279-9

All scripture quotations are taken from the King James Version of the Bible.

Published by Barbour Publishing, Inc., 1810 Barbour Drive, Uhrichsville, Ohio 44683, www.barbourbooks.com

Our mission is to inspire the world with the life-changing message of the Bible.

Member of the
Evangelical Christian
Publishers Association

Printed in the United States of America.

Day 1

BIBLICAL HOUSEHOLD ITEMS

P	O	S	T	L	K	R	M	C	R	S	P	I	C	E
J	Y	G	N	I	W	E	S	E	A	O	X	J	M	E
N	M	G	D	I	P	C	H	L	T	N	O	O	P	S
F	G	T	N	M	E	C	K	T	E	F	D	R	R	A
M	W	E	A	A	T	R	A	Y	A	V	H	L	J	E
M	L	L	B	I	P	G	I	K	M	B	O	D	E	R
Q	I	R	P	M	E	A	L	F	R	M	L	H	B	G
R	G	R	M	F	P	M	L	R	L	Y	G	E	S	D
U	P	L	R	A	C	A	K	E	W	R	N	P	E	G
O	C	O	O	O	N	W	C	F	P	R	I	B	T	C
L	R	S	T	I	R	U	K	F	I	H	K	H	W	N
R	U	L	T	R	P	K	X	U	L	J	A	R	A	D
A	S	R	P	X	L	I	O	N	L	T	B	N	S	Y
P	E	R	X	H	S	I	D	S	O	Z	L	Z	H	Q
Q	B	V	E	S	S	E	L	P	W	G	T	K	L	C

BAKING	MIRROR	SEWING
BED	MYRRH	SHOVEL
CAKE	NITRE	SNUFFER
CANDLE	OIL	SOAP
CRUSE	PAN	SPICE
CUP	PARLOUR	SPOON
DISH	PILLOW	TABLE
FIRE	PITCHER	VESSEL
GREASE	POST	WASH
LAMP	POT	WINE
MEAL	POTTAGE	

Day 2

THE WOMAN AT THE WELL

JOHN 4:11–14

```
R N D G R C L W R R L Y N M H
E R W B N N H M A D I T R P G
V K E Q Q I D I E T F V V R G
E F L X G R H R L R E K W N L
O J L X A N E T E D W R I Y R
S D E W P W I T O H R G N R T
O E R S S F A T E N N E F E H
H E R N U E Y N S I B V N H T
W P A Z R S C L R A M R N T I
X R Z G X E I P N G L Z C A A
J A C O B V S R T A Y R N F S
G V H Q I K N A M O W X E N X
M P D N Z C K T H I R S T V H
P F G T K H T E K N I R D M E
J N C A T T L E N D R E V E N
```

AGAIN	FATHER	SAITH
ANSWERED	GREATER	SPRINGING
CATTLE	JACOB	THIRST
CHILDREN	JESUS	WATER
DEEP	LIFE	WELL
DRAW	LIVING	WHENCE
DRINKETH	NEVER	WHOSOEVER
EVERLASTING	NOTHING	WOMAN

Day 3

A'S IN THE BIBLE

```
A  N  O  D  D  E  G  A  M  R  A  A  P  F  T
Q  L  A  A  Y  T  C  Z  M  A  B  B  A  L  S
U  E  H  R  B  A  M  A  L  E  K  S  L  H  I
I  G  P  K  R  E  S  T  C  A  N  A  E  N  R
L  N  L  G  C  E  L  M  T  V  J  L  G  O  H
A  A  A  T  J  F  D  M  M  L  B  O  N  R  C
W  V  P  L  M  T  W  N  J  C  A  M  A  A  I
V  E  D  O  N  J  O  W  A  M  B  L  H  A  T
H  X  R  I  L  D  G  K  O  X  N  J  C  R  N
Y  H  O  D  D  L  Z  S  C  X  E  C  R  R  A
W  N  W  A  N  H  O  V  T  N  U  L  A  Q  A
A  C  B  G  B  A  B  S  M  R  B  T  A  V  M
S  A  I  N  A  N  A  K  S  P  L  G  T  P  M
A  I  R  Y  S  S  A  E  W  A  M  T  K  Y  O
L  F  G  H  W  L  D  A  N  T  I  O  C  H  N
```

AARON	ALTAR	ANTICHRIST
ABADDON	AMALEK	ANTIOCH
ABBA	AMEN	APOLLOS
ABEL	AMMON	AQUILA
ABSALOM	AMOS	ARCHANGEL
ACCURSED	ANANIAS	ARMAGEDDON
ACTS	ANDREW	ASSYRIA
ALEXANDER	ANGEL	
ALPHA	ANOINT	

Day 4

VIRTUES AND SINS

```
G N I R E F F U S G N O L M S
R E V A W D W E L P E A C E P
G K D I D O L A T R Y E K D I
Y Y L D R U N K E N L E S F R
F R B A M R W Y B I E O R K I
A E K S W B S M F M R U I P T
I T B N S E R E Y C I L J T R
T L J A R E D N E T L D O S S
H U C E R F N R W I C F Y U E
S D H L A E Y D N E K M N L D
T A K C E L V G O W N L R E I
R P N N Z V O E J O R V G T T
I G Z U T Y O U L K G A Y A I
F K K D D L T L S R J Z T H O
E X E L T N E G N Y Y N M H N
```

ADULTERY	IDOLATRY	REVELRY
DEFILE	JEALOUSY	SEDITION
DRUNKEN	JOY	SORCERY
ENVY	KILLING	SPIRIT
FAITH	LEWD	STRIFE
FRUIT	LONGSUFFERING	UNCLEAN
GENTLE	LOVE	WALK
GOODNESS	LUST	WAVER
HATE	MEEK	WRATH
HERESY	PEACE	

10.8.22

→ Day 5 ←

THE LAMENTING PROPHET

JEREMIAH 25:2-3; 2 CHRONICLES 35:25

```
L A M E N T A T I O N S E H H
N G N I G N I S M T D E E A G
E D A M Q J V E G L R A I N T
J C F R N E H F O H R S I H N
E U L T O T A H T K O Y E A N
B L D E M Y E R E J A I L I T
T O P A A B E N L S R O H M E
L R G O H R E A Y Y R L Q E V
A D N P E D S Y R D B N K R E
M I I G L P V I E K A P S E N
E N S T N A T I B A H N I J W
N A I Y P R O P H E T D L J O
T N R E J E R U S A L E M R M
E C T H C O M E N E K O P S E
D E M T K G N I K A E P S K N
```

AMON	JUDAH	SPAKE
BEHOLD	LAMENTATIONS	SPEAKING
COME	LAMENTED	SPOKEN
EARLY	LORD	THEIR
EVEN	MADE	THEM
HEARKENED	ORDINANCE	THEY
INHABITANTS	PEOPLE	THREE
ISRAEL	PROPHET	WOMEN
JEREMIAH	RISING	YEAR
JERUSALEM	SAYING	
JOSIAH	SINGING	

10-14-22

Day 6

LAND SABBATHS

```
M Y J S E V E N T H H M K N C
M D S A B B A T H T M R L V M
Y E H B D L V Q S L O R D H T
K S A W R H T E W O R G R K G
L S B T O D R A Y E N I V S L
M E X W C H D H M N I R R P D
J R L N C N G W O D N A A L L
K D H J A R W T X F E G E E R
R N W L A F O R T Y R I L H Y
L U L P H P G Y E S F U Y N K
S K E Y L A A H T N E Y I N L
E S K L S E T N C L U V S T M
V P F O B R H J Q N N R R I F
E W W H Y N E J X G F F P A X
N M E N I V R N W O Q P X C H
```

ACCORD
FIELD
FORTY
FRUIT
GATHER
GRAPES
GROWETH
HARVEST
HOLY
LAND

LORD
MEAT
NINE
NOT
OWN
PRUNE
REAP
REST
SABBATH
SEVEN

SEVENTH
SIX
SOW
UNDRESSED
VINE
VINEYARD
YEAR
YEARS

Day 7

PHILIP'S CALLING

```
P R E A C H E R G A Z A R K D
K H T R E S E D F C L F E H V
P I L I H P N G M N H C C A Q
A T N E S H G S I O H S N I N
G W M F N J I A R O N C A S A
B X A X K T L S S M R T S I I
S C T Y P P E E A G L O P E P
P H N A X S N L L Y L L E M O
I A B E T W V T W P O L C Q I
R R Q T C A U G H T I J C N H
I I W A T E R M N K K C A K T
T O R I Y Y L I F E H P S Z E
T T O P R O P H E C Y O W I J
G N T H A I A S I R N E L B D
D Q U E S T I O N S N Q C Y J
```

ACCEPTANCE
AWAY
BAPTISM
CAUGHT
CHARIOT
CHOSEN
DESERT
DISCIPLE
ETHIOPIAN

EXPLAIN
GAZA
HOLY
HORSES
ISAIAH
JOY
LIFE
MESSIAH
NEW

PHILIP
PREACHER
PROPHECY
QUESTIONS
SALVATION
SCROLL
SENT
SPIRIT
WATER

ENDS IN "ITE"

```
W  T  D  G  L  A  T  V  E  N  E  E  H  P  W
E  X  Q  L  E  M  R  T  M  T  B  T  E  E  G
L  T  M  J  W  S  I  E  I  Q  Q  I  B  T  E
E  E  I  R  J  R  H  M  L  B  Q  R  R  I  T
D  T  D  B  O  W  A  U  A  I  L  A  O  A  I
E  I  I  M  A  L  K  C  R  F  T  M  N  N  Z
T  K  A  N  E  O  H  P  O  I  E  E  I  I  Z
I  E  N  Z  A  R  M  Q  D  T  T  Z  T  D  I
N  L  I  B  I  A  K  V  I  K  B  E  E  B  N
O  A  T  T  J  E  N  Z  T  A  R  D  I  T  E
M  M  E  N  N  R  Z  A  E  Z  H  W  Y  H  K
D  A  K  I  M  I  R  E  C  H  A  B  I  T  E
A  E  T  I  R  E  B  W  R  B  K  N  Q  L  Y
K  E  Z  E  T  I  R  A  H  E  Z  I  D  J  K
G  R  P  M  A  S  H  B  E  L  I  T  E  C  Q
```

AMALEKITE	CANAANITE	KENIZZITE
AMORITE	DINAITE	MIDIANITE
ARDITE	ELAMITE	MOABITE
ARELITE	GESHURITE	PERIZZITE
ARODITE	HEBRONITE	RECHABITE
ASHBELITE	IZEHARITE	ZEMARITE
BACHRITE	KADMONITE	
BERITE	KENITE	

A MAN AFTER GOD'S OWN HEART

ACTS 13:21-23

```
N  Z  G  S  J  E  G  H  E  A  R  T  J  D  M
L  L  E  E  W  G  N  I  R  P  Z  L  E  E  S
V  E  S  H  F  D  I  I  S  T  M  S  H  D  A
D  U  I  O  R  E  D  X  M  R  I  T  R  P  V
S  C  R  E  R  S  R  X  Z  A  A  A  G  E  I
H  T  R  S  J  I  O  E  R  L  W  E  K  V  O
Y  S  I  I  E  R  C  C  C  R  I  L  L  A  U
T  R  E  M  S  E  C  W  E  A  M  F  L  G  R
R  A  H  O  S  D  A  T  H  E  P  W  L  I  R
I  E  T  R  E  A  F  R  V  O  D  S  H  U  W
B  Y  L  P  C  A  U  A  H  B  M  A  R  E  F
E  D  N  U  O  F  H  L  G  N  I  K  V  F  N
B  E  N  J  A  M  I  N  P  T  H  E  Y  I  L
C  V  G  K  R  E  M  O  V  E  D  N  T  L  D
N  Y  N  O  M  I  T  S  E  T  L  L  A  H  S
```

ACCORDING	JESSE	TESTIMONY
AFTERWARD	JESUS	THEIR
BENJAMIN	KING	THEM
DAVID	MINE	THEY
DESIRED	PROMISE	TRIBE
FORTY	RAISED	WHEN
FOUND	REMOVED	WHICH
FULFIL	SAUL	WHOM
GAVE	SAVIOUR	WILL
HAVE	SEED	YEARS
HEART	SHALL	
ISRAEL	SPACE	

Day 10
DAVID

```
G Y R Y J B T E M P L E H M W
N M O E N G I E R D G B T U P
O T S J N A H T A N O J A S R
S S H E B R O N I T G Y I I O
E H S W C B V K C C M T L C P
J A O C A L K O W S E D O I H
J D L O E R V P R M E N G A E
E U O U A E R P A I I E S N T
R J M R N A R K T R S C L U B
U A O A H A G T L G L R H F S
S V N G Y H T I A F K U A A N
A T J E B A T H S H E B A E L
L S E N I T S I L I H P X S L
E M E R C Y L T P R A I S E K
M N A H T A N T S I M L A S P
```

ALTAR
ARK
BATHSHEBA
CENSUS
COURAGE
COVENANT
FAITH
FLEES
GOLIATH
HARP
HEBRON
ISRAEL

JERUSALEM
JESSE
JONATHAN
JOY
JUDAH
KING
MERCY
MICHAL
MUSICIAN
NATHAN
PHILISTINES
PRAISE

PRAY
PROPHET
PSALMIST
REIGN
SAMUEL
SAUL
SOLOMON
SONG
TEMPLE
WAR

ARMY OF ONE
1 SAMUEL 17:37, 42

D	E	N	I	T	S	I	L	I	H	P	W	T	M	K
B	E	C	N	A	N	E	T	N	U	O	C	V	K	R
Y	Y	K	L	D	E	L	I	V	E	R	E	D	L	E
K	W	O	O	I	G	D	D	L	B	H	W	R	U	V
R	N	I	U	O	O	K	J	H	K	H	T	K	A	O
U	J	C	T	T	L	N	D	V	E	Z	U	Q	S	E
D	B	X	X	H	H	J	T	N	K	H	O	V	H	R
D	B	Y	M	U	N	T	O	T	R	F	B	F	T	O
Y	E	V	Y	W	N	W	M	H	Q	P	A	A	W	M
Z	A	L	R	P	I	S	P	E	K	I	H	Q	D	Z
V	R	Q	R	L	D	D	I	E	R	T	K	P	Y	L
D	N	H	L	I	I	M	B	H	V	Y	R	R	G	R
B	K	D	V	A	B	M	B	Y	T	H	N	B	R	Q
V	R	A	S	D	I	S	D	A	I	N	E	D	T	K
K	D	R	Y	R	L	Y	G	D	J	R	D	N	A	H

David said **moreover**, The Lord **that delivered** me out of the paw of the **lion**, and out of the paw of the **bear**, he **will** deliver me out of the **hand** of **this** Philistine. And **Saul said unto** David, Go, and the Lord be **with thee**. . . . And **when** the **Philistine looked about**, and saw **David**, he **disdained** him: for he was but a **youth**, and **ruddy**, and of a **fair countenance**.

THINK ON THESE THINGS

PHILIPPIANS 4:6-9

W	T	T	H	I	N	G	S	X	T	Y	L	S	T	N
L	X	R	Q	V	I	R	T	U	E	L	S	U	Q	L
N	P	D	K	H	T	C	D	N	T	E	U	P	N	M
G	E	M	E	R	E	O	K	T	E	V	S	P	P	G
C	A	N	O	N	O	A	W	K	U	O	E	L	X	C
B	C	P	T	G	R	V	R	Z	R	L	J	I	M	P
N	E	W	N	N	P	A	G	T	T	N	T	C	R	Q
R	N	W	O	N	K	A	E	L	S	M	S	A	H	D
R	E	Q	U	E	S	T	S	L	Q	J	I	T	O	E
H	T	R	E	M	I	N	D	S	U	S	R	I	N	V
T	H	D	U	K	M	C	S	S	E	L	H	O	E	I
H	A	N	D	P	T	R	T	E	W	T	C	N	S	E
M	H	E	A	R	D	Q	H	N	E	D	H	Q	T	C
T	H	A	N	K	S	G	I	V	I	N	G	N	N	E
T	M	R	R	E	Y	A	R	P	W	R	F	R	T	R

<u>CHRIST JESUS</u>	MADE	REQUESTS
GOOD	MINDS	SEEN
HEARD	PASSETH	SUPPLICATION
HEARTS	PEACE	THANKSGIVING
HONEST	PRAISE	THINGS
JUST	PRAYER	TRUE
KNOWN	PURE	VIRTUE
LEARNED	RECEIVED	
LOVELY	REPORT	

THE MODEL PRAYER

MATTHEW 6:9-13

```
G  F  V  V  K  R  G  T  H  T  J  R  T  R  H
E  A  G  D  H  P  H  B  Q  Y  L  I  A  D  E
M  T  T  Z  E  I  R  K  I  N  G  D  O  M  A
O  H  H  B  S  L  W  A  L  E  A  D  F  X  V
C  E  I  D  P  H  I  T  Y  N  D  E  P  K  E
N  R  N  D  I  H  K  V  E  R  S  A  M  V  N
H  Y  E  C  F  X  E  M  E  P  T  F  E  A  G
T  R  H  G  X  V  A  N  L  R  B  B  D  R  N
D  O  N  E  I  L  N  L  P  P  E  C  D  R  B
R  L  F  G  C  A  I  F  O  G  D  N  T  E  K
Y  G  R  M  M  W  N  W  K  M  E  R  N  T  Y
Q  O  T  H  E  R  E  F  O  R  E  A  F  F  L
F  M  C  R  G  R  B  K  Y  L  E  D  R  A  G
D  E  W  O  L  L  A  H  B  K  F  V  Y  T  K
X  N  O  I  T  A  T  P  M  E  T  T  E  G  H
```

After this **manner therefore pray** ye: Our **Father which** art in heaven, **Hallowed** be thy **name**. Thy kingdom **come**, thy **will** be **done** in **earth** as it is in **heaven**. Give us **this** day our **daily bread**. And forgive us our **debts,** as we **forgive** our debtors. And **lead** us not into **temptation**, but **deliver** us from evil: For **thine** is the **kingdom**, and the **power**, and the **glory**, for **ever**. **Amen**.

ISLAND OF CYPRUS

```
T H R O N I M V D E M M T M N
A I N A R U L A M H O A B R E
A E O L E J Y V C U M G M V M
M E L A B R U M C A I T E M E
V E N E R I S U S K R L G P S
D C K G T Y R S A K A I A M U
S C E D X I U I N I L L A D S
U H N R U S L L N O M C H I
H Y I M Y A C O C E R M I A X
T T S R P N C S A T C K N T G
E R A R V U I M S I M A L A S
P I A M E N E A P A P H O S X
A C D L P A L O E P A P H O S
L L C M X N G L E U C O S I A
L H N S I L O P A E O L A P N
```

ASINE
CARPASIA
CERMIA
CERYNIA
CHYTRI
CURIUM
ELOEA
IDALIUM
LAPETHUS

LEUCOLIA
LEUCOSIA
MACARIA
MELABRUM
NEAPAPHOS
NEMESUS
PALOEA
PALOEAPOLIS
PALOEPAPHOS

PEGOE
SALAMIS
SOLI
TAMASSUS
THRONI
URANIA
VENERIS

THE PRAYER OF JABEZ

1 CHRONICLES 4:9–10

P	B	T	Z	L	R	T	J	W	H	M	X	M	K	Z
G	Y	R	Y	Z	E	Y	O	F	M	G	J	T	R	E
R	N	C	E	R	H	U	H	T	O	E	G	R	D	B
B	R	I	O	T	L	A	S	G	T	S	R	L	E	A
M	N	M	Y	D	H	A	N	C	H	U	I	I	T	J
I	J	N	E	A	O	R	A	D	E	A	E	V	N	I
G	D	S	Z	C	S	L	E	J	R	C	V	E	A	S
H	T	E	P	B	L	W	Q	N	M	E	E	W	R	R
T	E	Y	E	E	T	H	I	N	E	B	N	R	G	A
K	G	C	D	D	H	O	N	O	U	R	A	B	L	E
Q	R	K	T	H	N	Z	G	T	E	Z	T	T	N	L
R	A	F	W	V	W	I	L	R	X	D	J	N	X	R
T	L	S	S	E	L	B	A	G	S	O	R	R	O	W
C	N	E	M	A	N	B	V	D	O	F	L	K	Y	M
Z	E	R	E	Q	U	E	S	T	E	D	P	E	E	K

And **Jabez** was **more honourable** than his **brethren**: and his **mother called** his **name** Jabez, **saying, Because** I **bare** him with **sorrow**. And Jabez called on the **God** of **Israel**, saying, Oh that thou **wouldest bless** me **indeed**, and **enlarge** my **coast**, and that **thine hand might** be with me, and that thou wouldest **keep** me from **evil**, that it may not **grieve** me! And God **granted** him that which he **requested**.

Day 16

EASTER

X	P	G	N	O	I	T	C	E	R	R	U	S	E	R
T	P	E	N	S	A	B	B	A	T	H	M	M	L	E
Z	I	X	T	K	N	M	O	U	N	T	A	I	N	N
E	L	B	J	E	M	E	L	A	S	U	R	E	J	E
D	A	Y	S	O	R	Y	S	P	M	J	B	N	T	L
F	T	R	O	E	R	C	R	I	A	L	S	S	E	A
R	E	R	T	A	P	I	J	E	R	G	U	K	M	D
V	N	L	M	H	E	U	H	R	A	Y	N	U	M	G
Q	B	E	N	S	Q	T	L	L	H	L	R	L	A	A
B	Y	G	T	H	A	U	I	C	M	B	I	L	U	M
E	K	N	L	M	O	L	A	P	H	S	S	L	S	R
B	M	A	I	M	E	J	C	K	T	R	E	D	V	R
O	N	R	Y	E	P	G	L	O	E	L	E	J	V	N
R	A	H	Q	C	O	U	N	C	I	L	X	F	L	J
S	A	M	O	H	T	E	T	E	L	P	M	E	T	Q

ANGEL
ARIMATHEA
COUNCIL
EARTHQUAKE
EMMAUS
GALILEE
JERUSALEM
JOHN
MAGDALENE

MARY
MOUNTAIN
PETER
PILATE
PRIEST
RESURRECTION
RISEN
ROBE
ROOM

SABBATH
SEPULCHRE
SKULL
STONE
SUNRISE
TEMPLE
THOMAS

MIRACLES

B	L	I	N	D	Y	S	L	A	P	L	C	W	B	L
M	E	S	R	L	E	P	E	R	L	H	Y	S	T	N
E	S	N	A	E	L	C	H	T	I	E	E	J	P	W
F	I	O	K	G	D	H	N	L	P	L	I	I	T	A
R	A	M	W	D	E	A	D	A	T	L	L	N	R	L
I	R	E	V	A	H	E	Q	S	D	I	I	O	A	L
V	M	D	L	S	M	D	O	R	H	R	C	C	A	D
E	B	J	I	A	W	P	C	P	T	K	O	E	E	W
R	B	L	L	O	A	J	F	R	O	G	S	J	R	L
L	E	L	D	U	E	N	E	T	L	B	M	R	H	A
X	E	A	O	R	A	T	J	S	L	O	O	E	A	U
G	H	U	I	O	A	P	N	R	E	I	S	T	I	H
S	I	C	M	W	D	G	D	F	G	L	E	E	L	S
Y	H	V	H	A	I	A	S	I	N	M	S	P	Z	O
O	R	T	E	S	S	F	T	R	A	I	N	L	W	J

ANGEL	FROG	LICE	ROCK
APOSTLES	GIVE	MOSES	ROD
BLIND	HAIL	PALSY	SAMUEL
BLOOD	HEAL	PAUL	SEA
BOIL	ISAIAH	PETER	SHADOW
CHILD	JERICHO	PHILIP	SIGNS
CLEANSE	JORDAN	RAIN	WALL
DANIEL	JOSHUA	RAISE	WATER
DEMONS	LAME	RED	
ELISHA	LEPER	RIVER	

Day 18

B'S OF THE BIBLE

```
J Z G D E S S E L B W H K B B
L N A G B E L O V E D T J R E
R E B B H I Y R M C T O R O G
E D L A E B R A S E N M X O O
L R E B P H L T H L V E G D T
T U F A R T S V H B C H N M T
U B I R L E I H F I R E I E E
B A L A A M A Z T B B B N H N
R B F B P Y D D E A L P N E T
E U O B L L R B R A B S I L P
H R K A K E I N I D H N G H X
T I O S K S A L O T N D E T T
O A O A H B E O O J Z I B E L
R L B O A B L O D X B P L B Z
B Z P S Y B B L H C U R A B N
```

BAKER	BELIAL	BOOTHS
BALAAM	BELOVED	BRASEN
BAPTIZE	BETHLEHEM	BREAD
BARABBAS	BIBLE	BROOD
BARNABAS	BIRTH	BROTHER
BARUCH	BISHOP	BURDEN
BATHSHEBA	BLESSED	BURIAL
BEGINNING	BLIND	BUTLER
BEGOTTEN	BLOOD	
BEHEMOTH	BOOK OF LIFE	

EXALTED ABOVE THE HILLS

ISAIAH 2:1-3

H	E	N	W	C	R	M	E	L	A	S	U	R	E	J
K	V	L	A	O	O	T	H	X	W	M	V	J	L	S
P	O	M	I	T	L	N	X	O	O	O	E	R	Y	S
M	B	R	S	Q	I	F	C	R	U	S	R	A	S	N
H	A	M	A	N	Y	O	F	E	T	S	W	D	H	I
P	D	T	I	K	L	D	N	A	R	T	E	P	A	A
A	D	E	A	F	Q	X	B	S	L	N	A	H	L	T
S	H	A	H	H	I	L	L	S	J	T	I	P	L	N
S	T	C	L	Q	I	D	B	A	H	M	K	N	F	U
Q	R	H	J	S	R	H	C	S	Z	C	T	L	G	O
T	O	T	H	D	H	O	K	O	C	O	M	E	A	M
S	F	E	R	A	B	A	M	L	J	J	M	T	K	W
A	D	O	T	Y	Z	A	D	Z	E	L	P	O	E	P
L	L	R	B	S	B	F	N	U	P	W	I	L	L	F
D	E	T	L	A	X	E	K	Q	J	R	N	Y	T	H

ABOVE	HILLS	NATIONS
AMOZ	HOUSE	PASS
COME	ISAIAH	PATHS
CONCERNING	JACOB	PEOPLE
DAYS	JERUSALEM	SHALL
ESTABLISHED	JUDAH	TEACH
EXALTED	LAST	WALK
FLOW	LORD	WAYS
FORTH	MANY	WILL
FROM	MOUNTAINS	WORD

Day 20

PRAYER THEMES

```
I  S  U  B  M  I  S  S  I  O  N  C  K  N  W
N  O  I  T  C  E  T  O  R  P  O  S  K  L  K
T  K  H  E  L  P  V  R  T  N  A  G  T  M  R
E  G  N  I  T  S  A  F  F  O  N  B  N  T  Y
R  F  N  S  S  E  N  E  V  I  G  R  O  F  F
C  E  D  T  R  U  S  T  S  T  G  L  I  F  E
E  W  C  F  R  S  C  N  T  A  N  M  T  C  L
S  I  M  N  I  P  A  P  G  R  I  L  I  A  L
S  S  B  O  A  E  R  L  X  O  L  M  T  R  O
I  D  N  R  L  D  O  A  N  D  A  H  E  E  W
O  O  J  C  E  N  I  O  I  A  E  P  P  K  S
N  M  V  O  G  A  I  U  G  S  H  V  T  D  H
P  O  V  I  Y  S  D  K  G  T  E  M  O  T  I
W  L  N  P  I  C  B  R  E  W  O  P  M  L  P
R  G  D  V  P  B  L  E  S  S  I  N  G  J  B
```

ADORATION	FORGIVENESS	POWER
ASK	GUIDANCE	PRAISE
BLESSING	HEALING	PROTECTION
BREAD	HELP	SUBMISSION
CARE	INTERCESSION	TRUST
CLEANSING	JOY	VISION
CONFESSION	LONGING	VOW
FASTING	LOVE	WISDOM
FELLOWSHIP	PETITION	

Day 21

BEING ONE
EPHESIANS 4:1-6

S	S	E	N	K	E	E	M	M	T	L	E	P	O	H
G	V	F	H	N	O	I	T	A	C	O	V	M	Z	M
N	X	J	A	B	G	E	Y	R	V	V	R	C	E	T
I	H	H	T	T	N	H	E	T	W	E	K	U	R	X
R	T	N	T	O	H	N	N	O	I	V	H	D	O	R
E	I	T	T	I	O	E	R	B	W	N	N	E	F	Y
F	A	R	B	S	W	T	R	T	A	V	U	L	E	K
F	F	N	I	E	H	E	A	J	L	Q	B	L	R	A
U	Y	R	F	Y	S	P	R	N	K	Y	N	A	E	B
S	P	I	R	I	T	E	C	E	O	P	L	C	H	O
G	B	K	L	R	R	Y	E	U	H	T	E	L	T	V
N	O	L	O	R	D	K	E	C	L	W	H	A	R	E
O	D	G	D	N	E	V	B	K	H	N	D	E	C	K
L	Y	O	O	E	E	B	A	P	T	I	S	M	R	E
F	G	B	P	N	G	L	O	W	L	I	N	E	S	S

I therefore, the **prisoner** of the **Lord**, **beseech** you that ye **walk worthy** of the **vocation wherewith** ye are **called**, with all **lowliness** and **meekness**, with **longsuffering**, forbearing **one another** in **love** endeavouring to **keep** the **unity** of the **Spirit** in the **bond** of **peace**. There is one **body**, and one Spirit, **even** as ye are called in one **hope** of **your** calling; one Lord, one **faith**, one **baptism**, one **God** and **Father** of all, who is **above** all, and through all, and in **you** all.

A BRIDE FOR ISAAC

GENESIS 24

X	C	V	D	Z	V	C	Y	R	A	I	M	E	N	T
N	B	A	L	M	M	A	R	E	T	H	G	U	A	D
I	R	I	H	A	L	M	V	Y	H	K	G	X	K	E
G	E	L	A	H	Q	E	L	H	T	R	N	P	P	F
R	H	S	K	A	M	L	Y	W	A	P	Y	I	C	I
I	C	E	E	R	B	S	M	G	O	L	D	A	R	W
V	T	R	B	B	B	R	S	I	F	M	N	M	K	D
G	I	V	E	A	X	K	A	V	S	A	E	I	J	R
N	P	A	R	T	C	K	L	C	A	A	N	N	E	T
I	S	N	S	O	S	E	W	N	E	D	A	P	W	W
R	I	T	L	A	G	A	I	A	R	L	S	C	E	N
R	L	F	Q	N	R	T	M	E	T	O	E	L	L	K
A	V	L	A	D	E	A	D	T	R	E	L	T	S	K
E	E	H	R	S	M	G	H	P	D	X	R	Z	S	Q
W	R	N	A	B	A	L	P	B	E	T	H	U	E	L

ABRAHAM	GOLD	REBEKAH
ANGEL	ISAAC	SARAH
BETHUEL	JEWELS	SERVANT
BRACELETS	KINDRED	SILVER
CAMELS	LABAN	VAIL
CANAANITES	MASTER	VIRGIN
DAUGHTER	OATH	WATER
DRINK	PITCHER	WELL
EARRING	PROSPER	WIFE
FLOCKS	RAIMENT	WOMEN

PARABLES OF LOST THINGS

G	N	I	V	I	L	S	U	O	T	O	I	R	H	F
H	L	B	P	T	C	O	M	P	A	S	S	I	O	N
H	U	N	G	E	R	S	R	O	B	H	G	I	E	N
W	S	W	I	N	E	M	H	E	D	T	Z	N	R	R
O	R	F	B	L	D	N	F	E	Q	W	D	T	I	F
M	E	R	A	S	S	A	D	S	E	E	K	F	L	R
A	C	T	O	R	S	D	Q	E	R	P	A	A	J	G
N	N	N	P	S	C	T	N	I	A	T	C	O	S	D
R	A	B	E	I	E	O	H	E	H	D	U	D	R	R
F	T	H	E	L	V	D	U	E	I	R	M	E	E	L
A	N	U	W	V	I	A	R	N	N	R	M	T	N	G
M	E	S	S	E	L	L	Z	E	T	P	F	S	N	W
I	P	K	C	R	A	G	Y	V	Q	R	L	A	I	P
N	E	S	P	K	C	I	S	U	M	M	Y	W	S	N
E	R	Q	W	Y	O	J	L	P	R	D	N	U	O	F

ALIVE	HIRED	SAFE
CALF	HUNGER	SEEK
COMPASSION	HUSKS	SHEEP
DEAD	JOURNEY	SILVER
FAMINE	JOY	SINNERS
FAR COUNTRY	MUSICK	SON
FATHER	NEIGHBORS	SWEEP
FOUND	REPENTANCE	SWINE
FRIENDS	RING	WASTED
GLAD	RIOTOUS LIVING	WOMAN

AN IMPORTANT QUESTION

ACTS 16:30–33

R	L	Q	L	T	N	K	G	Z	F	S	A	V	E	D
L	F	K	L	D	O	T	Y	K	D	T	T	R	H	X
K	C	A	L	T	R	O	R	U	O	H	H	N	W	S
M	H	P	U	T	M	O	K	T	T	W	E	V	N	P
S	R	K	O	B	S	L	L	A	H	L	M	S	M	A
T	H	T	H	V	Q	I	W	H	A	T	R	L	M	K
C	H	T	T	B	V	P	R	T	H	I	N	Y	R	E
V	T	G	D	R	O	W	K	H	S	T	B	I	R	U
X	H	D	I	G	M	S	X	S	C	E	E	H	N	M
H	G	E	Z	N	A	K	Q	A	L	H	M	T	T	H
N	U	H	T	M	C	M	E	I	T	K	O	U	N	F
G	O	S	E	H	N	R	E	D	L	R	N	B	S	X
F	R	A	F	V	E	V	L	K	H	O	U	S	E	T
H	B	W	Q	W	E	Y	D	E	Z	I	T	P	A	B
R	B	S	U	S	E	J	S	T	R	I	P	E	S	N

And **brought** them out, and said, **Sirs, what must** I do to be saved? And they **said, Believe** on the Lord **Jesus Christ**, and **thou shalt** be **saved**, and thy house. And **they spake unto** him the **word** of the **Lord**, and to all **that were** in his **house**. And he **took them** the **same hour** of the **night**, and **washed their stripes**; and was **baptized**, he and all his, straightway.

Day 25

JOYFULNESS

S	I	N	G	V	O	D	E	S	A	E	R	C	N	I
P	D	R	N	F	T	F	U	L	L	N	E	S	S	C
M	K	U	G	N	N	K	C	W	Y	F	S	H	N	M
H	N	N	H	X	I	H	O	D	X	M	O	O	B	C
O	O	S	L	H	H	T	U	X	E	U	P	T	U	Z
F	G	P	M	S	T	R	N	L	S	P	U	A	Q	L
T	R	E	G	T	R	A	T	E	D	O	A	D	E	N
H	E	A	N	N	O	E	I	J	H	N	L	E	O	R
E	A	K	I	I	F	E	T	S	C	E	U	I	L	E
L	T	A	D	A	K	H	A	M	I	H	S	O	T	C
O	E	B	E	S	A	T	L	F	O	E	I	S	S	I
R	R	L	E	G	E	F	L	M	K	T	P	L	R	O
D	J	E	C	M	R	O	J	Z	C	I	H	B	L	V
C	O	B	X	T	B	L	O	X	L	I	O	E	N	S
R	Y	L	E	W	J	P	Y	F	U	L	L	K	R	V

BREAK FORTH INTO
COUNT IT ALL JOY
EXCEEDING
FIELD
FULL
FULLNESS
HILLS
HOUSE
INCREASED

LEAPED
LIPS
MOTHER
NO GREATER JOY
NOISE
OF THE EARTH
OF THE LORD
OIL
REAP

SAINTS
SHOUT
SING
SOUL
SOUND
UNSPEAKABLE
VOICE

THE GOOD SAMARITAN

LUKE 10:30-36

```
Q  T  N  E  M  I  A  R  D  N  N  R  D  M  D
L  I  O  F  J  W  T  O  E  V  R  E  O  F  X
J  L  J  J  V  M  H  L  A  N  D  R  C  W  D
C  J  C  X  O  C  J  G  D  N  R  T  R  E  R
N  O  X  T  I  U  E  N  U  O  D  S  P  N  E
D  P  M  R  P  C  R  O  W  N  I  A  B  I  P
N  E  E  P  A  R  W  N  U  D  R  E  V  W  A
N  J  P  L  A  C  I  O  E  T  N  B  K  G  Y
I  D  P  P  D  S  B  E  E  Y  C  A  R  E  L
E  V  A  G  I  E  S  D  S  L  E  Q  T  C  E
X  Z  J  T  V  R  S  I  B  T  C  D  L  N  V
N  K  M  R  Q  C  T  S  O  B  T  N  M  E  I
R  T  H  I  E  V  E  S  A  N  N  S  C  P  T
C  P  O  U  R  I  N  G  J  P  L  F  O  L  E
F  J  E  R  U  S  A  L  E  M  M  D  C  H  B
```

BEAST	JERICHO	POURING
BOUND	JERUSALEM	PRIEST
CARE	JOURNEYED	RAIMENT
COMPASSION	LEVITE	REPAY
DEAD	MORROW	SIDE
DEPARTED	OIL	STRIPPED
GAVE	PASSED	THIEVES
HOST	PENCE	WINE
INN	PLACE	WOUNDED

Day 27

BIBLICAL GEOGRAPHY

```
P  E  D  O  M  H  N  I  N  E  V  E  H  R  B
T  A  N  S  U  S  R  A  T  A  G  X  R  A  E
S  N  T  S  A  M  A  R  I  A  B  Y  F  O  T
U  M  R  M  C  M  B  R  J  E  G  J  P  Z  H
C  Z  O  D  O  E  Y  E  T  H  O  H  H  T  A
S  K  A  R  B  S  R  H  R  R  V  C  I  H  N
A  F  S  R  S  I  L  I  D  E  Z  O  L  G  Y
M  Y  E  A  C  E  A  A  H  Y  A  I  I  A  Z
A  D  B  H  H  N  T  E  A  N  T  S  L  J
D  R  O  E  I  N  E  P  L  R  N  N  T  I  V
Q  G  M  S  V  R  Z  L  M  A  Y  A  A  L  F
N  R  K  B  A  B  Y  L  O  N  M  T  C  E  Z
I  H  M  Z  M  H  A  D  I  A  S  H  T  E  B
A  D  A  D  E  N  A  M  E  S  H  T  E  G  B
N  N  J  E  R  U  S  A  L  E  M  E  M  O  R
```

ANTIOCH	EDOM	NINEVEH
ASSYRIA	EGYPT	PATMOS
BABYLON	GALILEE	PHILISTA
BEREA	GETHSEMANE	ROME
BETHANY	JERICHO	SAMARIA
BETHLEHEM	JERUSALEM	SINAI
BETHSAIDA	JORDAN	TARSUS
CANA	MALTA	TROAS
DAMASCUS	NAIN	TYRE
DERBE	NAZARETH	ZOAR

Day 28

NATIVITY

T	G	Z	N	S	D	R	E	H	P	E	H	S	K	T
C	N	I	G	R	I	V	G	L	H	D	I	N	N	W
T	C	C	Y	Y	F	J	D	C	R	M	T	K	P	G
D	L	J	T	P	Y	G	E	E	H	G	N	F	R	L
O	D	O	M	P	X	R	A	R	S	I	I	T	E	E
R	E	S	G	M	N	M	O	A	U	R	L	S	G	G
E	C	E	R	A	E	I	V	L	S	S	U	D	N	N
H	R	P	R	S	E	I	G	T	G	T	A	T	A	A
K	E	H	U	A	O	D	B	H	S	L	H	L	M	Z
B	E	O	P	R	T	O	U	U	T	M	Y	N	E	D
W	H	J	E	W	R	S	G	J	D	R	J	J	L	M
Z	W	M	A	N	W	U	G	Y	A	L	Q	P	F	R
K	F	J	C	X	A	H	B	M	K	P	W	Y	O	J
F	V	N	E	M	B	E	T	H	L	E	H	E	M	T
Q	C	N	M	E	S	S	I	A	H	M	K	X	F	P

ANGEL	HEROD	MESSIAH
AUGUSTUS	HOUSE	NIGHT
BETHLEHEM	INN	PEACE
CHILD	JERUSALEM	SAVIOR
DECREE	JOSEPH	SHEPHERDS
DREAM	JOY	STAR
EGYPT	JUDEA	VIRGIN
FIRSTBORN	MANGER	
GLORY	MARY	

HEAVENLY HOSTS

J	K	Q	O	L	A	H	P	R	O	T	E	C	T	F
B	F	W	N	Q	G	E	C	A	E	P	L	C	X	L
D	E	M	P	N	G	D	N	F	S	W	E	N	G	O
K	L	A	I	T	S	E	L	E	C	I	G	D	N	V
J	J	S	U	L	V	N	N	L	Z	N	N	K	I	E
E	R	O	K	T	S	B	E	T	B	G	A	B	R	P
Z	R	T	Y	T	Y	G	U	L	L	S	P	E	E	G
N	I	U	S	F	N	P	E	R	L	E	Q	N	T	U
H	O	O	P	A	U	S	R	A	E	K	V	E	S	A
N	H	M	H	G	S	L	N	A	S	H	T	V	I	R
E	C	C	U	E	Y	R	N	M	H	W	C	O	N	D
V	R	I	D	N	E	B	A	T	T	L	E	L	I	I
A	D	W	E	T	G	A	B	R	I	E	L	E	M	A
E	H	A	E	T	M	I	C	H	A	E	L	N	T	N
H	R	Z	I	N	V	I	S	I	B	L	E	T	T	K

ANGEL
ARCHANGEL
BATTLE
BEAUTY
BENEVOLENT
BLESSED
CELESTIAL
CHERUB
CHOIR
ETERNAL
GABRIEL

GENTLE
GUARDIAN
GUIDE
HALO
HARP
HEAVEN
HOSTS
INVISIBLE
JOYFUL
LOVE
MICHAEL

MINISTERING
NEAR
NEWS
PEACE
PROTECT
PURE
SING
SWEET
WINGS

THE FLOOD

GENESIS 6-8

```
Y  N  D  O  O  W  R  E  H  P  O  G  J  L  D
J  O  Y  T  F  O  R  T  Y  D  A  Y  S  Z  H
C  K  R  H  F  A  E  L  E  V  I  L  O  T  N
A  H  R  T  B  J  M  C  Z  F  J  T  R  R  V
T  R  G  E  S  E  V  T  W  H  A  A  R  K  T
T  A  P  H  E  E  A  Y  F  R  E  F  C  M  Q
L  T  H  P  V  F  D  S  A  P  Y  O  O  G  X
E  L  W  A  O  Y  V  R  T  L  V  R  R  W  J
N  A  G  J  D  T  A  K  P  E  S  A  M  K  L
Z  O  I  R  N  Y  T  I  N  H  C  V  W  A  M
C  G  A  L  T  D  T  A  E  E  W  E  G  R  H
M  N  N  H  D  L  N  M  Z  W  I  N  D  O  W
L  F  T  Q  U  T  Y  R  J  S  T  I  B  U  C
N  T  S  M  S  S  E  N  D  E  K  C  I  W  Q
F  F  L  E  S  H  W  A  T  E  R  S  H  M  X
```

ALTAR	EARTH	MULTIPLY
ARARAT	FLESH	NOAH
ARK	FORTY DAYS	OLIVE LEAF
BEAST	FOWL	RAVEN
CATTLE	GIANTS	SHEM
COVENANT	GOPHER WOOD	WATERS
CUBITS	GRACE	WICKEDNESS
DESTROY	HAM	WINDOW
DOVE	JAPHETH	

Day 31

C'S IN THE BIBLE

N	L	H	C	Z	T	C	H	E	R	U	B	I	M	S
I	C	A	N	A	A	N	C	T	V	G	C	S	X	S
A	R	D	W	T	T	O	N	Y	C	C	E	N	C	N
C	O	C	W	B	N	A	R	H	O	S	N	A	O	A
K	W	X	T	T	N	A	A	N	S	U	T	I	L	I
T	N	W	R	E	V	L	V	E	K	R	U	H	O	T
P	Y	I	V	L	D	E	L	Y	K	Y	R	T	S	S
C	T	O	A	E	R	C	K	C	F	C	I	N	S	I
E	C	C	A	S	I	L	C	D	H	M	O	I	I	R
N	B	N	I	N	C	Y	N	A	E	U	N	R	A	H
T	S	O	O	P	Y	U	N	E	N	T	R	O	N	C
T	N	R	M	C	U	R	S	E	S	D	A	C	S	F
N	H	N	A	B	R	O	C	H	F	O	A	E	H	T
C	I	R	C	U	M	C	I	S	E	D	H	C	R	C
M	S	E	T	I	H	T	E	R	E	H	C	C	E	C

CAIN
CALVARY
CANAAN
CANDACE
CENTURION
CHALDEANS
CHERETHITES
CHERUBIMS

CHOSEN
CHRISTIANS
CHRONICLES
CHURCH
CIRCUMCISED
COLOSSIANS
CONTRITE
CONVERSION

CORBAN
CORINTHIANS
COVENANT
CREATED
CROWN
CURSE
CUSH
CYRUS

WORDS FROM ECCLESIASTES

```
T  M  Y  L  A  B  O  U  R  G  F  V  L  W  F
T  N  H  S  I  L  O  O  F  T  N  J  I  E  W
W  C  M  E  M  C  H  A  N  C  E  S  A  U  R
M  T  O  F  S  Y  Z  E  F  M  D  R  Y  N  E
L  R  T  M  N  A  M  C  G  O  G  J  T  D  N
S  N  H  X  M  G  E  N  M  O  B  L  I  E  N
T  U  Y  P  D  A  I  R  D  F  P  F  S  R  I
V  T  O  U  L  N  N  T  C  R  V  A  R  T  S
N  A  J  E  N  E  I  D  E  N  F  V  E  H  N
Z  R  N  I  T  R  A  A  M  H  I  O  V  E  P
P  M  G  I  I  H  C  S  Q  E  T  R  D  S  O
T  E  G  P  T  H  G  G  U  H  N  U  A  U  W
B  D  S  N  E  Y  K  I  J  R  Q  T  O  N  E
G  D  C  R  T  I  M  E  R  J  E  T  S  Y  R
S  K  R  O  W  Y  T  I  R  E  P  S  O  R  P
```

ADVERSITY	JOY	SINNER
BEGINNING	JUDGMENT	SPIRIT
CHANCE	LABOUR	TIME
COMMANDMENTS	PLEASURE	UNDER THE SUN
FAVOR	POWER	VANITY
FEAR GOD	PREACHER	WISDOM
FOOLISH	PROSPERITY	WORKS
INCREASE	RIGHTEOUS	YOUTH

SAUL'S CONVERSION

M	P	J	K	B	S	S	E	L	H	C	E	E	P	S
G	E	J	N	T	A	Y	W	J	P	E	R	L	W	W
N	R	G	H	E	K	P	M	N	S	J	E	L	D	B
I	S	S	D	Z	V	K	T	I	L	T	U	I	L	W
L	E	A	Z	E	J	A	R	I	T	Y	S	D	S	Q
B	C	I	P	S	S	A	E	E	Z	C	K	K	A	S
M	U	N	C	U	V	I	R	H	I	E	C	T	U	S
E	T	A	Z	O	I	S	G	P	B	I	D	S	M	D
R	E	N	M	H	S	L	L	H	R	Z	E	C	T	A
T	S	A	U	L	I	E	X	P	T	J	T	N	R	M
K	T	N	H	R	O	L	L	E	F	N	H	G	Y	A
I	A	S	T	O	N	I	S	H	E	D	E	B	A	S
C	R	E	T	H	G	U	A	L	S	B	Q	M	R	C
K	Q	T	H	G	I	L	F	W	M	K	K	X	P	U
K	H	J	O	U	R	N	E	Y	E	D	T	R	K	S

ANANIAS	JESUS	PRICKS
ARISE	JOURNEYED	SAUL
ASTONISHED	JUDAS	SIGHT
BAPTIZED	KICK	SLAUGHTER
DAMASCUS	LETTERS	SPEECHLESS
DISCIPLE	LIGHT	TREMBLING
FELL	MEN	VISION
HEAVEN	PERSECUTEST	
HOUSE	PRAY	

ANANIAS LEARNS ABOUT PAUL'S PRAYER

ACTS 9:13–16

```
G  T  B  T  F  S  T  S  E  I  R  P  D  K  W
K  E  H  E  J  E  A  U  T  H  O  R  I  T  Y
D  O  N  E  A  P  I  H  V  T  F  D  D  H  B
E  G  K  T  N  R  A  H  H  E  E  G  T  N  H
N  R  W  C  I  V  T  I  C  R  S  B  L  E  M
S  M  E  E  E  L  N  V  E  N  B  S  B  R  E
U  M  A  H  H  G  E  W  E  S  E  N  E  D  L
F  U  M  N  S  S  S  T  Y  F  T  G  L  A
F  C  S  L  Y  N  O  N  S  V  O  K  R  I  S
E  H  A  E  A  H  I  G  R  D  R  A  E  H  U
R  L  I  A  C  A  N  M  T  B  E  R  A  C  R
T  L  N  R  S  I  U  F  I  K  D  Q  T  L  E
F  I  A  S  K  S  Q  N  F  Z  S  I  H  T  J
C  W  N  I  T  B  D  G  G  F  L  L  A  C  X
T  R  A  D  S  A  K  E  L  O  R  D  Q  S  K
```

ANANIAS	GREAT	SAID
ANSWERED	HAVE	SAINTS
AUTHORITY	HEARD	SAKE
BEAR	HERE	SHEW
BEFORE	ISRAEL	SUFFER
BIND	JERUSALEM	THEN
CALL	KINGS	THINGS
CHIEF	LORD	THIS
CHILDREN	MANY	VESSEL
CHOSEN	MUCH	WILL
DONE	MUST	
GENTILES	PRIESTS	

Day 35

APOSTLE TO THE GENTILES

ACTS 15:10-12

T	L	E	G	C	P	R	A	E	B	L	K	C	M	R
E	Z	Y	V	G	N	I	R	A	L	C	E	D	R	N
C	W	L	W	E	D	E	D	U	T	I	T	L	U	M
A	R	W	F	M	I	R	A	C	L	E	S	S	B	T
R	O	D	X	V	Q	L	K	L	F	K	A	E	E	M
G	U	J	E	S	U	S	E	A	R	V	K	V	W	S
C	G	D	N	Q	V	R	T	B	E	O	A	D	D	A
Q	H	D	I	T	F	H	F	D	Y	G	R	N	T	B
E	T	R	D	S	E	N	E	C	K	O	S	E	T	A
C	B	T	I	R	C	M	M	Y	L	T	H	I	P	N
N	D	T	S	S	T	I	J	M	N	F	A	T	M	R
E	N	R	L	P	T	T	P	P	Z	N	L	H	E	A
L	T	Y	Z	D	X	Q	P	L	A	C	L	E	T	B
I	A	U	D	I	E	N	C	E	E	U	T	R	Q	N
S	G	E	N	T	I	L	E	S	K	S	L	D	X	K

Now therefore why **tempt** ye God, to put a **yoke** upon the **neck** of the **disciples**, which **neither** our **fathers** nor we were able to **bear**? But we **believe** that through the **grace** of the LORD **Jesus Christ** we **shall** be **saved**, even as they. Then all the **multitude kept silence**, and **gave audience** to **Barnabas** and **Paul**, **declaring** what **miracles** and wonders God had **wrought** among the **Gentiles** by them.

PAUL'S MISSIONARY JOURNEYS

```
F  T  Q  R  H  T  M  A  C  E  D  O  N  I  A
J  M  B  L  D  N  R  A  I  T  A  L  A  G  F
F  K  E  P  E  H  C  O  A  L  Y  R  G  T  A
B  H  C  L  R  C  P  Y  A  G  T  N  B  H  I
F  A  I  T  B  O  M  K  P  S  R  N  P  E  N
R  I  N  B  E  I  L  U  Y  R  P  E  P  S  O
J  D  E  N  L  T  M  L  I  A  U  H  P  S  A
S  I  H  E  Q  N  N  Y  M  N  E  S  I  A  C
Y  S  P  A  X  A  Z  P  S  S  O  A  P  L  Y
R  I  T  P  L  Z  H  C  U  I  I  C  P  O  L
I  P  J  O  D  Y  Y  S  V  L  A  W  I  N  F
A  H  W  L  L  G  X  P  A  E  W  K  L  I  N
C  I  L  I  C  I  A  T  M  X  T  D  I  C  M
H  T  A  S  T  C  T  O  M  K  L  B  H  A  K
H  G  S  A  M  A  R  I  A  S  O  H  P  A  P
```

ANTIOCH	LYCAONIA	PHENICE
ATTALIA	LYSTRA	PHILIPPI
CILICIA	MACEDONIA	PISIDIA
CYPRUS	MYSIA	ROME
DERBE	NEAPOLIS	SAMARIA
EPHESUS	PAMPHYLIA	SYRIA
GALATIA	PAPHOS	THESSALONICA
ICONIUM	PERGA	TROAS

THE VOYAGE BEGINS

ACTS 27:9–13

E	S	O	P	R	U	P	E	G	A	M	A	D	P	F
V	H	A	V	E	N	W	S	I	R	S	P	I	N	T
I	P	D	B	E	L	I	E	V	E	D	H	I	I	L
E	X	E	M	T	W	S	R	H	R	S	A	M	I	Q
C	C	H	G	S	S	D	N	N	U	T	E	V	J	R
R	E	S	L	N	U	O	F	A	T	R	E	R	E	W
E	N	I	I	N	I	O	U	A	E	S	T	N	T	X
P	T	N	E	O	J	L	R	T	X	M	W	S	P	C
S	U	O	T	R	T	R	I	E	H	O	A	H	R	V
P	R	M	H	T	R	P	K	A	G	F	E	E	R	O
O	I	D	H	H	A	K	A	M	S	N	T	R	Y	Y
K	O	A	C	Z	P	B	X	U	I	E	A	W	W	A
E	N	T	U	N	E	R	L	C	L	N	V	D	E	G
N	T	C	M	N	D	L	E	E	P	A	S	T	S	E
R	E	T	S	A	M	C	M	N	W	L	X	J	T	N

ADMONISHED	HURT	PHENICE
ATTAIN	LIETH	PURPOSE
BELIEVED	LIVES	SAILING
BLEW	MASTER	SHIP
CENTURION	MEANS	SIRS
CRETE	MUCH	SOUTH
DAMAGE	NORTH	SPOKEN
DANGEROUS	OWNER	TIME
DEPART	PAST	VOYAGE
FAST	PAUL	WEST
HAVEN	PERCEIVE	

PAUL'S FELLOW HELPER
2 CORINTHIANS 7:6-7; 8:23

```
B  Q  R  B  N  O  I  T  A  L  O  S  N  O  C
Y  F  E  L  L  O  W  H  E  L  P  E  R  G  F
D  N  E  V  E  R  T  H  E  L  E  S  S  N  M
L  V  R  R  H  R  L  C  H  J  Y  L  M  I  Z
C  T  E  G  V  M  I  E  H  T  N  K  M  N  S
O  S  R  R  I  E  R  S  N  U  E  T  T  R  R
M  E  G  N  O  I  N  W  E  L  R  L  Q  U  E
F  N  D  Y  U  M  O  T  R  D  H  C  M  O  G
O  R  M  Q  R  D  C  E  N  Y  T  T  H  M  N
R  A  N  V  T  O  J  T  L  H  E  O  M  E  E
T  E  P  S  M  O  I  N  D  N  R  L  D  G  S
E  R  A  I  I  T  O  B  N  N  B  D  N  L  S
T  C  N  C  U  N  C  H  R  I  S  T  N  O  E
H  G  E  S  K  R  E  N  T  R  A  P  J  R  M
V  D  Q  G  N  I  N  R  E  C  N  O  C  Y  N
```

Nevertheless God, that **comforteth** those that are **cast down**, comforted us by the **coming** of **Titus**; and not by his coming **only**, but by the **consolation** wherewith he was comforted in you, when he **told** us your **earnest desire**, your **mourning**, your **fervent mind** toward me; so that I **rejoiced** the **more**. . . . Whether any do **enquire** of Titus, he is my **partner** and **fellowhelper concerning** you: or our **brethren** be enquired of, they are the **messengers** of the **churches**, and the **glory** of **Christ**.

ENEMIES OF ISRAEL

A	K	D	M	I	D	I	A	N	I	T	E	S	S	S
M	S	M	A	M	O	R	I	T	E	S	F	S	N	E
B	O	S	S	V	T	T	D	S	S	C	S	E	A	T
A	M	A	Y	E	Z	W	E	E	A	A	E	T	I	I
B	N	W	B	R	T	T	T	N	W	I	T	I	T	S
Y	Z	M	G	I	I	I	A	R	F	R	I	Z	P	U
L	N	M	X	N	T	A	M	T	V	Y	K	Z	Y	B
O	X	M	O	T	N	E	M	O	M	S	E	I	G	E
N	N	M	I	I	K	D	S	J	D	J	L	R	E	J
I	M	H	T	S	E	D	E	M	Q	E	A	E	P	H
A	P	E	R	S	I	A	N	S	V	N	M	P	Q	T
N	S	N	A	E	D	L	A	H	C	M	A	L	R	R
S	M	Y	S	E	N	I	T	S	I	L	I	H	P	O
M	P	B	G	E	T	H	I	O	P	I	A	N	S	M
S	E	T	I	V	I	H	K	Y	F	R	N	Y	B	E

AMALEKITES	EDOMITES	MIDIANITES
AMMONITES	EGYPTIANS	MOABITES
AMORITES	ETHIOPIANS	PERIZZITES
ASSYRIA	HITTITES	PERSIANS
BABYLONIANS	HIVITES	PHILISTINES
CANAANITES	JEBUSITES	ROME
CHALDEANS	MEDES	SYRIA

MEMBERS OF BIBLE COUPLES

```
C  T  G  B  B  O  C  A  J  S  A  R  A  H  I
K  R  E  N  Z  A  C  H  A  R  I  A  H  S  L
N  V  X  A  L  I  U  Q  A  H  B  D  A  T  S
E  L  I  Z  A  B  E  T  H  O  K  A  M  E  N
D  E  B  E  H  C  O  J  B  S  C  A  S  R  N
R  E  B  E  K  A  H  K  Q  E  H  O  L  Z  A
R  J  Z  Y  N  T  H  M  K  A  M  F  I  N  S
A  U  H  A  D  A  M  A  R  N  A  B  A  L  A
L  H  T  K  I  K  Z  B  E  M  C  N  G  N  P
A  D  A  H  V  L  A  A  X  L  I  L  I  P  P
H  T  A  B  A  L  M  N  O  A  G  T  B  C  H
C  Q  M  P  D  M  J  T  S  B  W  O  A  K  I
I  P  R  I  S  C  I  L  L  A  J  T  M  G  R
M  Z  A  M  H  A  R  O  P  P  I  Z  G  E  A
B  W  M  L  E  B  E  Z  E  J  G  F  J  K  R
```

ABIGAIL	EVE	NABAL
ABRAHAM	GOMER	PRISCILLA
ADAM	HOSEA	REBEKAH
AHAB	ISAAC	RUTH
AMRAM	JACOB	SAPPHIRA
ANANIAS	JEZEBEL	SARAH
AQUILA	JOCHEBED	ZACHARIAH
BOAZ	LEAH	ZIPPORAH
DAVID	MICHAL	
ELIZABETH	MOSES	

ABOUNDING LOVE

PSALM 86:13–15

L	O	N	G	S	U	F	F	E	R	I	N	G	T	M
G	R	A	C	I	O	U	S	Q	V	F	F	W	A	S
P	R	S	P	L	H	N	K	Z	T	B	Q	P	E	M
T	K	W	O	N	T	T	D	U	O	R	P	I	R	R
S	C	D	M	U	H	N	R	F	X	L	L	P	G	Z
N	O	W	E	E	G	F	U	L	L	B	R	D	V	Z
I	M	S	E	L	H	H	L	T	M	M	P	H	Y	D
A	P	U	N	M	I	T	T	E	K	D	F	R	R	N
G	A	O	L	E	L	V	S	H	A	S	T	O	D	T
A	S	E	O	R	S	S	E	W	P	T	L	R	S	C
H	S	T	W	C	A	I	B	R	D	H	A	K	O	G
T	I	N	E	Y	H	Z	R	R	E	W	Y	N	U	M
U	O	E	S	J	W	R	C	L	O	D	N	K	L	L
R	N	L	T	M	J	G	L	T	E	R	O	F	E	B
T	L	P	V	I	O	L	E	N	T	T	V	B	N	M

For **great** is thy mercy **toward** me: and thou **hast delivered** my soul from the **lowest hell**. O God, the **proud** are **risen against** me, and the **assemblies** of **violent** men have **sought** after my **soul**; and have not set **thee before them**. But **thou**, O **Lord**, art a God **full** of **compassion**, and **gracious**, **longsuffering**, and **plenteous** in **mercy** and **truth**.

Day 42

D'S IN THE BIBLE

S	E	L	P	I	C	S	I	D	D	D	R	I	N	K
M	D	Z	G	M	D	S	K	D	W	O	E	T	G	P
D	E	L	I	L	A	H	N	X	I	Z	R	M	F	M
M	S	E	R	H	R	H	O	O	N	V	D	C	A	J
A	T	C	L	Y	I	C	G	W	I	A	A	Y	A	S
E	R	R	S	H	U	R	A	M	R	S	M	D	I	S
R	U	O	N	T	S	R	D	K	Y	O	I	L	F	L
D	C	V	O	A	D	Y	N	S	N	R	O	V	F	B
R	T	I	G	E	C	E	U	O	D	P	W	C	I	L
K	I	D	A	D	S	C	R	E	A	A	N	O	J	D
D	O	O	R	S	S	E	V	C	D	X	N	D	D	R
O	N	N	D	A	T	I	E	O	F	H	F	I	P	H
U	J	R	M	U	L	D	V	H	A	N	I	D	E	N
B	F	A	E	S	R	E	T	H	G	U	A	D	C	L
T	D	D	Q	Q	P	K	C	D	A	N	C	E	L	F

DAGON
DAMASCUS
DANCE
DANIEL
DARIUS
DARKNESS
DAUGHTERS
DAVID
DEATH
DECAPOLIS

DELILAH
DEMAS
DESTRUCTION
DEUTERONOMY
DEVIL
DINAH
DISCIPLES
DIVISIONS
DIVORCE
DOOR

DORCAS
DOUBT
DOVE
DOWRY
DRAGONS
DRAWN
DREAM
DRINK

Day 43

ADAM TO JESUS

K	Z	T	R	E	U	J	X	H	A	R	E	T	T	R
C	E	M	A	H	A	L	E	L	R	E	B	E	T	N
N	R	L	K	R	H	N	J	B	E	N	O	S	H	R
O	E	M	E	C	O	P	L	O	E	S	S	E	J	L
M	P	D	O	M	L	H	M	A	K	M	M	D	M	Z
L	X	N	O	M	C	A	T	Z	L	Z	A	M	E	H
A	E	L	A	E	R	L	N	T	A	V	L	I	T	H
S	O	D	M	A	M	O	N	D	I	T	L	K	H	A
S	A	A	P	I	A	R	O	D	M	B	S	A	U	D
J	L	N	R	H	S	K	A	T	A	K	H	I	S	U
A	S	G	A	G	S	A	L	Z	H	J	E	L	E	J
C	V	U	E	H	U	E	A	R	A	A	M	E	L	H
O	C	T	S	L	O	R	T	C	R	E	S	C	A	X
B	F	Y	M	E	E	R	E	H	B	R	L	A	H	N
R	M	X	X	N	J	P	D	S	A	P	D	E	B	O

ABRAHAM
ADAM
AMON
ASA
BOAZ
DAVID
EBER
ELEAZAR
ELIAKIM
ENOCH
ENOSH
ISAAC

JACOB
JARED
JESSE
JESUS
JUDAH
LAMECH
MAHALEL
METHUSELAH
NAHOR
NOAH
OBED
PELEG

PEREZ
RAM
REU
SALMON
SERUG
SETH
SHEM
SOLOMON
TERAH
ZADOK

ROMANS 12

```
M  G  P  A  T  I  E  N  T  H  J  D  B  V  C
T  R  O  H  X  E  F  H  O  L  Y  E  R  K  H
Y  E  V  O  L  D  W  K  F  C  P  N  E  G  E
Y  X  R  H  N  D  L  R  O  W  R  O  T  B  E
C  K  H  I  T  J  S  N  R  H  A  I  H  T  R
R  P  M  O  E  I  F  A  C  F  Y  T  R  N  F
E  Q  S  V  N  O  A  E  C  B  E  C  E  E  U
M  S  O  O  R  E  E  F  K  R  R  E  N  V  L
B  R  R  M  B  S  S  H  S  E  I  F  P  R  N
P  O  E  E  E  O  T  J  E  E  F  Y  E  E
L  D  D  B  B  N  R  O  P  C  R  A  I  F  S
K  N  N  I  O  M  I  L  A  E  L  V  M  C  S
D  R  Y  U  E  C  E  R  Y  L  A  P  I  F  E
C  J  R  J  E  S  G  M  F  P  K  C  M  N  R
Y  B  L  E  S  S  K  W  E  E  P  W  E  T  G
```

AFFECTIONED	GRACE	PRAYER
BESEECH	HOLY	PROVE
BLESS	HONEST	REJOICE
BODIES	HONOUR	SACRIFICE
BRETHREN	LOVE	SERVING
CHEERFULNESS	MEMBERS	SOBERLY
CONFORMED	MERCY	WORLD
EXHORT	MIND	WEEP
FAITH	PATIENT	
FERVENT	PEACE	

Day 45
GIFTS

E	E	N	T	G	G	N	I	V	I	G	S	M	E	F
L	N	O	S	K	N	B	Y	C	R	E	M	S	A	H
B	C	I	G	E	F	I	R	L	U	J	I	I	R	R
A	O	T	N	G	L	L	L	G	T	M	T	K	Y	Y
B	U	A	I	N	L	C	N	A	O	H	M	N	D	Y
I	R	R	L	I	L	O	A	R	E	C	T	O	C	S
R	A	T	E	H	T	E	P	R	C	H	B	W	D	E
C	G	S	S	C	C	H	A	R	I	T	Y	L	R	H
S	E	I	N	A	R	L	L	D	D	M	V	E	E	P
E	M	N	U	E	X	I	F	M	V	J	N	D	H	O
D	E	I	O	T	F	P	N	E	O	R	R	G	P	R
N	N	M	C	E	L	N	Y	L	D	D	B	E	E	P
I	T	D	M	E	J	B	F	R	L	I	S	R	H	J
P	W	A	H	Q	S	P	I	R	I	T	F	I	S	W
T	D	I	S	C	E	R	N	M	E	N	T	Y	W	M

ADMINISTRATION	GIVING	MIRACLES
BODY	HEALING	PROMISE
CHARITY	HELP	PROPHESY
COUNSELING	INDESCRIBABLE	SHEPHERD
DISCERNMENT	KNOWLEDGE	SPIRIT
EDIFY	LEAD	TEACHING
ENCOURAGEMENT	LIFE	TONGUES
FAITH	MERCY	WISDOM

Day 46

MARY AND MARTHA

LUKE 10:38–42

```
N  P  D  E  L  B  U  O  R  T  R  K  N  D  R
J  N  A  L  N  H  E  A  R  D  V  P  C  H  M
W  L  K  R  M  N  E  S  O  H  C  A  N  K  X
W  D  M  R  T  Q  G  N  I  V  R  E  S  L  P
D  T  V  D  U  W  T  X  L  E  S  L  U  T  E
Z  E  O  N  O  O  N  E  F  E  K  F  Y  N  K
L  O  R  R  B  C  J  U  R  H  D  K  O  B  S
G  T  D  E  A  M  L  V  R  E  E  L  P  I  G
H  L  J  R  B  F  E  L  E  E  A  L  K  D  N
M  Q  E  G  Z  M  Y  N  V  Q  T  M  P  C  I
B  S  S  N  A  P  U  R  K  Q  E  S  N  R  H
H  A  U  I  M  R  M  C  A  Z  E  B  I  V  T
C  T  S  H  N  A  T  K  K  M  F  M  Y  S  G
U  K  R  T  N  H  Y  A  N  S  W  E  R  E  D
M  M  R  Y  Q  K  T  C  A  H  T  R  A  M  V
```

ABOUT	HEARD	SAT
ALONE	HELP	SERVE
ANSWERED	JESUS	SERVING
ART	MANY	SISTER
BID	MARTHA	THING
CAREFUL	MARY	THINGS
CHOSEN	MUCH	TROUBLED
CUMBERED	NEEDFUL	WORD
FEET	ONE	
GOOD	PART	

BETHANY SISTERS
JOHN 11:1-3

M	J	P	E	R	O	F	E	R	E	H	T	P	J	N
S	Y	J	T	S	E	V	O	L	M	H	F	E	E	T
K	R	Y	R	A	M	T	Q	A	O	M	C	P	H	W
K	C	E	R	F	P	C	R	U	G	C	F	T	N	H
T	D	J	T	R	F	T	D	L	W	K	R	N	I	O
T	C	E	X	S	H	H	X	J	T	T	F	E	A	M
N	L	R	T	A	I	L	A	Z	A	R	U	S	T	N
E	X	B	T	N	K	S	G	I	D	Z	N	C	R	T
M	D	V	E	X	I	N	B	E	R	D	K	B	E	M
T	Z	W	Q	H	I	O	M	E	E	M	R	C	C	J
N	N	H	Z	Y	O	A	N	P	T	O	N	J	I	L
I	T	O	A	Z	N	L	I	A	T	H	Y	Y	D	S
O	O	S	M	Q	L	W	D	H	L	R	A	F	R	F
D	W	E	L	O	R	D	E	X	F	B	Q	N	T	R
M	N	K	Y	J	B	R	P	Q	B	H	V	W	Y	P

Now a **certain** man was sick, **named Lazarus**, of **Bethany**, the **town** of Mary and her sister **Martha**. (It was that **Mary** which **anointed** the Lord with **ointment**, and **wiped** his **feet** with her **hair**, whose **brother** Lazarus was sick.) **Therefore** his **sisters sent** unto him, **saying, Lord, behold**, he **whom thou lovest** is **sick**.

THE RAISING OF LAZARUS

JOHN 11:1–44

X	Z	R	R	Y	S	U	R	A	Z	A	L	K	T	V
B	E	T	H	A	N	Y	M	M	V	T	E	N	S	T
V	H	P	M	A	R	T	H	A	R	K	J	I	D	W
W	T	J	D	G	R	A	V	E	A	U	C	O	P	E
E	E	B	E	E	H	L	M	W	D	K	G	L	D	L
D	V	P	R	R	I	T	A	E	E	G	M	E	N	V
O	I	C	G	O	U	F	A	K	Q	N	A	A	K	E
B	L	Y	N	O	T	S	I	G	T	T	O	X	R	D
A	X	R	I	I	C	H	A	R	H	H	J	T	R	Y
S	J	O	P	N	H	Y	E	L	O	K	G	O	S	V
A	E	L	E	T	R	X	H	R	E	L	L	I	T	W
M	S	G	E	M	I	N	N	P	L	M	G	K	L	R
O	U	C	W	E	S	E	L	P	I	C	S	I	D	L
H	S	J	L	N	T	R	L	O	V	E	S	T	J	K
T	N	O	I	T	C	E	R	R	U	S	E	R	K	V

ABODE
AWAKE
BETHANY
BROTHER
CHRIST
DEATH
DISCIPLES
GLORIFIED
GLORY
GOD

GRAVE
JERUSALEM
JESUS
JUDEA
LAZARUS
LIGHT
LIVETH
LORD
LOVEST
MARTHA

MARY
OINTMENT
RESURRECTION
SICK
STONE
THOMAS
TWELVE
WEEPING

SEEING BEYOND THE SUNSET

2 CORINTHIANS 4:18–5:2

```
V  L  Q  K  Z  N  T  J  S  B  C  L  M  R  E
Y  K  W  E  R  E  C  D  L  E  M  V  A  J  L
L  T  B  U  I  L  D  I  N  G  E  C  D  K  I
T  E  H  M  M  W  O  N  K  S  R  N  E  J  H
S  M  G  A  Z  S  Y  X  U  T  H  Y  N  E  W
E  P  N  N  V  N  L  O  L  V  M  A  L  H  V
N  O  I  X  Y  E  H  K  X  O  O  C  K  D  E
R  R  R  P  N  V  T  T  R  R  A  K  Y  T  H
A  A  I  L  G  A  R  F  G  N  K  N  E  A  C
E  L  S  T  Y  E  A  X  R  O  Q  R  N  D  I
S  R  E  W  A  H  E  E  O  W  N  D  L  L  H
W  I  D  P  T  H  B  L  G  A  S  F  J  G  W
Q  H  H  C  H  A  T  P  L  U  P  O  N  J  N
W  H  P  T  T  V  D  E  V  L  O  S  S  I  D
L  T  H  I  N  G  S  B  C  L  O  T  H  E  D
```

While we **look** not at the **things** which are **seen**, but at the things which are not seen: for the things which are seen are **temporal**; but the things which are not seen are **eternal**. For we **know that** if our **earthly** house of this **tabernacle were dissolved**, we **have** a **building** of God, an house not **made** with **hands**, eternal in the **heavens**. For in **this** we **groan**, **earnestly desiring** to be **clothed upon** with our **house which** is **from** heaven.

Day 50

DAY OF...

```
G  Y  S  S  E  N  K  R  A  D  L  H  P  E  T
R  N  O  I  T  A  T  P  M  E  T  E  L  V  D
I  V  I  S  I  T  A  T  I  O  N  B  C  C  N
E  A  T  O  N  E  M  E  N  T  U  L  V  O  N
F  R  K  H  K  O  T  Q  E  O  O  F  I  C  V
B  R  G  M  T  R  I  C  R  U  N  T  Z  H  F
Y  A  N  T  D  A  O  T  D  T  C  M  T  R  X
T  S  T  N  T  S  E  S  P  I  G  P  X  I  T
I  S  M  T  T  D  B  D  L  M  Y  O  M  S  N
S  E  T  F  L  R  H  F  W  G  E  Z  D  T  E
R  R  L  B  R  E  F  L  E  M  C  D  R  T  M
E  T  L  X  B  A  P  D  Q  W  P  T  E  L  G
V  S  V  E  N  G  E  A  N  C  E  H  F  R  D
D  I  N  V  B  H  Y  H  E  V  I  L  L  J  U
A  D  N  O  I  T  A  N  G  I  D  N  I  L  J
```

ADVERSITY	DEATH	JUDGMENT
AFFLICTION	DISTRESS	PENTECOST
ATONEMENT	EGYPT	REDEMPTION
BATTLE	EVIL	TEMPTATION
CHRIST	GOD	TROUBLE
CLOUDS	GRIEF	VENGEANCE
DARKNESS	INDIGNATION	VISITATION

Day 51

JONAH

G	N	T	D	J	R	E	P	E	N	T	C	Y	N	S
S	U	C	V	W	L	O	E	H	S	K	P	D	H	D
A	S	H	T	O	L	C	K	C	A	S	X	I	E	D
C	H	G	T	A	N	I	M	A	L	S	P	C	N	Y
R	S	T	O	L	P	Q	K	R	C	N	N	I	H	B
I	K	H	H	V	L	I	A	Y	O	A	W	A	S	K
F	S	E	E	F	N	L	R	S	R	T	L	T	I	K
I	A	V	B	G	O	G	H	E	H	N	S	T	H	M
C	I	E	R	T	N	R	V	N	Y	E	T	I	S	B
E	L	N	E	A	J	I	T	S	O	C	S	M	R	E
P	O	I	W	Y	L	B	X	Y	E	G	R	A	A	L
E	R	N	A	E	U	F	I	S	H	A	R	E	T	L
E	S	R	D	S	V	O	W	S	H	K	B	A	M	Y
D	P	T	H	K	R	N	I	A	T	P	A	C	C	N
T	W	A	V	E	S	T	Y	W	O	L	L	A	W	S

AMITTAI	FORTY	SEA
ANGRY	HEBREW	SHEOL
ANIMALS	KING	SHIP
ASHES	LOTS	STORM
BELLY	MERCY	SUN
BUSH	NINEVEH	SWALLOW
CAPTAIN	PRAY	TARSHISH
CARGO	REPENT	VOWS
DEEP	SACKCLOTH	WAVES
DELIVERANCE	SACRIFICE	WIND
FISH	SAILORS	

JONAH'S LAMENT

JONAH 4:2-3

B	E	R	O	F	E	R	E	H	T	N	D	S	G	F
S	T	G	T	L	E	R	O	F	E	B	D	S	L	T
V	A	G	R	A	C	I	O	U	S	Q	Z	E	A	B
N	W	Y	M	B	E	S	E	E	C	H	D	N	R	E
G	N	Y	I	T	X	M	L	N	B	E	G	D	P	T
X	J	D	C	N	T	A	E	R	G	E	V	N	V	T
W	M	W	R	W	G	R	K	R	R	K	G	I	P	E
E	C	D	H	O	K	R	H	R	C	G	P	K	L	R
N	O	E	R	S	L	G	K	K	M	I	T	N	K	T
K	U	Y	R	W	I	T	H	I	S	D	F	E	R	U
T	N	A	L	V	R	H	B	V	I	Z	K	U	O	V
S	T	R	H	I	T	G	S	E	W	A	J	H	L	D
L	R	P	W	M	F	N	L	R	T	N	T	L	I	N
O	Y	R	M	C	T	E	L	K	A	M	L	A	G	Y
W	T	S	E	T	N	E	P	E	R	T	S	H	F	R

And he **prayed** unto the LORD, and **said**, I pray thee, O LORD, was not **this** my **saying**, when I was yet in my **country**? Therefore I **fled before** unto **Tarshish**: for I **knew** that **thou** art a **gracious** God, and **merciful**, **slow** to **anger**, and of **great kindness**, and **repentest** thee of the evil. **Therefore** now, O LORD, **take**, I **beseech** thee, my **life** from me; for it is **better** for me to **die** than to **live**.

Day 53

FALSE GODS

V	L	H	B	E	G	A	M	I	N	E	V	A	R	G
C	G	C	U	D	J	H	M	E	R	C	U	R	Y	F
A	M	E	B	A	D	D	N	C	H	E	M	O	S	H
S	N	L	E	V	S	A	H	C	E	L	O	M	K	C
H	E	E	Z	N	Z	H	G	T	B	Z	L	T	H	R
T	R	M	L	B	O	Q	I	O	U	L	D	C	H	E
O	G	M	A	F	V	O	R	M	N	B	E	E	C	T
R	A	A	A	N	T	L	M	O	A	L	R	W	O	I
E	L	R	B	L	E	A	R	T	E	M	I	S	R	P
T	L	D	D	B	T	H	L	M	E	P	T	Y	S	U
H	S	A	T	Y	R	S	M	S	M	D	L	M	I	J
N	M	E	R	O	D	A	C	H	W	I	N	A	N	L
K	X	G	B	Z	N	P	E	O	R	A	B	B	A	L
X	G	N	Z	A	H	B	I	N	D	N	K	R	R	B
H	T	I	R	E	B	L	A	A	B	A	N	R	M	D

ADRAMMELECH
ANAMMELECH
ARTEMIS
ASHIMA
ASHTORETH
BAAL
BAAL BERITH
BAAL PEOR
BAAL ZEBUB

BEL
CHEMOSH
DAGON
DIANA
GRAVEN IMAGE
HERMES
JUPITER
MERCURY
MERODACH

MOLECH
MOON
NERGAL
NIBHAZ
NISROCH
PEOR
SATYRS
TAMMUZ

Day 54

BIBLICAL CHURCHES

H	W	L	N	R	N	M	T	S	U	S	E	H	P	E
L	L	Q	Y	S	G	H	Q	N	C	T	L	N	H	R
S	H	M	A	S	L	R	T	R	N	L	G	H	I	A
Z	I	O	L	I	T	R	J	W	W	P	A	C	L	C
W	R	D	T	T	T	R	K	B	H	M	N	O	A	I
T	L	M	R	P	V	A	A	I	J	K	R	I	D	N
B	E	R	E	A	R	C	L	M	R	M	Y	T	E	O
J	N	W	K	L	S	I	O	A	E	J	M	N	L	L
C	M	N	P	L	P	D	H	L	G	M	S	A	P	A
O	U	N	K	P	E	K	A	B	O	S	G	Q	H	S
R	I	N	I	R	K	S	N	H	N	S	B	B	I	S
I	N	H	B	M	U	H	J	E	X	V	S	R	A	E
N	O	E	K	R	M	T	H	L	B	K	F	E	K	H
T	C	Y	E	M	K	T	G	G	V	E	M	O	R	T
H	I	J	J	M	A	Z	L	A	O	D	I	C	E	A

ANTIOCH
ATHENS
BEREA
COLOSSE
CORINTH
DERBE
EPHESUS

GALATIA
ICONIUM
JERUSALEM
LAODICEA
LYSTRA
PHILADELPHIA
PHILIPPI

ROME
SARDIS
SMYRNA
THESSALONICA
TROAS

ON THE EMMAUS ROAD

LUKE 24:13-32

P	R	U	L	E	R	S	N	S	V	X	M	L	G	F
D	N	E	M	O	W	T	U	K	L	A	W	F	Z	P
D	E	Z	R	F	Z	A	Y	K	T	L	E	Y	E	S
S	T	N	M	H	M	S	A	P	O	E	L	C	W	B
D	T	I	U	M	E	Q	V	F	S	E	S	O	M	C
E	B	S	E	M	K	A	N	O	I	S	I	V	H	M
N	R	R	E	R	M	G	R	D	B	S	F	R	K	P
I	E	A	Z	I	J	O	E	T	E	O	I	L	E	X
A	A	E	D	E	R	M	C	P	N	S	D	S	D	T
R	D	L	S	D	E	P	U	R	T	K	L	Y	I	E
T	R	U	D	E	B	L	E	S	S	E	D	N	B	H
S	S	M	D	Y	C	Y	P	K	G	G	N	F	A	P
N	L	E	W	H	D	M	B	N	F	H	L	V	K	O
O	R	Y	R	S	T	R	A	N	G	E	R	Z	W	R
C	J	E	S	C	R	I	P	T	U	R	E	S	T	P

ABIDE
ANGELS
BLESSED
BODY
BREAD
CHRIST
CLEOPAS
COMMUNED
CONSTRAINED

EMMAUS
EYES
HEART
ISRAEL
JESUS
MOSES
PRIESTS
PROPHET
REDEEMED

RULERS
SCRIPTURES
SEPULCHRE
STRANGER
VISION
WALK
WOMEN

FISHING BROTHERS
MATTHEW 4:17–20

```
R  S  G  A  L  I  L  E  E  X  T  H  E  M  K
V  T  V  M  O  D  G  N  I  K  E  M  T  K  C
J  R  T  J  E  S  U  S  C  M  D  C  F  L  R
Q  A  Q  T  F  E  L  A  I  P  N  A  O  Q  E
L  I  S  A  Y  F  L  T  R  L  A  S  L  H  H
H  G  I  H  H  L  N  E  Q  P  H  T  L  J  T
Z  H  M  T  E  B  P  E  W  R  L  I  O  D  O
S  T  O  D  V  E  R  P  V  E  Q  N  W  D  R
R  W  N  L  N  R  K  E  G  A  R  G  E  B  B
E  A  R  T  B  K  N  N  T  C  E  D  D  J  R
H  Y  L  W  H  E  I  M  M  H  S  H  N  V  B
S  M  W  T  I  K  G  A  V  Q  R  T  M  A  R
I  M  I  V  L  L  K  A  Y  P  V  E  E  V  L
F  A  V  A  M  E  L  N  N  C  R  W  N  N  B
S  W  W  T  C  R  G  T  T  R  E  T  E  P  H
```

From **that time Jesus began** to **preach**, and to say, **Repent**: for the **kingdom** of **heaven** is at **hand**. And Jesus, **walking** by the sea of **Galilee**, saw two **brethren, Simon called Peter**, and **Andrew** his **brother, casting** a net into the sea: for they were fishers. And he **saith** unto **them**, Follow me, and I **will make** you **fishers** of men. And they **straightway left** their **nets**, and **followed** him.

E'S IN THE BIBLE

M	Z	D	L	L	R	I	E	U	O	D	I	A	S	E
E	X	O	D	U	S	L	E	M	E	R	O	D	S	P
T	D	A	R	Z	E	E	R	E	H	T	S	E	S	H
E	P	A	P	H	R	O	D	I	T	U	S	P	E	E
E	C	C	L	E	S	I	A	S	T	E	S	H	T	S
V	J	A	Q	K	D	B	T	E	L	V	E	O	A	I
E	X	I	E	A	P	E	H	P	N	U	F	D	R	A
R	T	P	N	U	R	Q	N	T	N	G	D	G	H	N
L	E	O	O	Q	P	G	F	U	N	R	I	E	P	S
A	D	I	C	H	T	K	C	B	A	E	G	N	U	M
S	O	H	H	T	F	H	A	W	E	Y	V	E	E	K
T	M	T	R	R	N	I	T	L	P	Y	S	E	V	S
I	L	E	P	A	L	S	I	T	M	A	E	C	L	E
N	H	P	K	E	A	X	G	L	U	G	R	S	N	E
G	H	D	N	E	E	T	B	H	S	R	E	D	L	E

EARTHQUAKE	EMERODS	EUODIAS
EASTWARD	ENGINES	EUPHRATES
ECCLESIASTES	ENOCH	EVE
EDEN	EPAPHRODITUS	EVERLASTING
EDOM	EPHESIANS	EXILE
EGYPT	EPHOD	EXODUS
ELDERS	ESAU	EYES
ELEVENTH	ESTHER	EZRA
ELI	ETHIOPIA	
ELIAB	EUNUCH	

35 IMPORTANT THINGS
IN 1 TIMOTHY

```
G  D  Y  B  Y  R  O  L  G  J  B  S  N  I  S
O  K  O  B  I  S  Q  Q  D  G  O  E  N  H  P
D  S  N  G  R  S  C  N  I  Q  L  N  Y  O  O
L  R  N  E  V  H  H  F  G  E  D  I  R  N  W
I  N  D  O  A  F  T  O  K  L  N  R  T  O  E
N  L  K  R  C  G  A  O  P  U  E  T  S  U  R
E  D  G  E  A  A  L  I  R  R  S  C  I  R  Y
S  E  D  L  D  W  E  A  T  D  S  O  N  T  N
S  L  R  T  T  P  E  D  W  H  E  D  I  C  L
G  E  I  S  Y  T  I  R  A  H  C  R  M  J  E
A  P  C  O  B  E  H  A  V  I  O  U  R  C  A
I  S  H  P  T  R  U  S  T  H  L  N  A  X  R
N  O  F  A  B  L  E  S  T  I  K  R  E  G  N
N  G  J  E  S  U  S  U  F  G  G  K  K  M  M
N  K  D  R  O  L  A  E  G  P  R  A  Y  E  R
```

APOSTLE	GAIN	LORD
AUTHORITY	GIFT	MEN
BEHAVIOUR	GLORY	MINISTRY
BISHOP	GOD	ORDER
BOLDNESS	GODLINESS	POWER
CHARGE	GOSPEL	PRAYER
CHARITY	GRACE	REWARD
DEACONS	HONOUR	RICH
DOCTRINE	JESUS	RULE
ELDERS	LAW	SINS
FABLES	LEARN	TRUST
FAITH	LIFE	

COMMANDER OF THREE HUNDRED
JUDGES 7:7, 22

```
F  L  E  D  S  E  T  I  N  A  I  D  I  M  M
H  U  N  D  R  E  D  B  C  N  F  X  T  D  G
J  H  R  K  K  L  B  Y  L  M  D  W  N  E  H
Z  T  S  H  K  D  Z  B  L  A  B  X  L  Y  A
J  A  A  V  M  X  D  E  L  P  P  P  C  N  T
P  B  V  B  R  E  M  N  R  E  O  P  X  O  T
R  B  E  T  E  N  Q  M  A  E  W  M  E  E  I
E  A  Y  R  E  V  E  B  P  H  R  K  M  D  H
H  T  H  U  P  L  A  C  E  L  Y  A  D  I  S
T  T  D  M  B  W  N  Y  O  K  L  E  T  G  H
O  P  H  P  O  O  P  R  K  D  L  M  B  H  T
M  X  L  E  R  L  D  Y  X  I  R  R  C  S  E
F  N  V  T  D  L  P  Y  V  J  B  O  O  K  B
L  P  D  S  E  E  W  E  L  G  V  H  W  N  K
P  K  R  T  R  F  R  R  Z  K  C  N  N  S  F
```

And the LORD said unto **Gideon**, By the **three hundred** men that **lapped** will I **save** you, and **deliver** the **Midianites** into thine **hand**: and let all the **other people** go every man unto his **place**. . . . And the three hundred **blew** the **trumpets**, and the LORD set **every** man's **sword** against his **fellow**, even throughout all the **host**: and the host **fled** to **Bethshittah** in **Zererath**, and to the **border** of Abelmeholah, unto **Tabbath**.

THE PROMISED LAND

```
S  T  W  K  S  T  O  N  E  S  N  G  P  M  D
X  E  R  W  W  B  T  M  H  M  I  W  H  I  Z
T  F  P  I  H  M  N  P  I  A  M  Y  M  G  K
J  S  D  A  B  M  F  L  N  N  F  Y  N  H  P
M  O  E  A  R  E  K  T  X  N  P  A  N  T  O
B  N  S  I  R  G  S  M  V  S  H  P  T  Y  M
A  L  C  H  R  K  V  W  Q  C  X  T  K  M  E
H  N  A  T  U  P  M  C  A  R  X  W  X  E  G
A  K  N  C  Y  A  A  Y  H  T  K  R  K  N  R
R  B  A  K  L  L  H  E  J  O  R  D  A  N  A
D  R  A  T  E  V  A  N  O  E  B  I  G  K  N
R  R  N  A  A  K  R  O  D  R  N  R  M  T  A
F  J  R  L  P  R  B  H  P  R  A  W  L  T  T
K  S  O  B  X  C  A  Y  S  E  S  O  M  X  E
I  R  D  R  K  F  P  A  L  T  A  R  J  C  S
```

ABRAHAM	HONEY	PRIEST
ACHAN	ISRAEL	RAHAB
ALTAR	JORDAN	SPY
ARK	JOSHUA	STONES
CANAAN	MIGHTY MEN	TRIBES
GIANTS	MILK	VALOR
GIBEON	MOSES	WAR
GRAPES	POMEGRANATES	

CAUGHT UP IN A WHIRLWIND

2 KINGS 2:1-11

```
T  W  E  I  V  D  I  V  I  D  E  D  R  R  T
L  L  M  L  D  N  I  W  L  R  I  H  W  O  N
N  R  G  A  M  S  R  E  T  A  W  F  I  B  S
O  E  H  G  W  M  A  N  T  L  E  R  T  Q  P
I  V  E  L  A  H  S  I  L  E  A  W  D  Z  I
T  A  A  I  M  P  R  O  P  H  E  T  S  M  R
R  E  V  G  Z  K  D  R  C  L  E  S  M  H  I
O  L  E  L  N  N  T  N  I  E  Y  A  O  P  T
P  N  N  B  U  Z  C  J  P  H  S  R  D  U  R
D  Z  A  O  C  H  A  L  K  T  S  K  C  Q  L
C  O  R  D  T  H  M  K  E  E  H  A  R  D  D
D  G  U  E  R  D  T  R  S  B  G  D  G  H  K
R  R  V  B  R  O  S  M  O  T  E  L  O  R  D
Y  I  D  V  L  I  J  K  O  H  C  I  R  E  J
L  W  M  R  B  E  F  J  M  T  T  L  T  C  N
```

BETHEL	HARD	MASTER
CHARIOT	HEAD	PORTION
DIVIDED	HEAVEN	PROPHETS
DOUBLE	HORSES	SMOTE
DRY	JERICHO	SOUL
ELIJAH	JORDAN	SPIRIT
ELISHA	LEAVE	VIEW
FIRE	LIVETH	WATERS
GILGAL	LORD	WHIRLWIND
GROUND	MANTLE	

Day 62

PENTECOST

```
L  L  R  E  Y  A  R  P  R  M  D  A  L  G  D
T  M  J  P  R  O  P  H  E  S  Y  D  C  W  G
E  E  K  U  J  L  T  Q  M  W  A  V  T  A  R
A  L  H  K  D  X  N  L  R  E  S  L  L  B  N
C  A  D  P  N  E  T  T  R  P  E  I  S  L  T
H  S  R  A  O  E  A  B  T  O  L  P  N  T  W
I  U  N  M  R  R  V  B  J  E  T  Q  G  T  W
N  R  G  V  P  K  P  A  A  K  S  X  I  R  I
G  E  T  B  J  F  N  N  E  P  O  H  S  H  T
W  J  V  L  R  I  S  E  E  H  P  J  O  H  N
T  C  M  M  X  R  H  T  S  L  A  B  T  T  E
X  G  V  E  C  E  E  X  M  S  W  I  N  D  S
L  L  P  D  F  R  N  C  O  N  V  E  R  T  S
H  V  P  E  N  T  E  C  O  S  T  T  V  M  E
L  G  D  S  V  L  P  T  O  N  G  U  E  S  S
```

APOSTLES	JERUSALEM	PROPHESY
BREAD	JOEL	PROPHET
CONVERTS	JOHN	SIGNS
DARKNESS	JUDEA	TEACHING
FIRE	MEDES	TONGUES
GALILEANS	PENTECOST	WIND
GLAD	PETER	WITNESSES
HEAVEN	PRAYER	

A WOMAN FROM CANAAN

MATTHEW 15:21–22, 28

```
Z  K  G  B  E  M  A  C  M  T  V  N  E  S  D
Q  D  R  H  T  I  A  F  H  L  K  D  U  D  A
T  G  E  T  Y  R  E  O  X  H  A  S  G  E  U
M  M  A  X  R  M  U  X  Y  M  E  N  W  T  G
R  K  T  L  E  R  J  H  C  J  I  W  V  R  H
S  A  I  D  B  V  Z  A  T  Y  C  A  N  A  T
D  S  D  N  M  E  N  F  A  Z  N  W  D  P  E
E  Y  I  V  E  A  M  S  T  S  L  A  S  E  R
I  M  B  D  A  V  M  A  W  F  V  T  G  D  B
R  L  E  N  O  P  E  E  S  I  S  L  M  H  E
C  O  Q  R  V  N  R  W  D  A  J  R  L  T  H
T  R  M  C  C  E  W  H  O  L  E  Y  I  T  O
M  D  Y  D  D  Y  R  C  L  M  R  M  V  L  L
K  T  H  A  V  E  L  Y  G  J  A  W  E  I  D
X  Y  L  S  U  O  V  E  I  R  G  N  D  W  D
```

Then Jesus went thence, and **departed** into the **coasts** of **Tyre** and **Sidon**. And, **behold**, a woman of **Canaan came** out of the **same** coasts, and **cried** unto him, **saying**, **Have mercy** on me, O **Lord**, thou son of **David**; my daughter is **grievously vexed** with a **devil**. . . . Then **Jesus answered** and **said** unto her, O **woman**, **great** is thy **faith**: be it unto thee **even** as thou **wilt**. And her **daughter** was **made whole** from that **very hour**.

BANNER OF LOVE
SONG OF SOLOMON 2:1-4

```
V  H  F  T  H  G  I  L  E  D  H  B  R  T  D
G  D  G  N  I  T  E  U  Q  N  A  B  Z  A  Q
G  M  W  K  P  Z  L  E  L  P  P  A  U  N  K
T  G  V  A  L  L  E  Y  S  W  R  G  O  N  L
F  I  J  S  F  N  G  K  R  N  H  R  X  O  E
G  B  U  Q  E  N  N  G  Z  T  A  L  V  T  T
Y  A  N  R  O  E  R  K  E  H  P  E  S  X  E
M  N  Z  M  F  E  R  R  S  L  H  A  M  R  E
P  N  A  L  A  S  S  T  H  T  T  K  R  W  W
D  E  Z  T  V  O  J  S  G  H  S  O  N  S  S
O  R  K  Y  J  R  D  H  H  O  O  M  F  M  N
O  G  L  D  R  N  R  A  K  R  G  U  L  K  K
W  M  F  I  O  Q  Y  D  K  N  T  R  S  M  J
R  W  C  F  L  W  Z  O  B  S  D  N  R  E  R
V  K  M  Q  T  Y  N  W  B  R  O  U  G  H  T
```

I am the **rose** of **Sharon**, and the lily of the **valleys**. As the **lily** among **thorns**, so is my love among the **daughters**. As the **apple** tree among the **trees** of the **wood**, so is my beloved **among** the **sons**. I sat **down** under his **shadow** with **great delight**, and his **fruit** was **sweet** to my **taste**. He **brought** me to the **banqueting house**, and his **banner** over me was **love**.

ABRAHAM'S DESCENDANTS

```
Q  H  R  T  H  R  B  N  L  K  Y  B  L  H  A
M  M  I  Z  Z  A  H  M  E  R  O  L  N  M  S
N  A  P  H  I  S  H  A  J  B  L  R  A  R  H
L  H  B  K  W  K  C  L  E  R  A  L  A  H  A
E  L  E  U  E  R  T  A  T  N  E  J  T  H  M
E  M  P  D  M  M  E  A  U  K  A  A  O  H  M
B  L  A  Z  A  T  M  J  R  Z  M  M  S  T  A
D  R  D  B  S  A  A  B  K  E  H  U  E  M  H
A  H  D  W  B  T  S  Z  H  A  E  Y  H  T  O
M  N  A  R  I  K  H  S  R  J  M  S  Q  R  H
F  A  Y  D  M  G  A  E  A  O  I  B  Z  M  P
L  H  T  G  A  B  Z  H  A  M  E  D  E  K  E
Y  A  W  A  M  R  W  R  K  N  K  E  N  A  Z
X  T  N  P  G  N  D  U  M  A  H  V  F  Y  J
T  H  R  D  L  R  Z  A  H  P  I  L  E  C  Z
```

ISHMAEL'S CHILDREN:
ADBEEL
BASHEMATH
DUMAH
HADAR
JETUR
KEDAR
KEDEMAH
MASSA
MIBSAM

MISHMA
NAPHISH
NEBAJOTH
TEMA

ESAU'S DESCENDANTS:
AMALEK
ELIPHAZ
GATAM
JAALAM

JEUSH
KENAZ
KORAH
MIZZAH
NAHATH
MOAR
REUEL
SHAMMAH
TEMAN
ZEPHO
ZERAH

THE MESSENGER
MALACHI 3:1-2

```
B  H  V  K  D  N  Y  E  K  I  L  N  V  W  B
C  R  M  R  T  E  P  R  E  P  A  R  E  Q  E
A  H  M  E  Y  T  L  D  Q  C  M  F  Q  N  H
P  P  T  G  K  Q  N  I  S  T  A  N  D  N  O
N  A  P  N  F  E  N  S  G  T  H  N  T  H  L
W  S  O  E  S  F  U  W  N  H  Q  N  E  K  D
A  T  W  S  A  D  V  A  R  L  T  P  T  V  C
B  S  B  S  D  R  N  T  C  L  R  Q  X  B  E
I  O  N  E  E  E  O  H  I  S  D  K  Y  G
D  H  N  M  V  B  M  T  G  W  E  M  R  V  M
E  L  W  O  Q  E  N  H  F  E  M  C  O  Q
Y  Q  C  R  L  R  I  F  I  N  K  H  L  Q  L
K  Z  W  H  O  M  T  R  O  E  L  P  M  E  T
V  T  H  K  O  T  E  B  F  R  J  P  D  N  V
R  M  W  C  P  H  T  I  A  S  E  R  N  G  P
```

Behold, I **will send** my messenger, and he shall **prepare** the way **before** me: and the LORD, whom ye **seek**, shall **suddenly** come to his **temple, even** the **messenger** of the **covenant, whom** ye **delight** in: **behold,** he shall **come, saith** the LORD of **hosts**. But who may **abide** the day of his **coming**? And who shall **stand** when he **appeareth**? For he is like a refiner's **fire,** and **like** fullers' **soap.**

Day 67

PAUL'S PRAYER FOR THE THESSALONIANS

1 THESSALONIANS 3:11-13

```
E V O L T T S S E N I L O H E
Z L H G L L A L L G B X Y V
D O T E N K T S I R H C D W E
R R I J N I C L R X R Y B O N
A D W Y F O M E V Q M O X N U
W P N T J A H O G G T E T W N
O M B E C T T K C N N N N Q B
T N S T O E N H U D W Y I M L
T U Y N D A R W E M M A N H A
S K A O B V S I L R A W C E M
R F G O V A M W D G G K R A E
G P U R I M B E F O R E E R A
V N Q N R H I M S E L F A T B
D G T M H X K Q Y O U K S S L
Z S Q M H S I L B A T S E Y E
```

Now God himself and our **Father**, and our **Lord Jesus Christ**, **direct** our **way unto you**. And the Lord **make** you to **increase** and **abound** in **love one toward another**, and toward **all men**, **even** as we do toward you: To the **end** he may **stablish** your **hearts unblameable** in **holiness before** God, even our Father, at the **coming** of our Lord Jesus Christ **with** all his **saints**.

NAMES SHARED BY MULTIPLE BIBLE CHARACTERS

```
S  I  M  E  O  N  B  D  G  S  E  M  A  J  L
P  H  G  L  N  L  F  J  U  D  A  S  M  R  Q
R  A  D  K  U  M  B  L  W  V  A  X  T  W  L
R  O  D  A  N  I  E  L  H  I  G  Z  G  H  H
N  N  S  R  G  L  N  P  N  E  K  R  D  W  A
K  T  M  Z  T  X  E  A  R  U  D  T  P  C  I
D  N  T  Y  M  S  N  S  Y  R  N  Z  E  N  R
S  E  V  M  O  A  H  T  N  I  H  T  L  M  A
L  U  B  J  L  O  W  V  B  A  O  J  I  A  H
B  A  S  O  M  D  R  G  A  H  J  T  E  N  C
S  A  Z  E  R  L  E  A  H  C  I  M  Z  A  E
W  I  D  A  J  A  L  P  A  N  Z  M  E  S  Z
R  Q  M  A  R  C  H  R  B  V  A  R  R  S  L
W  W  R  O  N  U  M  X  R  R  Y  N  H  E  L
D  F  M  X  N  R  S  C  Y  L  T  G  L  H  B
```

AHAB
ANANIAS
DANIEL
DEBORAH
ELIEZER
GERSHOM
JAMES
JESUS

JOHN
JOSEPH
JUDAS
LAZARUS
MANASSEH
MARY
MICHAEL
NADAB

NOAH
SAUL
SIMEON
SIMON
URIAH
ZECHARIAH

BIBLE CREEPY CRAWLIES

G	J	T	A	N	G	L	N	F	E	R	R	E	T	R
G	R	F	N	H	V	R	O	L	I	Z	A	R	D	G
K	E	L	H	B	C	I	T	C	P	V	N	Q	C	V
G	D	Y	B	E	F	A	P	M	U	H	H	A	Q	M
R	D	N	X	E	E	L	E	E	D	S	N	N	O	V
A	A	A	G	T	E	C	E	L	R	K	T	T	E	T
S	N	H	N	L	D	Q	I	A	E	M	H	C	X	T
S	S	T	O	E	G	A	F	R	R	S	I	L	N	N
H	P	A	G	H	N	R	W	O	T	L	R	A	W	E
O	I	I	A	S	O	O	W	L	T	A	X	O	G	P
P	D	V	R	G	R	H	B	M	L	E	K	C	H	R
P	E	E	D	M	T	O	G	G	A	M	N	C	K	E
E	R	L	V	R	A	S	P	P	J	M	L	R	O	S
R	M	R	A	L	L	I	P	R	E	T	A	C	O	C
P	M	E	B	G	S	C	O	R	P	I	O	N	X	H

ADDER	FERRET	LIZARD
ANT	FLEA	LOCUST
ASP	FLY	MAGGOT
BEE	FROG	MOTH
BEETLE	GNAT	SCORPION
CANKERWORM	GRASSHOPPER	SERPENT
CATERPILLAR	HORNET	SNAIL
COCKATRICE	HORSELEACH	SPIDER
DRAGON	LEVIATHAN	VIPER
EARTHWORM	LICE	

REVELATION

```
J  J  S  P  I  R  I  T  E  A  R  T  H  L  L
C  S  Z  J  R  H  Z  S  L  W  O  B  N  K  L
H  N  E  D  K  A  P  O  S  T  L  E  S  X  A
G  E  A  H  S  N  O  I  T  A  N  T  L  Q  T
F  E  A  B  C  S  T  N  E  M  G  D  U  J  S
D  Q  S  V  M  R  C  T  W  E  L  V  E  H  Y
B  M  T  P  E  A  U  R  N  T  H  L  F  O  R
T  E  E  T  N  N  L  H  O  K  H  K  B  R  C
H  L  P  H  E  G  T  B  C  L  L  C  E  N  J
O  A  M  R  M  K  Z  E  A  E  L  Q  A  S  S
U  S  U  O  A  Q  U  B  G  B  J  M  S  H  E
S  U  R  N  L  G  O  N  Q  O  Y  F  T  R  V
A  R  T  E  A  O  A  P  H  N  Z  L  K  R  E
N  E  Y  L  K  G  Z  N  M  G  T  G  O  Y  N
D  J  P  S  P  S  A  I  N  T  S  T  H  N  L
```

AMEN	DEAD	PLAGUE
ANGEL	EARTH	SAINTS
APOSTLES	HEAVEN	SCROLL
BABYLON	HORNS	SEVEN
BEAST	JERUSALEM	SPIRIT
BOOKS	JOHN	THOUSAND
BOWLS	JUDGMENT	THRONE
CHURCHES	LAMB	TRUMPETS
CRYSTAL	NATIONS	TWELVE

F'S IN THE BIBLE

```
P  I  H  S  W  O  L  L  E  F  X  F  D  N  T
F  O  L  L  O  W  E  D  V  H  F  R  O  K  P
D  Y  F  E  S  T  U  S  D  T  I  U  O  T  F
X  L  M  R  L  R  B  E  F  I  E  I  L  F  O
I  H  N  K  U  E  C  I  F  A  R  T  F  A  R
L  R  H  O  S  N  R  A  F  F  Y  N  F  T  G
E  R  L  L  E  S  U  Y  T  A  I  P  L  H  I
F  F  A  F  T  L  Q  V  F  S  S  E  D  E  V
F  F  W  L  T  T  L  J  W  Z  A  T  L  R  E
G  C  I  L  R  F  A  M  I  N  E  E  I  D  N
B  N  E  S  E  G  N  I  R  F  H  Z  F  N  N
G  S  P  E  T  S  T  O  O  F  L  S  Y  V  G
S  X  Z  R  U  O  V  A  F  B  M  F  E  L  L
C  F  R  A  N  K  I  N  C  E  N  S  E  L  F
Q  W  D  R  O  L  E  H  T  F  O  R  A  E  F
```

FAITH
FALSE
FAMINE
FASTING
FATHER
FAULTLESS
FAVOUR
FEAR OF THE LORD
FEAST

FELIX
FELLOWSHIP
FENCED
FESTUS
FIELD
FIERY
FIRSTLING
FLESH
FLOOD

FLOUR
FOLLOWED
FOOTSTEPS
FORGIVEN
FRANKINCENSE
FRINGES
FRUIT

WHO IS JESUS?

```
P  L  R  O  T  A  I  D  E  M  E  Z  B  R  C
E  T  I  R  O  I  V  A  S  N  T  M  F  E  J
C  P  C  G  Y  R  A  B  B  I  A  D  H  D  G
A  H  B  H  H  R  R  P  R  L  C  D  A  E  V
E  Y  H  B  R  T  A  E  H  B  O  R  G  E  V
P  S  W  A  Y  I  H  N  H  V  V  E  N  M  H
Y  I  W  Q  I  T  S  T  S  C  D  H  T  E  P
G  C  D  O  O  S  S  T  C  O  A  P  R  R  R
N  I  H  R  R  E  S  M  K  U  M  E  U  V  O
I  A  B  O  I  D  A  E  Z  N  W  H  T  M  P
K  N  C  R  N  S  E  K  M  S  I  S  H  K  H
R  K  P  Z  T  N  L  I  F  E  S  L  D  P  E
N  D  N  E  I  R  F  Y  R  L  D  O  L  W  T
X  N  R  V  Y  K  H  L  R  O  O  V  M  L  F
C  A  P  T  A  I  N  J  P  R  M  E  D  R  B
```

ADVOCATE
BROTHER
CAPTAIN
CHRIST
COUNSELOR
DOOR
FRIEND
HEAD
KING
LAMB
LIFE

LIGHT
LOVE
MASTER
MEDIATOR
MESSIAH
PEACE
PHYSICIAN
PRIEST
PROPHET
RABBI
RANSOM

REDEEMER
ROCK
SAVIOR
SHEPHERD
TEACHER
TRUTH
VINE
WAY
WISDOM
WORD

ROMANS 8

T	S	R	I	E	H	X	T	B	Y	M	S	T	Y	D
K	C	N	X	L	L	H	M	T	R	T	P	R	T	N
F	R	E	E	V	E	E	R	K	I	T	E	C	I	K
C	M	K	L	A	W	E	P	U	Y	D	A	A	M	A
N	K	O	R	E	B	R	R	O	E	W	C	R	N	B
M	E	T	R	I	G	F	H	M	H	A	E	N	E	B
G	S	K	L	T	T	I	P	Y	C	L	M	A	N	A
L	F	K	C	S	I	T	V	H	B	N	S	L	I	Z
O	C	C	R	I	I	F	I	E	O	N	Y	D	S	L
R	S	I	A	O	U	L	Y	I	O	P	L	I	F	E
I	F	A	N	L	D	Q	T	S	L	H	T	A	E	D
F	F	N	I	R	L	P	Z	E	S	O	P	R	U	P
I	K	Y	E	N	O	E	A	N	W	A	L	K	F	P
E	R	N	Z	D	T	S	D	C	K	L	K	F	C	X
D	R	L	A	N	E	S	B	R	E	T	H	R	E	N

ABBA	FREE	PEACE
ADOPTION	GIVE	PLEASE
BRETHREN	GLORIFIED	PURPOSE
CALLED	HEARTS	QUICKEN
CARNAL	HEIRS	REDEMPTION
CHILDREN	HOPE	SAINTS
DEATH	LAW	SIN
ELECT	LIBERTY	SONS
ENMITY	LIFE	WALK
FIRSTFRUITS	MORTIFY	

PLACES WHERE ALTARS WERE BUILT

```
M  R  C  R  G  J  E  R  U  S  A  L  E  M  I
F  K  H  A  M  A  R  H  B  D  T  R  L  F  A
H  B  S  H  E  C  H  E  M  L  A  K  N  V  N
L  M  S  U  C  S  A  M  A  D  R  J  K  Z  I
T  I  E  L  C  A  N  R  E  B  A  T  K  M  S
B  Z  V  M  I  D  I  H  P  E  R  M  R  K  M
N  P  N  R  A  D  D  C  B  L  A  Q  J  O  S
O  E  W  B  R  I  A  G  W  E  T  K  R  N  N
E  H  Z  N  J  R  R  R  T  E  T  I  E  N  B
B  M  Z  O  M  O  M  A  L  N  A  H  O  G  C
I  Z  L  E  P  G  R  P  M  H  T  R  E  B  A
G  P  L  A  J  H  M  D  Z  A  B  Q  D  L  N
X  M  L  T  B  E  I  F  A  E  S  Q  Z  K  A
M  X  N  M  T  E  L  M  H  N  C  G  C  L  A
P  B  E  E  R  S  H  E  B  A  H  Z  K  D  N
```

ARARAT
ATHENS
BEERSHEBA
BETHEL
CANAAN
CARMEL
DAMASCUS
EBAL

GIBEON
HEBRON
JERUSALEM
JORDAN
MIZPEH
MORIAH
RAMAH
REPHIDIM

SAMARIA
SHECHEM
SINAI
TABERNACLE
TEMPLE
ZOPHIM

Day 75
WOMEN IN THE BIBLE

```
Q Z Y B A T N H A R O B E D C
T J P A T N M N A N C J X O J
L A I L L H N I A R E H Z F N
N E T L C W A A C H A B L L Y
M L H I L W M G O H I S L O R
I L S S X A M S A J A H E V E
B O A U H Y H H B R T L M A L
A - V R J E T H K E H M I M E
M R H D B R K Y B A L H C M B
H U M A A N M A R Y P M L I A
T H N M N Z S O L P M J A R T
I A M M K I P G A B F H U I E
D M X D L P D H T U R M D A H
U A F E I L E B E Z E J I M E
J H Z Z K Z B I L H A H A R M
```

ABI
APPHIA
BILHAH
CHLOE
CLAUDIA
COZBI
DEBORAH
DINAH
DRUSILLA
ELISABETH

EVE
HAGAR
JAEL
JEHOSHEBA
JEZEBEL
JOANNA
JUDITH
LO-RUHAMAH
MARTHA
MARY

MEHETABEL
MICHAL
MIRIAM
NAAMAH
RUTH
SARAH
VASHTI
ZIPPORAH

LADDER TO HEAVEN
GENESIS 28:10-12

```
N  W  O  D  Y  W  E  N  T  E  W  C  H  K  K
N  R  W  L  M  B  Z  G  R  G  R  E  K  N  F
R  E  L  B  R  O  W  H  K  S  A  E  C  M  T
G  A  I  E  P  C  T  T  A  V  T  N  H  X  H
G  C  G  H  E  A  H  V  E  R  N  O  V  T  E
N  H  H  O  E  J  G  N  M  E  A  A  N  G  M
I  E  T  L  L  H  I  K  S  N  B  N  N  E  L
D  D  E  D  S  H  N  U  B  E  M  I  P  V  S
N  A  D  A  N  X  A  T  H  B  D  I  C  D  K
E  M  N  F  R  C  L  S  Q  N  L  E  E  J  K
C  C  Y  G  E  T  R  N  E  L  R  M  J  H  P
S  K  A  B  E  E  H  C  O  T  A  T  T  T  N
E  D  Z  L  E  L  S  W  A  E  X  T  O  O  K
D  K  B  B  P  A  S  I  R  N  M  P  M  J  F
L  A  D  D  E  R  N  D  E  I  R  R  A  T  T
```

And **Jacob** went out from **Beersheba**, and **went** toward **Haran**. And he **lighted** upon a **certain** place, and **tarried there** all **night**, **because** the sun was set; and he **took** of the **stones** of that place, and put **them** for his **pillows**, and lay **down** in that **place** to **sleep**. And he **dreamed**, and behold a **ladder** set up on the **earth**, and the top of it **reached** to **heaven**: and **behold** the **angels** of God **ascending** and **descending** on it.

JACOB PRAYS FOR MERCY

GENESIS 32:9–11

```
L  T  N  A  D  R  O  J  M  C  B  U  J  R  M
R  L  N  P  R  D  X  R  L  H  M  A  I  W  E
R  E  I  A  E  O  E  M  T  I  O  S  S  O  T
T  M  V  W  V  H  V  Y  N  L  T  E  A  R  I
R  H  E  I  T  R  N  E  L  D  H  K  A  T  M
T  H  O  A  L  F  E  A  R  R  E  H  C  H  S
S  T  F  U  D  E  B  S  T  E  R  J  A  Y  T
A  M  N  H  K  S  D  R  W  N  A  G  K  N  S
E  A  D  L  T  N  T  C  O  C  R  B  K  S  D
L  H  B  E  A  U  O  A  O  T  L  A  E  D  I
E  A  P  B  R  U  R  B  F  V  H  I  B  K  A
E  R  Z  P  N  D  T  T  H  F  C  E  M  Q  S
H  B  R  T  J  S  N  L  O  R  D  P  R  R  K
T  A  R  R  E  Q  Q  I  E  B  E  C  O  M  E
Y  Y  P  L  W  F  B  M  K  N  R  U  T  E  R
```

ABRAHAM	ISAAC	SAIDST
BANDS	JACOB	SERVANT
BECOME	JORDAN	SHEWED
BROTHER	KINDRED	SMITE
CHILDREN	LEAST	STAFF
COUNTRY	LEST	THEE
DEAL	LORD	THOU
DELIVER	MERCIES	TRUTH
ESAU	MOTHER	WILL
FATHER	OVER	WORTHY
FEAR	PRAY	
HAND	RETURN	

Day 78

JACOB THE WRESTLER

GENESIS 32:24-26, 28, 30

```
P  B  O  U  T  O  F  J  O  I  N  T  M  E  N
L  R  B  K  P  T  F  E  L  B  L  E  S  S  N
I  E  T  R  F  R  E  W  O  P  V  N  P  W  V
T  A  S  Y  E  E  C  A  L  P  Q  R  A  T  K
N  K  N  W  L  A  Q  X  C  K  I  E  Y  M  W
U  I  I  H  K  V  K  A  L  N  R  C  C  G  E
V  N  A  E  O  V  L  E  C  M  Y  A  D  N  N
T  G  G  M  R  L  W  E  T  E  H  F  A  E  I
T  P  A  O  E  E  L  R  N  H  G  M  H  Z  S
O  X  E  D  G  J  H  O  E  T  I  W  P  E  R
U  K  R  C  A  E  L  T  W  S  H  D  E  F  A
C  N  B  C  X  A  M  H  A  S  T  L  N  I  E
H  P  O  D  F  E  F  T  K  N  Y  L  I  L  L
E  B  O  K  C  G  T  T  E  H  R  K  E  N  R
D  G  K  P  R  E  V  A  I  L  E  D  L  D  N
```

AGAINST	HOLLOW	PLACE
ALONE	ISRAEL	POWER
BLESS	JACOB	PREVAILED
BREAKETH	LEFT	PRINCE
BREAKING	LET ME GO	THERE
CALLED	LIFE	THIGH
DAY	MAN	TOUCHED
EXCEPT	MEN	UNTIL
FACE	NAME	WHEN
GOD	OUT OF JOINT	WRESTLED
HAST	PENIEL	

Day 79

JACOB AND SONS

T	E	Z	G	C	P	V	R	L	H	A	D	U	J	H
T	L	K	L	R	O	P	H	A	R	A	O	H	A	H
W	T	R	R	R	A	A	C	M	E	R	F	K	D	S
M	S	X	E	K	L	I	T	T	K	N	E	Z	L	T
Y	E	F	H	D	G	Z	N	N	E	B	I	N	E	A
Y	R	B	S	J	D	M	F	G	E	R	I	M	G	R
S	W	N	A	D	W	A	Y	R	M	M	S	C	A	S
I	L	Z	D	O	R	P	L	X	A	W	K	M	I	F
S	N	A	Z	N	T	L	Z	J	E	J	C	Z	R	B
R	G	B	V	K	B	W	N	L	O	L	O	W	R	V
A	L	H	B	E	F	E	L	S	K	M	L	K	A	N
E	K	T	Y	Y	B	P	E	R	P	R	F	F	M	V
L	N	R	V	R	L	P	L	R	G	O	S	H	E	N
N	M	I	A	R	H	P	E	Z	E	B	U	L	U	N
J	N	E	B	U	E	R	L	C	A	N	A	A	N	Q

ASHER
BENJAMIN
CANAAN
COAT
DONKEY
EGYPT
EPHRAIM
FAMINE
FLOCKS

GAD
GOSHEN
GRAIN
ISRAEL
JOSEPH
JUDAH
LADDER
MARRIAGE
PHARAOH

REBEKAH
REUBEN
SLAVE
STARS
WELL
WRESTLE
ZEBULUN

VISIT OF A QUEEN

1 KINGS 10:1-13

```
S  N  Y  J  N  S  E  R  V  A  N  T  S  T  L
E  T  E  Y  S  M  C  B  O  U  N  T  Y  E  E
N  M  L  E  K  H  O  L  R  G  H  Y  A  X  N
O  J  S  S  U  I  E  D  T  K  K  R  C  M  T
T  T  O  P  B  Q  N  B  S  Q  S  E  M  A  F
S  C  L  R  N  E  M  G  A  I  E  X  T  D  T
S  U  O  A  T  N  R  N  S  D  W  N  E  R  L
U  P  M  H  F  R  G  P  E  M  R  V  O  X  E
O  B  O  C  G  N  I  T  E  V  E  P  Y  F  R
I  E  N  G  A  C  H  A  M  I  E  R  Q  R  A
C  A  L  T  E  M  T  P  L  R  D  M  Y  R  P
E  R  O  S  P  K  E  E  D  N  V  L  C  R  P
R  E  R  B  Y  T  B  L  L  K  W  H  O  Z  A
P  R  D  J  J  E  R  U  S  A  L  E  M  G  W
R  S  Z  Q  Y  T  I  R  E  P  S  O  R  P  D
```

APPAREL	HARPS	PROSPERITY
BELIEVED	ISRAEL	QUEEN
BOUNTY	JERUSALEM	REPORT
CAMELS	KING	SERVANTS
CUPBEARERS	LORD	SHEBA
EXCEEDETH	MEAT	SOLOMON
FAME	MEN	SPICES
GOLD	PRECIOUS STONES	WISDOM

Day 81

PRECIOUS THINGS

```
R  Q  W  F  R  A  N  K  I  N  C  E  N  S  E
E  K  D  N  T  W  S  A  P  P  H  I  R  E  F
V  T  Y  I  S  A  M  E  T  H  Y  S  T  S  D
L  K  I  E  A  F  H  T  N  I  C  A  J  A  C
I  P  O  L  X  M  T  O  D  F  K  L  E  R  A
S  L  P  J  O  H  O  M  N  K  T  E  M  P  R
A  K  Z  T  R  S  T  N  W  Y  N  T  E  O  B
L  J  B  R  L  G  Y  F  D  O  X  A  R  S  U
E  R  Y  E  O  R  C  R  M  R  S  G  A  Y  N
R  M  E  L  R  A  A  A  H  P  U  A  L  R  C
U  T  D  P  S  Y  N  E  I  C  D  B  D  H  L
G  O  T  S  S  N  L  C  P  P  G  X  Y  C  E
I  P  I  V  I  A  E  C  R  Y  S  T  A  L  W
L  A  Q  C  T  C  J  W  S  A  R  D  I  U  S
L  Z  Y  N  O  D  E  C  L  A  H  C  B  V  Q
```

AGATE	CINNAMON	MYRRH
ALOES	CRYSTAL	ONYX
AMETHYST	DIAMOND	PEARL
BERYL	EMERALD	RUBY
CARBUNCLE	FRANKINCENSE	SAPPHIRE
CASSIA	GOLD	SARDIUS
CHALCEDONY	JACINTH	SILVER
CHRYSOLITE	JASPER	SPICE
CHRYSOPRASE	LIGURE	TOPAZ

THE BEATITUDES
MATTHEW 5:3-12

```
W  I  N  H  E  R  I  T  M  O  D  G  N  I  K
J  S  S  S  E  N  S  U  O  E  T  H  G  I  R
R  R  H  T  S  R  I  H  T  G  H  R  H  N  Q
E  E  C  O  M  F  O  R  T  E  D  R  A  N  Y
W  K  D  D  G  N  C  R  M  T  E  R  E  E  V
A  A  E  E  E  D  M  O  E  G  I  R  O  T  H
R  M  S  T  T  A  U  A  N  V  D  R  G  O  T
D  E  S  U  C  R  R  U  N  L  I  W  I  P  P
R  C  E  C  N  X  H  T  I  N  W  L  M  P  P
E  A  L  E  E  Q  C  H  H  E  E  N  E  E  S
J  E  B  S  V  Y  C  J  Z  V  N  R  R  G  D
O  P  T  R  A  M  E  R  C  I  F  U  L  M  Q
I  Q  V  E  E  H  R  K  N  L  P  A  D  E  D
C  H  P  P  H  N  R  D  O  G  D  R  K  E  T
E  H  B  P  R  O  P  H  E  T  S  T  B  K  Z
```

BLESSED	HUNGER	POOR
CHILDREN	INHERIT	PROPHETS
COMFORTED	KINGDOM	PURE
EARTH	MANNER	REJOICE
EVIL	MEEK	REVILE
GLAD	MERCIFUL	REWARD
GOD	MOURN	RIGHTEOUSNESS
HEART	PEACEMAKERS	SPIRIT
HEAVEN	PERSECUTED	THIRST

Day 83

WINGS AS EAGLES

ISAIAH 40:28-31

D	N	G	N	I	H	C	R	A	E	S	R	N	D	R
W	F	P	P	T	J	W	B	Y	F	L	M	R	N	S
A	A	P	R	T	E	R	M	O	J	A	A	N	G	F
I	I	G	M	N	V	O	H	U	R	E	I	N	N	L
T	N	T	E	M	Q	T	W	T	H	K	I	N	F	O
D	T	R	E	P	G	A	E	H	E	W	N	A	T	R
O	E	N	W	N	S	E	A	S	F	V	L	O	C	D
G	T	T	E	E	T	R	R	N	N	L	I	C	W	B
Y	H	R	L	W	B	C	Y	Z	M	V	M	G	N	N
M	T	G	A	I	N	C	R	E	A	S	E	T	H	R
S	A	L	G	N	U	O	Y	Y	T	S	D	L	T	E
E	K	M	X	P	B	J	T	B	L	O	H	N	W	W
L	T	J	K	Q	D	E	A	R	T	H	N	A	K	O
Y	F	G	N	I	T	S	A	L	R	E	V	E	L	P
J	P	Y	T	H	G	I	M	F	Y	R	U	N	L	L

CREATOR
EAGLES
EARTH
EVERLASTING
FAINT
FAINTETH
FALL
GIVETH
GOD
HEARD

INCREASETH
KNOWN
LORD
MEN
MIGHT
NOT
POWER
RENEW
RUN
SEARCHING

SHALL
STRENGTH
WAIT
WALK
WEARY
WINGS
YOUNG
YOUTHS

DEVOUT CENTURION

ACTS 10:30-32

```
P  X  X  C  T  D  C  C  L  O  T  H  I  N  G
K  N  V  B  L  K  N  T  D  A  Y  S  K  T  A
E  C  N  A  R  B  M  E  M  E  R  J  H  P  S
E  M  P  U  F  L  D  G  S  M  R  G  P  I  M
Z  S  O  R  L  A  B  L  H  L  I  O  G  F  Y
S  F  U  A  A  L  S  O  O  R  J  H  F  S  E
M  I  H  O  P  Y  U  T  B  H  T  L  N  U  R
Q  S  M  D  H  R  E  Q  I  M  E  N  I  I  O
T  B  P  O  G  K  V  R  N  N  C  B  N  L  F
V  R  E  O  N  R  M  G  X  L  G  R  T  E  E
H  E  T  T  D  E  Y  A  R  P  N  Y  H  N  R
E  N  E  S  K  A  H  T  E  M  O  C  J  R  E
A  N  R  R  L  L  D  E  G  D  O  L  O  H
R  A  M  M  Q  K  E  M  A  N  R  U  S  C  T
D  T  S  P  E  A  K  C  A  L  L  G  C  F  M
```

And **Cornelius** said, **Four days** ago I was **fasting** until this hour; and at the **ninth hour** I **prayed** in my house, and, **behold**, a man **stood** before me in **bright clothing**, and said, Cornelius, thy **prayer** is **heard**, and thine **alms** are had in **remembrance** in the **sight** of God. **Send therefore** to **Joppa**, and **call** hither **Simon**, whose **surname** is **Peter**; he is **lodged** in the **house** of one Simon, a **tanner** by the sea side: who, when he **cometh**, **shall speak** unto thee.

G'S IN THE BIBLE

K	F	G	E	E	N	A	M	E	S	H	T	E	G	W
R	M	O	Y	C	L	G	A	L	A	T	I	A	N	S
O	L	L	G	I	A	R	G	E	N	E	S	I	S	Y
N	R	G	A	K	Z	R	Q	B	X	N	C	L	S	G
R	Y	O	R	G	R	A	G	C	O	X	D	L	E	O
E	R	T	M	H	E	V	H	I	R	G	G	E	I	L
V	O	H	E	N	G	N	T	E	K	E	O	I	G	I
O	L	A	N	A	O	A	T	G	G	N	L	R	O	A
G	G	D	T	B	R	E	O	I	A	T	D	B	L	T
R	O	H	S	E	Z	O	D	W	L	L	W	A	A	H
G	E	M	N	P	D	G	B	I	D	E	I	G	E	G
R	O	E	L	N	E	A	Z	A	G	N	S	L	N	K
J	G	G	E	Z	R	M	G	D	Q	E	P	J	E	T
K	B	S	E	N	E	H	S	O	G	S	M	Z	G	E
T	S	R	D	W	G	I	A	N	T	S	Z	G	H	B

GABRIEL	GENERATIONS	GOD
GAD	GENESIS	GOG
GALATIANS	GENTILES	GOLD
GALILEE	GENTLENESS	GOLGOTHA
GARMENTS	GETHSEMANE	GOLIATH
GATHER	GEZER	GOODNESS
GAZA	GIANTS	GOSHEN
GEHAZI	GIDEON	GOVERNOR
GENEALOGIES	GLORY	GRACE

WHATSOEVER YE DO
COLOSSIANS 3:16–17

```
Q  L  G  N  I  V  I  G  Y  O  U  B  W  F  F
R  F  C  C  L  S  D  G  A  L  L  H  Q  T  A
F  G  D  L  M  K  R  R  T  R  A  W  E  S  T
V  N  E  L  S  A  N  M  E  T  K  A  C  I  H
K  W  A  N  C  O  D  D  S  N  C  N  X  N  E
D  S  N  E  R  E  N  O  T  H  O  C  J  G  R
P  Q  P  J  E  T  E  G  I  D  R  J  E  I  L
L  P  N  D  Z  V  Q  N  S  R  E  R  S  N  A
S  T  R  A  E  H  G  W  K  O  H  X  U  G  U
R  S  G  R  M  R  Y  I  K  W  T  T  S  B  T
K  I  K  G  N  I  H  S  I  N  O  M  D  A  I
D  Y  C  N  F  M  D  D  K  Q  N  B  L  M  R
J  R  D  H  A  W  H  O  K  M  A  A  Q  P  I
K  L  O  L  L  H  M  M  W  Z  T  C  M  W  P
M  M  G  L  C  Y  T  H  Y  M  N  S  X  E  S
```

Let the **word** of Christ **dwell** in **you richly** in all **wisdom**; **teaching** and **admonishing one another** in **psalms** and **hymns** and **spiritual songs**, **singing** with **grace** in your **hearts** to the **Lord**. And **whatsoever** ye do in word or **deed**, do **all** in the **name** of the Lord **Jesus**, **giving thanks** to **God** and the **Father** by him.

Day 87

ZACCHAEUS

LUKE 19:1–10

H	T	G	J	R	N	C	L	I	M	B	E	D	M	M
S	N	T	C	E	J	N	O	I	T	A	V	L	A	S
M	D	D	R	R	R	O	E	V	E	L	T	T	I	L
P	Y	O	R	E	V	I	G	V	D	C	K	S	O	N
P	R	H	O	O	E	T	C	E	A	E	O	L	D	T
V	P	E	K	G	L	A	S	H	E	S	L	M	R	J
F	U	T	S	Q	Q	S	L	S	O	R	T	F	E	E
L	B	R	D	S	A	U	W	T	I	H	O	D	J	S
A	L	E	E	P	F	C	F	C	G	U	L	O	E	U
H	I	N	R	T	A	C	H	U	R	O	Y	T	L	S
C	C	N	U	S	L	A	O	F	H	F	S	F	W	J
B	A	I	M	O	S	S	O	E	U	A	C	V	A	T
C	N	S	R	L	E	L	B	L	H	M	K	K	Y	N
K	S	B	U	T	D	H	L	M	K	H	O	U	S	E
E	R	O	M	O	C	Y	S	P	O	O	R	M	J	H

ACCUSATION
BEHOLD
CLIMBED
COME
FALSE
FOURFOLD
GIVE
GOODS
HALF
HASTE
HOUSE

JERICHO
JESUS
JOYFULLY
LITTLE
LORD
LOST
MURMURED
PASSED
POOR
PRESS
PUBLICANS

RICH
SALVATION
SAVE
SEEK
SINNER
SON
SOUGHT
SYCOMORE
TREE
WAY

IMPORTANT WORDS IN EPHESIANS

```
G F L E S H T E A C H E R S R
D O R P E A C E L F F O T U P
E Y S L V N G B S E L I W N P
N L B P L R O N E R D L I H C
E W L R E D Y L O H N T L F Z
H C E O Y L T P T I R I P S N
T V S M Y S P A P O S T L E S
G H S I R A K O T R U T H A X
N C I S E V A C W P N C G L H
E R N E T E T R Q E H K R E S
R U G L S D K S M T R L A D A
T H S L Y U Y A I O F D C R I
S C C A M E S A T R U T E P N
X N Z T B F F E C M H R Y D T
P T T O L L I W J Q L C F X S
```

ALL	GOSPEL	SAINTS
AMEN	GRACE	SAVED
APOSTLES	HEAD	SEALED
ARMOUR	HOLY	STRENGTHENED
BLESSINGS	JESUS	SPIRIT
BODY	MYSTERY	TEACHERS
CHILDREN	OBEY	TRUTH
CHRIST	PEACE	WILES
CHURCH	POWER	WILL
FAITH	PROMISE	
FLESH	PUT OFF	

WOE TO THE WICKED

```
G  J  T  H  G  U  O  N  O  T  E  M  O  C  R
T  M  T  R  A  V  A  I  L  E  T  H  F  G  W
D  S  N  A  L  L  H  I  S  D  A  Y  S  R  Z
L  O  G  O  N  G  N  F  K  P  S  R  K  E  P
U  R  W  B  I  N  I  Q  U  I  T  Y  M  Y  R
F  R  I  A  T  T  R  P  G  N  H  N  B  O  O
D  O  C  T  N  Y  C  H  A  N  N  R  B  R  V
A  W  K  H  E  R  T  U  Y  N  O  Q  T  T  O
E  S  E  A  M  A  E  Y  R  K  G  X  M  S  K
R  D  D  L  H  S  L  O  E  T  Z  E  K  E  E
D  X  W  I  S  R  P  N  W  A  S  Y  R  D  J
L  T  O  A  I  E  G  A  H  K  M  E  H  H  Y
F  N  R  H  N  V  T  A  I  E  M  W  D  W  D
L  R  K  Y  U  D  N  G  N  N  H  A  M  A  N
K  N  S  R  P  A  X  E  T  D  E  R  A  N  S
```

ADVERSARY	DESTRUCTION	SIGHT
AHAZ	DREADFUL	SNARED
ALL HIS DAYS	ENEMY	SORROWS
ANGER	HAMAN	TRAVAILETH
ATHALIAH	INIQUITY	WICKED WORKS
BROKEN	PAIN	WOE
COME TO NOUGHT	PROVOKE	
DESTROYER	PUNISHMENT	

HEBREWS HALL OF FAITH

```
X  R  G  Z  N  E  S  C  A  P  E  D  G  L  M
S  G  A  B  C  E  W  D  I  V  A  D  N  M  R
K  R  Y  H  S  H  L  K  N  T  H  N  A  E  S
M  T  E  O  A  D  E  B  L  L  J  H  P  T  P
O  G  M  D  C  B  B  T  A  A  A  R  R  C  R
B  H  I  L  L  A  A  I  C  R  O  O  O  U  O
P  E  C  D  F  E  R  O  B  A  N  N  A  K  P
R  B  L  I  E  T  B  A  C  G  F  S  L  R  H
O  O  H  I  R  O  L  H  S  E  E  K  N  H  E
M  N  C  I  E  E  N  X  S  N  O  A  H  P  T
I  D  O  S  F  V  J  S  B  A  R  A  K  E  S
S  S  N  A  F  M  E  S  A  M  U  E  L  S  T
E  Z  E  A  U  D  N  D  M  P  Q  R  K  O  X
J  Q  D  C  S  P  I  L  G  R  I  M  S  J  Y
Q  H  A  H  T  H  P  E  J  N  O  S  M  A  S
```

ABEL	ESCAPED	PROMISE
ABRAHAM	GIDEON	PROPHETS
BARAK	ISAAC	RAHAB
BELIEVED	JACOB	REPROACH
BONDS	JEPHTHAH	SAMSON
CONFESSED	JERICHO	SAMUEL
DAVID	JOSEPH	SARA
ELDERS	MOSES	STRONG
ENOCH	NOAH	SUFFER
ESAU	PILGRIMS	TRIAL

EYES OPENED

MATTHEW 9:27-29

R	C	R	R	G	N	I	D	R	O	C	C	A	K	V
G	J	R	D	T	N	T	O	U	C	H	E	D	L	B
T	H	R	Y	P	Y	W	K	D	N	H	R	E	S	W
V	O	T	N	I	N	C	R	E	V	A	H	T	A	T
L	J	H	I	R	N	T	R	C	K	E	C	R	Y	J
N	G	O	P	A	H	G	D	E	S	N	Y	A	I	E
R	G	U	N	E	F	A	C	U	M	O	J	P	N	S
M	P	Y	M	J	V	N	O	W	U	N	K	E	G	U
J	F	Q	N	I	E	H	K	R	E	H	F	D	L	S
H	W	C	D	H	Q	W	T	K	W	Y	V	G	Y	E
M	E	R	T	B	F	O	L	L	O	W	E	D	E	M
C	C	L	G	W	N	B	L	I	N	D	G	S	H	O
T	V	A	B	T	B	T	M	L	X	R	G	H	T	C
X	T	M	M	A	B	B	C	D	R	I	E	H	T	T
Y	R	F	P	E	V	D	E	V	E	I	L	E	B	K

And when Jesus **departed thence**, two blind men **followed** him, **crying**, and saying, **Thou** son of **David**, **have mercy** on us. And when he was **come** into the **house**, the **blind** men **came** to him: and **Jesus** saith unto **them**, **Believe** ye that I am **able** to do this? **They** said unto him, Yea, **Lord**. Then **touched** he **their eyes**, **saying**, **According** to **your faith** be it unto you.

BIBLICAL VALLEYS

```
Y  S  B  E  R  A  C  H  A  H  R  D  H  H  X
R  R  H  A  M  O  N  G  O  G  R  E  R  I  K
N  E  A  L  E  E  R  Z  E  J  L  C  R  N  S
R  G  W  R  C  H  S  B  B  A  S  I  E  N  T
O  N  R  Z  E  R  K  A  H  N  G  S  T  O  N
D  E  H  T  L  G  A  N  L  J  N  I  H  M  A
D  S  J  W  V  N  O  F  E  T  I  O  G  K  I
I  S  K  J  O  L  H  R  T  M  K  N  U  M  G
G  A  T  E  A  Z  I  E  C  S  T  W  A  H  S
E  P  B  J  R  C  I  R  B  V  M  H  L  R  H
M  I  A  T  H  O  L  Z  R  R  E  E  S  O  I
G  T  L  O  C  H  S  E  E  P  O  P  N  H  T
L  N  O  I  S  I  V  B  Z  K  V  N  H  C  T
V  M  O  U  N  T  A  I  N  S  L  H  V  A  I
Z  E  B  O  I  M  M  N  Z  A  R  E  D  P  M
```

ACHOR	HAMONGOG	PASSENGERS
AJALON	HEBRON	SALT
BERACHAH	HINNOM	SHITTIM
CRAFTSMEN	JERICHO	SLAUGHTER
DECISION	JEZREEL	SOREK
ELAH	KEZIZ	VISION
ESHCOL	KINGS	ZARED
GERAR	MEGIDDO	ZEBOIM
GIANTS	MIZPEH	
GIBEON	MOUNTAINS	

CRITTERS

W	N	S	G	O	D	H	E	I	F	E	R	H	L	L
B	O	T	Q	P	K	M	H	R	B	T	L	A	E	N
P	P	R	Y	K	L	J	C	C	G	N	M	C	Q	N
W	P	V	R	W	B	O	I	O	Z	B	Z	A	V	R
Q	F	E	O	A	C	K	R	X	C	T	K	T	U	S
P	U	C	A	K	P	F	T	H	H	E	F	T	L	E
I	X	A	A	C	N	S	S	F	O	L	F	L	T	V
G	K	M	I	M	O	O	O	J	R	G	T	E	U	O
E	Q	K	B	L	E	C	I	H	S	A	T	L	R	D
O	R	L	R	B	S	L	K	L	E	E	N	A	E	E
N	E	E	C	O	P	N	B	E	A	R	V	T	S	L
S	D	P	M	S	T	N	E	P	R	E	S	O	M	T
R	I	A	A	C	V	S	R	M	N	G	Z	H	D	R
W	P	M	T	T	D	R	A	P	O	E	L	X	Q	U
M	S	N	P	A	R	T	R	I	D	G	E	D	R	T

APE	HEIFER	PIGEONS
ASP	HEN	QUAILS
BEAR	HORSE	RAVEN
CAMEL	LAMB	SERPENT
CATTLE	LEOPARD	SPARROW
COCK	LION	SPIDER
DOGS	OSTRICH	STORK
DOVE	OWL	TURTLEDOVES
EAGLE	PARTRIDGE	VULTURES
FROG	PEACOCK	

NO TEARS IN HEAVEN
REVELATION 21:4-5

```
N T H E I R L B E N S D L P F
C T H I N G S L I N P A G C D
F O R M E R R A N E O T I G L
S D R O W D P W R K Y R T D O
P H D N D E B R R E Z E H M H
N L J Z B A E I W R H F S T E
M M E Y B T R T G C E T Z G B
L R T U S H O E E H P Y I S D
U V P R R T M K G P I M O E P
F Z A A T T A T M W W R Q B N
H E H K S M G N I Y R C T N V
T N O P U S T D J O L H K Y A
I B W T B H E C W T E F T T W
A M H N A K N D R S M Y M R A
F M H T R N Y L E K M R L R Y
```

And God shall **wipe** away all **tears** from **their eyes**; and there shall be no more **death**, neither **sorrow**, nor **crying**, **neither** shall there be any **more pain**: for the **former** things are **passed away**. And he **that** sat **upon** the **throne** said, Behold, I **make** all **things** new. And he **said** unto me, **Write**: for **these words** are **true** and **faithful**.

JOSEPH'S TEMPTATION

GENESIS 39

L	I	E	W	I	T	H	M	E	H	T	M	Q	O	Z
G	I	S	H	M	A	E	L	I	T	E	S	P	V	P
N	P	O	T	I	P	H	A	R	P	L	E	R	E	R
I	K	R	M	E	G	Y	P	T	O	S	F	I	R	O
S	R	E	T	S	A	M	Y	R	U	Q	K	S	S	S
S	D	Y	L	M	J	L	D	O	L	V	E	O	E	P
E	S	O	N	L	K	P	H	C	O	N	E	N	E	E
L	J	E	G	E	L	W	L	I	O	G	P	E	R	R
B	C	O	R	X	Y	D	C	S	F	M	E	R	X	K
H	D	W	S	V	A	E	I	Z	I	Y	R	S	F	C
T	P	E	T	E	A	R	S	C	E	X	C	L	M	O
A	R	R	R	R	P	N	G	L	L	L	E	R	M	M
R	V	B	R	P	R	H	T	V	D	D	V	F	E	R
W	Q	E	Q	K	T	N	E	M	R	A	G	N	I	M
L	K	H	T	S	S	E	N	D	E	K	C	I	W	W

BLESSING
BREAD
EGYPT
EYES
FIELD
FLED
GARMENT
GOD
HEBREW
HOUSE

ISHMAELITES
JOSEPH
KEEPER
LIE WITH ME
LORD
MASTER
MERCY
MOCK
OVERSEER
POTIPHAR

PRISON
PRISONERS
PROSPER
SERVANT
VOICE
WICKEDNESS
WIFE
WRATH

JOSEPH ENTERTAINS HIS BROTHERS

GENESIS 43

```
G  H  R  R  B  N  Y  G  H  F  A  T  H  E  R
T  K  R  R  K  S  J  O  S  W  E  R  B  E  H
C  M  E  R  R  Y  E  D  C  H  E  E  N  S  D
C  A  S  B  D  E  R  C  A  V  N  P  D  V  J
D  S  N  Q  I  B  B  D  I  I  F  N  T  G  O
E  A  A  T  A  R  U  M  M  P  O  O  R  H  S
C  C  I  R  R  J  T  A  A  M  S  A  O  B  E
N  K  T  E  F  B  F  H  L  H  C  T  Q  D  P
A  S  P  A  A  O  H  A  R  I  C  R  Y  E  H
S  L  Y  S  F  W  G  Y  O  I  Q  K  L  C  H
I  E  G  U  N  E  G  U  E  M  G  L  D  A  R
E  A  E  R  L  D  S  X  M  N  O  H  N  E  R
B  R  B  E  N  J  A  M  I  N  O  N  T  P  Y
O  S  N  T  N  A  V  R  E  S  D  H  E  N  M
S  I  M  E  O  N  R  E  H  T  O  R  B  Y  Y
```

AFRAID	FATHER	MONEY
ALMONDS	FOOD	MYRRH
BENJAMIN	GOD	OBEISANCE
BIRTHRIGHT	GRACIOUS	PEACE
BOWED	HEBREWS	SACKS
BREAD	HONEY	SERVANT
BROTHER	ISRAEL	SIMEON
CHAMBER	JOSEPH	SPICES
EGYPTIANS	JUDAH	TREASURE
FAMINE	MERRY	WEPT

FARM PRODUCTS

G	H	K	Z	N	K	M	T	N	I	M	C	M	P	S
Y	N	T	K	B	D	J	R	G	M	K	I	N	E	D
E	R	L	H	D	A	K	A	L	K	M	F	N	G	N
N	F	I	N	N	S	R	E	S	E	H	T	D	K	O
O	I	O	R	T	L	E	L	S	T	E	G	H	H	M
H	T	T	O	I	M	B	P	E	E	U	K	L	R	L
W	C	M	C	I	U	F	R	A	Y	E	N	S	E	A
M	H	K	L	T	Z	E	I	X	R	P	H	S	Q	M
R	E	K	T	Q	B	L	W	G	M	G	I	C	E	E
M	S	E	S	M	W	D	V	X	S	N	D	I	R	L
B	R	D	U	H	F	L	A	C	A	Q	R	M	B	O
R	I	C	E	N	I	W	C	U	M	M	I	N	R	N
K	U	A	P	O	M	E	G	R	A	N	A	T	E	S
C	T	W	B	Y	H	O	N	I	O	N	S	K	A	H
A	P	P	L	E	D	R	U	O	G	R	L	J	D	K

ALMONDS	CUMMIN	MELONS
ANISE	FIGS	MILK
APPLE	FITCHES	MINT
BARLEY	GARLICK	NUTS
BREAD	GOURD	OIL
BUTTER	GRAPES	ONIONS
CALF	HONEY	POMEGRANATES
CHEESE	KIDS	RIE
CORN	KINE	WHEAT
CUCUMBER	LEEKS	WINE

PEOPLE IN THE BOOK OF ACTS

R	Q	Q	T	T	Q	K	S	E	M	A	J	G	R	D
S	E	V	E	N	S	O	N	S	V	K	A	T	K	N
Y	S	J	U	S	T	U	S	P	X	M	B	L	H	A
T	R	R	E	T	E	P	A	S	A	X	N	O	D	M
H	E	S	P	N	B	U	L	L	I	S	J	O	W	N
S	H	A	P	I	L	D	I	U	U	M	H	Z	E	A
U	P	E	R	V	L	E	E	I	C	R	O	N	L	S
S	O	N	R	T	L	I	L	M	N	I	M	N	Y	O
E	S	E	K	N	Q	E	H	Q	E	O	U	L	M	N
J	O	A	T	C	N	M	X	P	N	T	S	S	A	C
P	L	W	Q	R	M	S	C	E	V	A	R	A	S	H
T	I	Z	O	X	C	R	I	S	P	U	S	I	J	X
Z	H	C	T	R	O	P	H	I	M	U	S	P	U	Z
C	P	S	U	L	U	A	P	S	U	I	G	R	E	S
P	D	G	L	V	W	F	C	S	I	M	E	O	N	W

AENEAS	JESUS	PHILOSOPHERS
CORNELIUS	JOHN	RHODA
CRISPUS	JUSTUS	SCEVA
DEMETRIUS	LUCIUS	SERGIUS PAULUS
ELYMAS	MNASON	SEVEN SONS
GAMALIEL	PAUL	SIMEON
JAMES	PETER	SIMON
JASON	PHILIP	TROPHIMUS

Day 99

H'S IN THE BIBLE

S	K	R	N	Y	C	D	H	L	N	K	R	H	T	H
S	H	N	L	T	E	E	Z	O	M	U	H	T	G	Y
E	G	E	S	L	A	H	I	L	O	K	E	R	N	S
N	J	O	A	V	A	T	O	N	W	K	R	O	O	S
I	H	E	E	R	A	L	O	S	X	A	I	F	L	O
L	H	N	P	T	T	H	L	C	E	B	T	E	D	P
O	H	E	I	R	M	E	Q	E	D	A	A	C	A	Z
H	R	B	H	A	G	A	R	H	H	H	G	N	E	K
S	A	V	M	M	N	T	L	R	A	L	E	E	H	C
H	M	H	O	P	E	H	X	K	O	G	V	H	J	O
A	M	H	O	R	S	E	M	E	N	Z	G	M	V	L
M	H	O	S	A	N	N	A	P	K	W	A	A	M	M
S	F	E	I	H	C	R	E	K	D	N	A	H	I	E
H	E	A	R	K	E	N	L	T	S	E	H	G	I	H
M	N	S	W	E	R	B	E	H	F	Y	G	G	T	K

HABAKKUK
HABITATION
HAGAR
HAGGAI
HAM
HANDKERCHIEFS
HARPERS
HAZOR
HEADLONG
HEALED

HEARKEN
HEART
HEATHEN
HEAVEN
HEBREWS
HELL
HEMLOCK
HENCEFORTH
HERITAGE
HIGHEST

HOLINESS
HONOUR
HOPE
HORSEMEN
HOSANNA
HOSEA
HOST
HYSSOP

PRAISE!

M	K	R	P	Y	H	T	R	O	W	Y	V	L	H	L
Q	L	N	L	L	F	E	W	L	E	A	P	E	G	M
E	K	O	F	Z	X	I	O	S	P	E	A	K	N	X
X	C	W	V	T	T	R	R	L	N	V	E	V	I	G
A	P	O	O	E	O	R	K	O	E	T	G	E	V	D
L	T	L	N	N	M	M	S	N	L	S	M	C	I	B
T	P	D	O	T	S	T	A	Q	E	G	O	I	G	S
J	T	H	Y	S	I	N	Y	V	R	L	B	F	S	T
J	W	C	E	Z	D	N	E	P	O	W	E	I	K	H
F	K	L	E	E	K	N	U	G	D	V	Y	R	N	G
G	B	L	A	F	T	W	N	A	A	X	S	C	A	I
V	Y	R	D	I	R	I	A	C	L	H	R	A	H	E
G	T	M	M	V	S	E	Q	I	O	L	P	S	T	H
H	Q	E	R	X	W	Q	P	U	T	X	Y	M	N	P
N	S	Q	B	R	E	A	T	H	E	R	E	F	F	O

ADORE	HEIGHTS	SHOUT
BLESS	HONOR	SING
BREATHE	LEAP	SPEAK
CONTINUALLY	LOVE	THANKSGIVING
EXALT	OBEY	WAIT
EXTOL	OFFER	WORKS
GIVE	PERFECT	WORTHY
GLORIFY	SACRIFICE	
HEAVEN AND EARTH	SEVEN TIMES	

DAVID AND GOLIATH

S	H	A	M	M	A	H	S	D	B	A	I	L	E	D
E	F	X	Y	M	M	O	U	N	T	A	I	N	I	K
R	W	B	K	H	T	S	L	I	N	G	T	A	Q	N
V	B	A	S	E	L	E	A	R	S	I	R	T	M	Z
A	M	D	E	I	T	L	G	P	T	F	V	W	L	S
N	B	A	N	G	L	H	E	R	A	R	H	L	K	E
T	R	N	O	H	R	A	G	P	A	E	D	D	S	N
S	A	I	T	T	R	E	L	I	L	T	A	K	H	I
T	S	B	S	H	B	I	A	M	F	V	E	V	I	T
D	S	A	T	C	A	K	E	V	I	K	H	A	E	S
Y	M	A	J	M	D	T	H	D	E	D	E	L	L	I
L	G	A	R	M	I	E	S	A	K	S	R	L	D	L
L	R	Z	M	X	X	R	Z	A	D	H	O	E	M	I
I	L	O	H	C	O	H	S	M	U	U	F	Y	P	H
K	L	C	G	O	L	I	A	T	H	L	J	X	M	P

ABINADAB	GOLIATH	SAUL
AFRAID	GREAVES	SERVANTS
ARMIES	HEIGHT	SHAMMAH
BATTLE	HELMET	SHIELD
BRASS	ISRAEL	SHOCHO
DAVID	JUDAH	SLING
ELIAB	KILL	SPEAR
FIGHT	MAIL	STONES
FOREHEAD	MOUNTAIN	TARGET
GATH	PHILISTINES	VALLEY

BLIND MAN AT JERICHO
MARK 10:46-47, 52

```
H  T  E  R  A  Z  A  N  Z  R  W  Y  U  Z  D
D  R  E  C  E  I  V  E  D  B  H  L  O  D  Y
N  N  W  E  L  P  O  E  P  E  E  E  H  E  T
R  P  I  C  H  A  V  E  A  G  N  T  T  W  D
L  D  H  L  G  X  T  R  L  R  H  A  S  O  E
S  C  I  Z  B  N  D  Y  B  E  T  I  A  L  L
U  B  M  S  E  L  A  G  N  A  E  D  I  L  O
E  T  E  W  C  W  W  U  L  T  M  E  D  O  H
A  D  N  G  H  I  M  T  J  L  A  M  E  F  W
M  Y  N  G  G  B  P  F  H  D  C  M  W  H  K
I  E  I  A  E  I  A  L  I  G  S  I  D  E  T
T  H  R  R  G  I  N  V  E  U  I  P  R  L  M
R  L  N  C  T  E  A  G  S  S  W  S  T  L  W
A  W  B  H  Y  D  B  E  Z  F  E  D  A  M  Z
B  V  N  Y  Y  F  J  J  E  R  I  C  H  O  Y
```

And they **came** to Jericho: and as he **went** out of **Jericho** with his **disciples** and a **great number** of **people, blind Bartimaeus,** the son of Timaeus, sat by the **highway side begging.** And **when** he **heard** that it was Jesus of **Nazareth,** he **began** to cry out, and say, Jesus, **thou** son of **David, have mercy** on me. . . . And Jesus **said** unto him, Go thy way; thy **faith** hath **made thee whole.** And **immediately** he **received** his **sight,** and **followed Jesus** in the way.

BE CONTENT
PHILIPPIANS 4:11–13

```
B F M N P W R E F F U S T T T
R C H D X L H J N H B K K H K
F D V E D F T A U X L N E R L
U J R T Q R C N T F Q R X O G
L C R C F C G W T S E F D U T
L Y H U N R T N O W O N M G X
K L L R Y Z A D I N U E M H B
A D L T I W L T E O K X V T L
E E S S B S H L B E B P K E N
P S T N W T T A V C N O P N R
S A A I J L E A R N E D T W J
B B T T N E T N O C Y T F H R
V A E T F T H I N G S B J D H
E V E R Y W H E R E T H G T Q
S T R E N G T H E N E T H G R
```

Not that I **speak** in respect of **want**: for I have **learned** in **whatsoever state** I am, **therewith** to be **content**. I **know** both how to be **abased**, and I know how to **abound**: **everywhere** and in all things I am **instructed both** to be **full** and to be **hungry**, both to abound and to **suffer need**. I **can** do all **things through Christ** which **strengtheneth** me.

HAGGAI'S MESSAGE
HAGGAI 1:12-13

```
T  Z  Q  W  T  V  O  I  C  E  E  T  T  L  M
N  R  N  D  R  N  J  T  M  P  R  E  L  M  E
Z  O  V  J  M  W  A  Z  L  T  O  H  J  R  S
S  L  K  D  O  U  I  N  K  B  F  P  O  R  S
D  N  G  H  N  S  D  A  M  X  E  O  S  M  A
J  O  I  T  Q  E  H  R  G  E  B  R  E  L  G
D  G  O  K  Y  T  T  U  W  G  R  P  D  E  E
H  Q  Z  E  I  N  F  E  A  R  A  L  E  B  E
T  G  B  A  E  M  P  J  T  L  D  H  C  A  L
B  O  S  S  D  K  W  B  H  S  O  R  H  B  P
L  S  H  E  A  L  T  I  E  L  P  R  Y  B  O
T  P  Q  Q  K  N  R  N  I  C  U  A  D  U  E
R  K  T  S  E  I  R  P  R  R  D  O  K  R  P
K  R  E  G  N  E  S  S  E  M  B  Q  Y  E  R
Y  P  V  S  D  R  O  W  C  N  L  Z  J  Z  N
```

Then **Zerubbabel** the **son** of **Shealtiel**, and **Joshua** the son of **Josedech**, the **high priest**, with all the **remnant** of the **people**, **obeyed** the **voice** of the LORD **their God**, and the **words** of **Haggai** the **prophet**, as the LORD their God had **sent** him, and the people did **fear before** the LORD. Then **spake** Haggai the LORD's **messenger** in the LORD's **message unto** the people, saying, I am with **you, saith** the LORD.

PSALM 66

```
W  O  R  S  H  I  P  R  K  K  D  D  M  T  N
T  W  H  E  W  O  R  K  S  E  E  E  I  Y  N
D  E  R  T  F  Z  W  P  X  S  R  M  S  P  Y
L  X  R  L  M  F  D  T  I  C  B  S  S  R  D
O  E  S  I  O  N  O  A  Y  U  E  U  H  O  O
H  T  B  F  F  L  R  R  S  L  O  X  J  V  O
E  E  T  F  L  P  K  E  B  I  R  P  O  E  L
B  D  A  E  T  S  D  W  R  F  W  C  Y  D  F
G  E  D  R  I  L  N  O  C  O  M  E  F  Y  G
T  C  R  N  T  F  L  P  H  L  V  X  U  Y  H
W  L  G  K  V  G  X  D  S  C  U  O  L  R  T
A  A  T  B  L  P  R  A  Y  E  R  O  W  Q  E
T  R  E  C  I  O  J  E  R  K  A  I  S  S  L
E  E  P  G  R  E  A  T  N  E  S  S  E  M  U
R  R  D  R  A  E  F  V  V  O  I  C  E  D  R
```

BEHOLD	HEART	SEA
BLESS	JOYFUL	SING
COME	MERCY	SOUL
CRIED	NOISE	SUBMIT
DECLARE	OFFER	VOICE
EXTOLLED	POWER	VOWS
FEAR	PRAISE	WATER
FIRE	PRAYER	WORKS
FLOOD	PROVED	WORSHIP
GLORIOUS	REJOICE	
GREATNESS	RULETH	

SOLOMON

```
S  P  I  C  E  S  P  X  Q  J  W  R  B  L  B
Z  M  R  C  Q  A  K  R  E  Y  A  R  P  V  M
Z  K  Z  M  L  R  B  A  T  H  S  H  E  B  A
T  Y  I  A  A  L  R  W  L  D  M  S  L  W  X
D  E  C  N  E  T  S  A  E  F  S  A  E  M  L
M  E  M  A  G  S  M  D  V  E  X  C  B  A  N
F  O  R  P  E  Z  I  L  L  R  D  R  A  O  K
N  S  D  V  L  C  D  S  S  N  A  I  N  B  T
I  X  I  S  A  E  R  S  O  M  V  F  O  O  R
L  W  W  T  I  A  A  E  L  R  I  I  N  H  A
L  C  I  N  B  W  T  N  O  V  D  C  N  E  E
C  O  E  E  E  L  L  O  M  D  N  E  V  R  H
N  P  H  D  Q  E  A  T  O  W  L  S  H  F  M
L  S  W  K  A  F  U  S  N  E  N  O  R  H  T
J  T  B  M  K  R  M  Q  Z  J  U  D  G  E  R
```

ALTAR	ISRAEL	SHEBA
ARK	JUDGE	SOLOMON
BATHSHEBA	KING	SPICES
CEDAR	LEBANON	STONES
DAVID	PALACE	TEMPLE
DEDICATION	PRAYER	THRONE
FEAST	QUEEN	VESSELS
GOLD	REHOBOAM	WISDOM
HEART	SACRIFICES	WIVES

GREATER WISDOM
1 KINGS 4:29; LUKE 11:31

```
T  K  Z  B  P  K  M  S  O  U  T  H  L  L  B
N  R  H  L  E  A  R  T  H  M  G  L  G  A  H
W  N  M  E  D  N  O  C  K  E  R  N  B  R  B
K  E  X  C  E  E  D  I  N  G  I  N  E  G  M
E  W  E  R  B  H  M  E  B  D  M  M  H  E  F
R  W  M  M  E  L  R  R  N  W  N  H  O  N  J
O  B  I  R  A  A  G  A  R  E  E  P  L  E  U
H  D  E  S  T  C  T  H  E  A  T  R  D  S  D
S  L  N  I  D  S  K  U  R  Y  S  E  I  S  G
C  T  O  A  R  O  Q  T  M  H  O  V  K  S  M
K  N  T  E  S  N  M  M  S  P  M  A  P  V  E
K  R  D  L  H  D  L  T  U  N  T  G  D  R  N
B  N  W  T  K  H  R  P  Q  C  U  R  R  H  T
U  G  R  E  T  A  E  R  G  T  H  M  G  B  L
N  E  V  E  P  M  N  T  S  O  L  O  M  O  N
```

And God **gave** Solomon wisdom and **understanding exceeding much**, and **largeness** of **heart**, **even** as the **sand** that is on the sea **shore**. . . . The **queen** of the **south** shall **rise** up in the **judgment** with the men of this **generation**, and **condemn** them: for she **came** from the **utmost parts** of the **earth** to hear the **wisdom** of Solomon; and, **behold**, a **greater** than **Solomon** is **here**.

Day 108

SOLOMON'S ADVISORS
1 KINGS 4

```
R  T  P  X  E  L  I  H  O  R  E  P  H  L  T
T  S  E  I  R  P  N  A  T  S  O  H  K  R  M
T  L  B  R  P  K  L  I  N  D  A  H  I  A  H
A  H  A  I  R  A  Z  A  T  M  U  B  W  P  G
H  R  G  L  I  A  K  N  W  K  U  B  D  Z  E
P  E  T  M  N  H  R  E  S  T  K  L  A  G  B
A  D  T  B  C  I  V  B  E  C  O  O  M  Z  E
H  R  J  A  I  M  P  G  L  H  R  A  D  H  R
S  O  K  D  P  A  W  T  E  A  R  I  E  A  A
O  C  A  A  A  F  S  R  I  H  S  B  H  Z
H  E  Q  N  L  Z  U  R  N  U  E  I  I  E  R
E  R  Z  I  A  O  L  O  I  D  H  S  L  A  S
J  K  L  B  H  A  D  M  D  E  H  Y  K  U  X
R  Z  X  A  T  A  B  J  M  A  N  E  N  Y  D
R  N  O  F  F  I  C  E  R  X  D  D  F  T  N
```

ABINADAB	DEKAR	OFFICER
ADONIRAM	ELIHOREPH	PRIEST
AHIAH	FRIEND	PRINCIPAL
AHILUD	GEBER	RECORDER
AHIMAAZ	HESED	SCRIBES
AHISHAR	HOST	TRIBUTE
AZARIAH	HOUSEHOLD	ZABUD
BAANA	HUR	ZADOK
BENAIAH	JEHOSHAPHAT	

CITIES OF THE 12 TRIBES

K	K	B	H	D	C	X	O	H	C	I	R	E	J	M
J	Y	S	E	A	X	J	H	G	O	L	A	N	Y	I
A	Q	M	H	E	P	O	V	N	O	B	I	D	B	R
B	W	P	R	I	R	P	L	J	E	K	K	V	E	A
E	P	J	L	M	L	S	O	T	K	E	G	R	T	E
S	V	L	A	Q	M	O	H	J	L	H	N	E	H	J
H	G	H	Y	F	N	L	H	E	Y	P	H	Z	E	H
G	A	S	H	K	E	L	O	N	B	A	E	E	L	T
I	K	L	Q	H	G	H	S	R	O	A	B	G	K	A
L	Q	D	E	A	P	U	A	D	K	D	R	N	Y	I
E	M	M	L	A	C	C	D	Z	O	H	O	C	P	R
A	J	K	N	C	Z	I	C	D	O	E	N	N	V	I
D	I	B	O	V	G	A	H	W	B	R	R	G	R	K
Z	X	T	K	E	N	S	G	I	C	E	R	Y	T	V
W	H	J	M	L	A	J	G	H	E	S	H	B	O	N

APHEK	GEZER	JERICHO
ASHDOD	GIBEON	JOPPA
ASHKELON	GOLAN	KIRIATHJEARIM
BEERSHEBA	HAZOR	MEGIDDO
BETHEL	HEBRON	SHILOH
BETHLEHEM	HESHBON	SUCCOTH
DIBON	HORMAH	TYRE
GAZA	JABESHGILEAD	ZIKLAG

THREE MEN IN A FURNACE
DANIEL 3

```
F  T  C  P  R  E  V  I  L  E  D  M  C  Q  S
M  U  R  P  M  E  S  H  A  C  H  G  O  Z  H
C  K  R  E  T  S  U  R  T  A  F  O  U  L  A
R  O  C  N  M  E  M  X  R  S  O  V  N  Q  D
W  A  R  I  A  I  G  P  Q  W  G  E  S  S  R
T  R  G  N  S  C  C  A  Q  E  E  R  E  F  A
N  Z  G  E  E  U  E  L  M  J  N  N  L  F  C
W  M  J  S  M  T  M  B  U  I  D  O  L  I  H
T  F  O  U  R  M  E  N  L  D  E  R  O  R  K
G  O  E  G  T  J  D  E  S  T  B  S  R  E  K
L  P  R  K  L  E  G  E  U  M  A  Y  S  H  I
F  L  I  V  C  N  R  L  R  U  L  E  R  S  N
U  Y  F  R  A  V  F  R  G  F  W  N  N  Y  G
R  C  E  J  E  C  A  P  T  A  I  N  S  T  G
Y  E  G  T  A  E  H  P  S  A  L  T  E  R  Y
```

ABEDNEGO
ANGEL
CAPTAINS
CORNET
COUNSELLORS
DECREE
DELIVER
DULCIMER
FIRE
FLUTE

FOUR MEN
FURNACE
FURY
GOVERNORS
HARP
HEAT
IMAGE
JEWS
KING
LOOSE

MESHACH
MUSICK
PSALTERY
RAGE
RULERS
SERVE
SHADRACH
SHERIFFS
TRUST

THE CALL AND
BLESSING OF ABRAM

M	Y	D	M	Y	N	L	D	E	U	G	A	L	P	D
J	X	H	W	B	E	S	R	U	C	W	H	M	M	E
F	M	K	B	L	L	Z	G	O	D	O	I	B	C	E
C	Q	N	D	E	Y	E	N	R	U	O	J	F	P	S
A	L	O	T	N	D	S	S	B	E	T	H	E	L
N	H	R	V	R	N	O	E	S	T	M	A	T	R	K
A	A	B	O	X	A	J	D	C	I	R	N	A	C	Q
A	R	L	R	D	L	O	O	C	A	N	T	M	N	T
N	A	P	T	P	E	U	R	O	N	L	G	A	A	P
S	N	G	T	N	N	R	H	H	A	C	E	R	T	Y
I	I	R	R	T	A	N	D	P	T	N	M	B	I	G
S	Q	A	R	E	V	M	E	N	I	R	W	A	O	E
T	C	Y	R	Y	A	E	E	M	I	N	A	F	N	K
E	X	Q	V	A	H	T	A	V	J	K	K	E	F	X
R	R	K	K	S	S	F	L	S	I	C	H	E	M	X

ABRAM	GOD	NATION
ALTAR	GREAT	PHARAOH
BETHEL	HARAN	PLAGUED
BLESSING	HOUSE	SARAI
CANAAN	JOURNEYED	SEED
COUNTRY	KINDRED	SHEEP
CURSE	LAND	SICHEM
EARTH	LORD	SISTER
EGYPT	LOT	SOJOURN
FAMINE	NAME	WIFE

THE TONGUE

```
E D E A D L Y P O I S O N D X
E G E P T B L E S S I N G P C
L V D S E F R C J M C H R A H
U W I U R N O L K X T B N R N
F E O L R U T S E E G N R R A
T S N L R G C M R R O N F A U
I I Z G S K E E R T C B I Y G
E A E N F H T H B H T R S S H
C R P A P T T E K T Y I L K T
E P L S A E T F Y E W D A R Y
D S A L L A L A A P O L N A R
E L F I M X R I R P R E D E E
B M F E F R R L P A R T E W T
T E D L Y I N G R L A H R S T
D B N E R I F S S E F N O C U
```

ARROW
BLASPHEME
BLESSING
BRAG
BRIDLETH
CANNOT BE TAMED
CONFESS
CURSE
DEADLY POISON
DECEITFUL

DEFILETH
EVIL
FAIL
FALSE
FIRE
FLATTERETH
GRUDGE
LAPPETH
LYING
NAUGHTY

PEN
PRAISE
PRAY
SCOURGE
SING
SLANDER
SLOW
SOFT
SWEAR
UTTER

I'S IN THE BIBLE

R	Z	N	N	N	M	L	E	A	M	H	S	I	D	Y
G	E	O	O	O	A	E	W	T	M	M	R	R	I	L
N	C	I	I	I	I	L	J	J	P	M	A	N	J	E
I	N	T	S	T	T	B	X	V	L	W	Q	I	I	T
R	A	C	S	A	A	I	R	L	N	U	S	E	N	A
E	T	U	E	R	H	S	Z	I	I	L	G	L	D	I
H	I	R	C	I	T	S	T	R	A	A	I	E	I	D
T	R	T	R	P	M	O	Y	N	M	H	N	U	G	E
A	E	S	E	S	A	P	D	I	E	C	C	S	N	M
G	H	N	T	N	I	M	U	W	F	T	E	S	A	M
N	N	I	N	I	D	I	I	T	G	I	N	I	T	I
I	I	M	I	Y	H	K	T	R	E	B	S	I	I	N
Z	I	M	M	A	N	U	E	L	O	D	E	K	O	L
Y	R	O	V	I	D	E	R	U	J	N	I	K	N	F
Q	K	F	R	B	G	L	I	N	C	R	E	A	S	E

I AM THAT I AM	INDIGNATION	INTERCESSION
IMAGE	INGATHERING	INWARD
IMMANUEL	INHERITANCE	IRON
IMMEDIATELY	INQUIRY	ISHMAEL
IMPOSSIBLE	INJURED	ISLAND
IMPUTED	INSPIRATION	ISSUE
INCENSE	INSTRUCTION	ITCH
INCREASE	INTENT	IVORY

THE PROPHETS

S	K	U	H	E	J	H	Y	L	H	R	L	E	R	Y
B	A	M	X	L	R	A	L	L	B	A	L	E	I	K
L	C	M	N	J	D	N	S	D	E	I	N	H	O	N
N	G	Q	U	K	Z	O	L	M	J	I	C	A	K	J
O	V	Y	H	E	M	J	I	A	O	A	K	U	N	N
R	Z	Q	H	A	L	S	H	L	L	S	K	E	A	I
A	Z	M	O	B	A	D	I	A	H	K	E	H	Z	Z
A	T	L	D	I	W	K	M	H	A	R	U	S	J	E
L	M	N	A	Z	Z	D	G	B	X	M	H	Z	E	C
L	D	H	C	B	A	L	A	A	M	C	O	V	R	H
N	A	H	T	A	N	H	Z	N	G	M	S	V	E	A
C	V	R	V	H	A	G	G	A	I	L	E	D	M	R
C	I	H	A	I	A	M	E	H	S	E	A	A	I	I
P	D	T	A	H	S	I	L	E	G	N	L	G	A	A
H	A	I	N	A	H	P	E	Z	M	I	C	A	H	H

AARON	HAGGAI	MOSES
AMOS	HANANI	NAHUM
BALAAM	HOSEA	NATHAN
DANIEL	ISAIAH	OBADIAH
DAVID	JEHU	SAMUEL
ELIJAH	JEREMIAH	SHEMAIAH
ELISHA	JOEL	ZECHARIAH
EZEKIEL	JONAH	ZEPHANIAH
GAD	MALACHI	
HABAKKUK	MICAH	

JUDGES AND LEADERS

L	M	W	L	N	M	P	J	O	S	E	P	H	I	H
R	H	E	O	C	O	P	T	B	O	C	A	J	B	A
B	O	L	Q	W	S	C	G	J	N	G	D	N	Z	H
J	E	G	I	D	E	O	N	T	O	L	A	O	A	T
G	L	U	A	P	S	R	R	N	D	C	N	S	N	H
Q	H	A	R	O	B	E	D	I	B	N	I	M	N	P
L	K	B	R	I	L	L	H	Y	A	H	E	A	D	E
Q	N	K	S	E	E	C	N	E	C	J	L	S	N	J
Q	J	A	B	I	H	E	L	E	Z	S	D	O	L	K
R	A	O	N	L	H	O	L	B	A	E	M	U	D	N
C	E	H	S	E	M	E	B	M	A	O	K	A	H	J
Y	T	T	M	H	M	V	U	O	L	R	V	I	L	E
O	R	I	E	I	U	E	Z	O	A	I	A	G	A	L
D	A	F	B	P	L	A	S	M	D	M	N	K	F	H
H	M	A	A	B	R	A	H	A	M	P	R	Z	C	K

ABDON	GIDEON	MOSES
ABIMELECH	HEZEKIAH	NEHEMIAH
ABRAHAM	IBZAN	OTHNIEL
BARAK	ISAAC	PAUL
DANIEL	JACOB	PETER
DAVID	JAIR	REHOBOAM
DEBORAH	JEPHTHAH	SAMSON
EHUD	JOEL	SAMUEL
ELI	JOSEPH	SOLOMON
ELON	JOSHUA	TOLA

PRIESTS

```
L H A I A H C I M P R H Z B W
Y H A N A N I A H G A A N I H
H M A I M B E Z R A H I M L A
A H R I D I J C E R T B I G S
I U I K E H K L J Q A E N A H
Z Y R L L S E A H Y I R I I A
A X R P K A A C I W B E A N B
A Z V Y Z I E A J L A H M A I
M C A A P L A E M M E S I T A
K U R R E E H H A L D Z N T H
D L R M I O T H A M A R I A H
N Z I I I A S Z A D O K M M F
T H L D J I H T S E R A I A H
A R A W L A Y O R H T E J T T
T Y Z E D N H R Z N I L E B Y
```

ABIATHAR
AHIMELECH
AMARIAH
AZARIAH
BILGAI
ELEAZAR
ELI
ELIAKIM
ELIASHIB

ELISHAMA
EZRA
HANANIAH
HASHABIAH
HILKIAH
JEHOIDA
JETHRO
MAASEIAH
MAAZIAH

MATTAN
MICHAIAH
MINIAMIN
SERAIAH
SHEREBIAH
URIAH
URIJAH
ZADOK

CREATION
GENESIS 1

Y	L	P	I	T	L	U	M	F	D	X	F	N	G	F
S	F	E	A	R	T	H	C	N	E	I	F	N	R	I
L	A	I	M	Z	C	R	A	T	S	M	I	T	S	R
I	C	E	M	W	E	L	R	H	I	N	A	F	R	M
G	D	A	S	A	Y	X	P	N	N	U	C	L	A	A
H	O	W	T	R	G	K	R	I	T	S	R	L	E	M
T	G	U	D	T	N	E	G	H	S	N	E	F	Y	E
B	R	N	L	E	L	E	Z	Y	A	O	A	D	N	N
E	X	M	V	N	B	E	K	H	E	S	T	I	O	T
G	G	A	W	H	A	L	E	S	B	A	E	O	I	M
Y	E	S	S	E	N	K	R	A	D	E	D	V	N	G
H	W	C	D	Y	T	H	G	I	N	S	N	K	I	G
L	W	O	F	M	A	M	M	Q	H	E	R	B	M	B
N	K	F	L	Z	M	D	W	A	T	E	R	S	O	L
V	N	B	L	E	S	S	E	D	G	Y	M	L	D	C

BEAST	EARTH	LIGHT
BEGINNING	FEMALE	MALE
BLESSED	FIRMAMENT	MULTIPLY
CATTLE	FISH	NIGHT
CREATED	FOWL	SEAS
CREATURE	FRUIT	SEASONS
DARKNESS	GOD	VOID
DAY	HEAVEN	WATERS
DOMINION	HERB	WHALES
DRY LAND	IMAGE	YEARS

A PREPARED HEART

EZRA 7:6, 10

```
M  R  D  E  R  A  P  E  R  P  S  N  C  S  Y
J  G  T  T  B  T  C  H  H  T  I  N  T  K  I
Z  S  J  K  A  W  E  N  T  G  H  A  D  J  S
V  T  Q  M  B  G  K  A  G  X  T  J  Z  M  R
F  N  R  N  Y  T  E  G  C  U  S  X  L  K  A
F  E  F  H  L  U  E  V  T  H  A  E  X  T  E
Z  M  K  J  O  P  S  E  A  R  L  Q  S  B  L
L  G  C  T  N  O  S  C  Z  Y  Y  Y  T  O  D
H  D  F  F  N  N  C  E  B  I  R  C  S  R  M
P  U  N  E  N  O  Q  H  F  T  K  K  O  H  Q
F  J  V  H  R  R  M  D  A  R  R  L  V  H  Q
B  I  F  D  E  K  I  N  G  N  O  A  K  C  N
G  L  I  A  G  D  M  Q  L  Q  D  M  E  I  R
F  N  D  G  G  R  A  N  T  E  D  K  C  H  L
G  Y  K  X  R  E  Q  U  E  S  T  N  H  W  R
```

This Ezra went up **from Babylon**; and he was a **ready scribe** in the law of **Moses**, **which** the LORD God of Israel had **given**: and the **king granted** him all his **request**, **according** to the **hand** of the LORD his God **upon** him. . . . For Ezra had **prepared** his **heart** to **seek** the law of the **LORD**, and to do it, and to **teach** in **Israel** **statutes** and **judgments**.

SUPPORTING THE TEMPLE

EZRA 7:21-23

D	L	U	O	H	S	K	F	B	R	E	A	L	M	D
K	A	T	R	E	A	S	U	R	E	R	S	M	B	N
Q	R	S	E	R	U	S	A	E	M	Y	I	V	E	T
R	Z	H	O	U	S	E	M	S	E	T	O	V	N	S
S	E	S	C	J	Z	T	N	L	S	N	A	N	E	X
T	M	A	O	F	X	O	A	E	K	E	O	X	D	R
N	N	L	M	H	S	W	I	F	H	M	R	D	S	D
E	T	T	M	W	U	R	X	F	J	E	K	C	E	F
L	E	D	A	H	P	N	O	G	X	D	R	C	P	K
A	R	X	N	K	C	D	D	A	R	I	R	X	L	I
T	I	R	D	D	O	U	T	R	B	E	C	J	L	N
L	U	K	E	G	R	R	M	E	E	J	V	W	A	G
N	Q	M	D	T	A	E	H	W	F	D	C	L	L	L
Z	E	B	A	T	H	S	O	F	W	I	N	E	I	V
D	R	M	Y	L	T	N	E	G	I	L	I	D	O	S

ALL
ARTAXERXES
BATHS OF WINE
BEYOND
COMMANDED
DECREE
DILIGENTLY
DONE
EZRA
GOD OF HEAVEN

HOUSE
HUNDRED
KING
LAW
MEASURES
MUCH
OIL
PRIEST
REALM
REQUIRE

RIVER
SALT
SCRIBE
SHOULD
SILVER
SONS
TALENTS
TREASURERS
WHEAT

THE REPORT

NEHEMIAH 1:1–3

```
J  M  O  N  T  H  E  C  N  I  V  O  R  P  H
T  F  H  P  M  E  L  A  S  U  R  E  J  N  K
Y  O  B  W  Y  T  I  V  I  T  P  A  C  O  L
G  E  U  H  L  P  B  W  T  F  I  R  E  I  H
R  R  R  W  A  C  B  H  O  D  W  N  F  T  H
E  E  N  J  V  D  A  R  E  R  W  Q  E  C  B
A  H  E  X  C  N  U  K  O  O  D  I  T  I  N
T  T  D  A  A  P  S  J  D  K  T  S  F  L  E
R  U  M  N  A  A  R  Y  N  N  E  N  E  F  H
E  E  I  S  G  W  H  O  E  I  O  N  L  F  E
M  L  S  Q  M  A  J  W  N  Z  A  S  T  A  M
N  S  X  B  R  E  T  H  R  E  N  T  J  P  I
A  I  Q  R  P  N  X  E  D  X  N  H  R  H  A
N  H  W  V  E  N  T  C  S  W  A  L  L  E  H
T  C  R  M  X  V  H  C  A  O  R  P  E  R  C
```

AFFLICTION	FIRE	ONE
ASKED	GATES	PASS
BRETHREN	GREAT	PROVINCE
BROKEN	HANANI	REMNANT
BURNED	JERUSALEM	REPROACH
CAME	JUDAH	SON
CAPTIVITY	LEFT	THEREOF
CERTAIN	MEN	TWENTIETH
CHISLEU	MONTH	WALL
DOWN	NEHEMIAH	WORDS

Day 121

THE BURDEN

NEHEMIAH 1:4-7

```
N  R  N  J  U  D  G  M  E  N  T  K  V  P
X  E  P  S  S  E  F  N  O  C  V  M  K  G
M  N  V  E  Y  E  S  T  H  G  I  N  R  T
L  C  Q  A  C  E  R  T  A  I  N  E  P  Y
E  O  H  N  E  W  P  E  R  L  A  E  N  C
A  M  Z  I  E  H  L  V  E  T  K  L  O  Z
R  M  S  P  L  P  R  I  Y  P  N  R  E  M
S  A  T  T  T  D  O  T  A  Z  R  M  A  T
I  N  F  M  A  A  R  N  R  U  A  Y  R  M
G  D  T  A  S  T  S  E  P  C  E  A  O  F
O  M  L  S  S  J  U  T  N  S  E  U  L  R
D  E  A  D  A  T  L  T  T  S  R  T  O  S
T  N  E  R  P  Y  E  A  E  N  Y  J  R  N
X  T  D  O  Q  N  X  D  E  S  D  A  D  I
C  S  K  W  L  T  V  D  R  A  E  H  D  S
```

ATTENTIVE	FASTED	MOURNED
CAME	GOD	NIGHT
CERTAIN	GREAT	OPEN
CHILDREN	HEARD	PASS
COMMANDMENTS	HEAVEN	PRAYER
CONFESS	ISRAEL	SAT
CORRUPTLY	JUDGMENT	SINS
DAYS	KEPT	STATUTES
DEALT	LET	WEPT
EAR	LORD	WORDS
EYES	MAYEST	

Day 122

ARTAXERXES
NEHEMIAH 2:1–4

```
W  N  S  V  S  S  W  O  R  R  O  S  K  H  N
A  B  W  O  E  R  H  K  K  C  I  S  E  C  L
S  K  E  E  R  L  E  C  A  L  P  A  I  V  T
T  A  I  F  T  E  L  H  E  M  V  T  B  E  E
E  N  D  C  O  R  H  R  T  E  Y  N  E  R  C
G  G  N  I  K  R  I  T  N  A  A  X  F  Y  N
T  V  B  R  L  F  E  X  E  S  F  D  O  T  A
D  E  Y  A  R  P  T  Y  I  I  K  I  R  R  N
M  M  D  E  M  U  S  N  O  C  L  A  E  H  E
S  E  P  U  L  C  H  R  E  S  L  R  T  E  T
H  R  P  A  S  S  P  G  K  J  K  F  I  A  N
T  A  R  T  A  X  E  R  X  E  S  A  M  R  U
N  E  G  L  M  P  R  E  S  E  N  C  E  T  O
O  Y  J  O  N  Y  G  A  T  E  S  I  L  J  C
M  R  M  T  D  T  S  E  U  Q  E  R  W  C  K
```

AFRAID	GOD	REQUEST
ART	HEART	SAD
ARTAXERXES	HEAVEN	SEEING
BEFORE	KING	SEPULCHRES
BEFORETIME	LIETH	SICK
CITY	MONTH	SORE
CONSUMED	NISAN	SORROW
COUNTENANCE	PASS	VERY
FATHERS	PLACE	WASTE
FIRE	PRAYED	WINE
GATES	PRESENCE	YEAR

Day 123

THE REQUEST

NEHEMIAH 2:4-8

```
C  Z  L  E  T  T  E  R  S  L  S  I  G  H  T
R  O  K  W  N  M  T  S  E  R  O  F  R  R  N
E  N  N  G  A  Z  T  Y  E  N  R  U  O  J  A
V  G  E  V  O  L  V  Q  G  O  O  D  V  D  V
I  R  B  E  E  V  L  G  F  T  I  M  B  E  R
R  A  K  R  U  Y  E  A  L  D  W  A  P  N  E
Q  N  D  Q  C  Q  V  R  N  O  O  K  Y  I  S
R  T  T  N  G  O  H  E  N  V  N  E  H  A  F
E  E  H  N  U  A  S  A  E  O  J  G  N  T  A
P  D  I  R  N  O  K  R  D  S  R  D  E  R  T
E  K  H  D  M  T  F  R  M  U  O  S  V  E  H
E  B  E  Y  O  N  D  A  Z  G  J  Z  I  P  E
K  P  L  E  A  S  E  D  X  L  W  T  G  P  R
L  L  A  H  S  B  K  E  C  A  L  A  P  A  S
```

APPERTAINED	GOVERNORS	PALACE
BEAMS	GRANTED	PLEASED
BEYOND	HAND	QUEEN
CONVEY	JOURNEY	RIVER
FATHERS	JUDAH	SEND
FAVOUR	KEEPER	SERVANT
FOREST	KING	SHALL
FOUND	LETTERS	SIGHT
GIVEN	LONG	TIMBER
GOD	MAKE	WALL
GOOD	OVER	

BUILDERS OF THE WALL

NEHEMIAH 3

```
P  S  J  G  T  V  B  N  U  N  A  H  M  R  Y
E  L  M  M  A  L  L  U  H  S  E  M  U  U  B
D  L  E  I  Z  Z  U  R  H  W  H  E  L  C  R
A  M  M  V  N  D  D  M  T  S  Z  T  L  C  E
I  A  T  J  I  I  D  R  S  E  A  P  A  A  T
A  L  E  H  L  T  H  B  R  O  K  H  H  Z  H
H  C  K  A  A  J  E  T  E  M  N  R  S  H  R
W  H  O  I  L  F  N  S  E  N  N  S  C  J  E
H  I  I  R  A  Q  X  L  O  N  J  U  Z  M  N
S  J  T  A  P  L  A  D  W  M  R  A  U  K  N
U  A  E  Z  J  T  A  Z  T  A  D  H  M  C  R
T  H  S  A  I  J  H  M  B  O  E  M  G  I  P
T  S  H  A  L  L  U  N  K  R  F  Y  F  R  N
A  N  H  Z  D  N  B  A  V  A  I  B  K  C  K
H  A  I  A  M  E  H  S  J  E  H  O  I  D  A
```

AZARIAH	JADON	REHUM
BARUCH	JEHOIDA	SHALLUM
BAVAI	LEVITES	SHALLUN
BENJAMIN	MALCHIJAH	SHEMAIAH
BRETHREN	MELATIAH	SONS
EZER	MESHULLAM	TEKOITES
HANUN	NETHINIMS	UZZIEL
HASHUB	PALAL	ZACCUR
HATTUSH	PEDAIAH	ZADOK

LANDMARKS OF THE WALL

NEHEMIAH 3

```
D  L  O  Q  F  B  R  O  A  D  J  N  C  L  M
T  K  C  Y  L  I  M  E  M  P  L  M  O  E  Y
S  I  P  R  I  E  S  T  T  E  H  C  R  H  E
H  N  T  U  B  T  P  H  E  A  H  R  N  P  L
E  G  S  O  E  N  D  N  I  F  W  O  E  O  L
E  '  A  M  Z  G  A  R  T  O  E  C  R  N  A
P  S  E  R  H  N  A  B  F  U  R  T  I  S  V
T  V  X  A  A  Z  I  U  L  N  L  F  A  T  E
H  I  G  H  A  H  R  F  D  T  L  O  H  G  Y
M  P  Z  R  S  N  M  A  L  A  R  O  O  D  H
Z  M  M  A  A  I  V  R  T  I  D  X  V  P  O
V  V  I  C  G  I  B  X  A  N  K  P  K  R  U
D  L  E  H  D  N  D  N  E  D  R  A  G  Q  S
E  S  T  R  D  L  U  G  R  T  O  W  E  R  E
K  Y  W  A  L  L  Y  D  G  S  R  I  A  T  S
```

ARMOURY	FISH	MIGHTY
AZARIAH	FOUNTAIN	OLD
BROAD	FURNACES	OPHEL
CITY	GARDEN	POOL
CORNER	GATE	PRIEST
DAVID	GREAT	SHEEP
DOOR	HANANEEL	STAIRS
DUNG	HIGH	TOWER
EAST	HORSE	VALLEY
ELIASHIB	HOUSE	WALL
END	KING'S	WATER

Day 126

BLOOD BROTHERS

R	H	N	A	P	H	T	A	L	I	F	Y	H	C	I
M	E	O	G	R	E	U	B	E	N	Y	T	A	S	J
N	I	T	P	N	A	D	Z	D	M	E	I	H	U	L
O	Z	A	E	H	N	K	A	M	H	N	M	I	A	M
R	N	Z	R	P	N	G	C	P	B	A	P	S	S	D
A	S	B	H	H	X	I	A	T	E	D	H	A	E	D
A	E	H	O	A	P	J	B	L	N	R	I	A	S	X
C	M	P	J	C	S	E	R	L	J	M	N	C	I	R
N	A	E	Y	U	A	H	T	B	A	Y	E	Q	M	L
U	J	S	M	Q	D	J	E	N	M	T	H	M	E	E
L	B	O	E	T	W	A	A	R	I	V	A	N	O	V
U	B	J	H	M	W	S	H	L	N	V	S	N	N	I
B	K	T	S	P	S	T	E	M	A	N	D	R	E	W
E	H	A	M	E	E	B	R	A	H	C	A	S	S	I
Z	T	F	H	S	A	J	O	H	N	S	E	S	O	M

AARON	HOPHNI	MANASSEH
ABEL	ISAAC	MOSES
ANDREW	ISHMAEL	NAPHTALI
ASHER	ISSACHAR	PETER
BENJAMIN	JACOB	PHINEHAS
CAIN	JAMES	REUBEN
DAN	JAPHETH	SETH
EPHRAIM	JOHN	SHEM
ESAU	JOSEPH	SIMEON
GAD	JUDAH	ZEBULUN
HAM	LEVI	

Day 127

J'S IN THE BIBLE

```
J   J   P   F   X   R   E   H   S   A   J   N   B   M   J
R   E   E   J   E   W   E   L   S   R   Y   O   J   N   U
X   Z   W   D   J   E   A   L   O   U   S   N   Q   L   S
G   Y   J   R   I   F   J   L   I   A   S   O   R   N   T
K   D   E   N   Y   D   I   A   I   B   R   E   I   P   I
B   G   R   T   N   A   I   N   N   H   U   L   J   J   F
N   N   U   N   J   O   U   A   T   N   E   J   E   K   I
A   I   B   E   L   J   S   E   H   V   E   O   V   T   E
V   T   B   M   T   A   J   A   A   G   P   S   M   J   D
A   S   A   G   Q   P   R   J   J   A   X   J   A   J   K
J   E   A   D   X   H   V   K   R   N   O   P   E   E   L
J   J   L   U   K   E   R   D   Q   A   H   P   D   M   E
L   X   X   J   P   T   Y   R   B   O   K   R   U   I   A
P   K   W   H   A   H   S   U   R   E   J   R   J   M   J
N   M   K   J   A   M   B   R   E   S   T   M   M   A   L
```

JAEL	JEALOUS	JEWRY
JAILOR	JEDIDIAH	JOAB
JAMBRES	JEMIMA	JOY
JANNES	JEOPARDY	JUBILE
JAPHETH	JERUBBAAL	JUDE
JAPHO	JERUSHAH	JUDGMENT
JASHER	JESTING	JUNIA
JASON	JESUS	JUSTIFIED
JAVAN	JETHRO	
JAVELIN	JEWELS	

PARABLE OF THE SOWER AND SEED

```
S  D  Q  S  E  I  R  E  T  S  Y  M  N  J  W
I  C  N  T  H  U  N  D  R  E  D  F  O  L  D
X  F  K  U  O  S  W  M  K  E  T  T  I  V  P
T  O  D  N  O  O  U  D  M  C  E  K  T  V  E
Y  W  N  R  R  R  N  S  N  D  I  A  S  R
F  L  T  D  K  I  G  E  T  A  I  N  L  E  S
O  S  Q  H  C  N  L  P  G  D  S  G  U  D  E
L  M  J  H  I  P  S  T  O  N  Y  D  B  U  C
D  X  E  O  I  R  L  Q  N  U  A  O  I  T  U
G  S  S  C  Y  A  T  T  P  B  W  M  R  I  T
X  W  S  N  T  E  F  Y  M  A  F  E  T  T  I
F  I  O  R  R  H  W  K  F  R  W  R  X  L  O
D  E  A  R  S  O  L  X  U  O  H  X  R  U  N
T  E  L  C  L  B  H  I  S  G  L  B  K  M  L
H  X  M  L  R  D  T  T  K  Z  N  D  O  O  G
```

ABUNDANCE	HUNDREDFOLD	STONY
DISCIPLES	JOY	SUN
EARS	KINGDOM	THIRTYFOLD
FELL	MULTITUDES	THORNS
FOWLS	MYSTERIES	TRIBULATION
FRUIT	PERSECUTION	WAYSIDE
GOOD	RICHES	WORD
GROUND	ROOT	WORLD
HEAR	SIXTYFOLD	
HEART	SOWER	

MEN OF FAITH

LUKE 5:18–20

T	S	N	I	S	R	N	W	O	D	T	N	H	F	D
H	W	Q	N	D	K	T	Y	R	H	Z	O	A	L	H
E	E	N	C	L	H	K	X	G	N	U	I	P	N	C
I	N	H	R	O	N	P	U	G	S	T	T	M	X	U
R	T	X	E	H	M	O	A	E	H	C	D	K	G	O
G	Q	Y	T	E	R	M	T	L	K	R	M	N	N	C
N	N	N	W	B	H	O	U	M	S	E	F	M	I	T
S	J	I	N	H	P	T	X	L	A	Y	G	H	S	F
O	N	T	L	N	E	T	G	N	T	Z	M	D	W	V
U	R	H	B	I	K	N	S	T	M	I	I	K	J	R
G	T	G	M	R	T	A	K	E	N	M	T	G	N	Z
H	F	I	N	H	D	L	U	O	C	L	N	U	T	N
T	J	M	B	E	C	A	U	S	E	I	K	H	D	Z
T	V	H	P	N	E	V	I	G	R	O	F	G	C	E
R	B	P	D	T	T	R	F	B	J	E	S	U	S	J

And, **behold**, men **brought** in a bed a man which was **taken** with a **palsy**: and they **sought means** to bring him in, and to lay him before him. And when they **could** not **find** by what way they **might bring** him in **because** of the **multitude**, they **went** upon the **housetop**, and let him **down** through the **tiling** with his **couch** into the **midst** before **Jesus**. And **when** he saw **their faith**, he said unto him, Man, thy **sins** are **forgiven thee**.

IDOLATRY

P	T	L	V	H	T	Y	V	V	N	V	O	T	R	I
Q	N	Z	X	S	E	E	N	E	M	T	Q	T	D	T
O	T	V	D	N	S	A	K	A	H	G	Z	O	L	N
N	N	O	B	N	X	O	V	E	M	L	L	N	R	W
C	G	E	E	U	R	L	R	E	R	G	N	T	H	M
Q	N	C	D	B	R	D	E	D	N	A	M	M	O	C
T	N	D	E	B	N	N	D	E	V	I	L	S	F	F
I	R	W	S	Q	M	F	T	K	V	M	C	V	X	T
C	S	R	I	N	I	T	H	K	G	A	A	K	X	G
U	T	N	P	E	L	R	B	T	R	X	L	N	R	R
T	R	F	S	T	A	M	P	V	R	P	F	K	B	A
D	A	Q	E	L	A	L	E	X	Y	A	R	C	R	V
O	N	D	D	O	B	D	B	U	R	N	E	T	H	E
W	G	R	F	M	E	C	I	F	I	R	C	A	S	N
N	E	R	E	G	A	M	I	O	F	F	E	R	E	D

BAALIM	DESPISED	INCENSE
BROKEN	DEVILS	MANY
BURNETH	EARTH	MOLTEN
BURNT	GODS	OFFERED
CALF	GRAVEN	ONE
CARVED	HEAVEN	OTHER
COMMANDED	IDOL	SACRIFICE
CUT DOWN	IMAGE	STRANGE

THE CURE FOR ANXIETY

MATTHEW 6:25-34

H	L	C	B	H	B	R	S	T	A	T	U	R	E	M
D	B	I	Q	N	V	O	L	I	L	I	E	S	G	O
N	P	W	V	M	O	R	D	X	G	D	W	O	S	D
W	T	M	M	E	E	M	K	Y	M	D	C	R	H	G
K	N	I	R	D	K	A	O	T	C	A	L	W	T	N
Y	H	R	E	W	R	F	T	L	T	P	O	M	I	I
D	L	F	T	E	O	F	I	T	O	D	T	O	A	K
L	I	N	H	H	C	R	N	R	E	S	H	V	F	R
L	W	T	E	U	O	E	R	Y	S	T	E	E	H	F
F	A	H	B	V	M	U	A	O	O	T	D	N	G	O
F	C	I	S	I	A	R	G	I	M	R	L	A	D	W
C	T	E	A	D	R	E	L	H	M	O	T	F	N	L
F	E	R	W	A	B	R	H	R	T	H	T	T	I	S
K	J	F	E	E	D	E	T	H	E	D	O	G	P	Q
M	J	N	B	A	R	N	S	R	D	R	G	X	S	Z

ADD	FEEDETH	OVEN
ARRAYED	FIRST	RAIMENT
BARNS	FOWLS	SEEK
BODY	GATHER	SOLOMON
CLOTHED	GOD	SOW
CUBIT	HEAVENLY	SPIN
DRINK	KINGDOM	STATURE
EVIL	LIFE	THOUGHT
FAITH	LILIES	TOIL
FATHER	MEAT	TOMORROW

THE TOWER OF BABEL
GENESIS 11

D	E	R	E	T	T	A	C	S	C	P	F	A	C	E
M	E	N	O	T	S	E	I	K	E	D	D	T	H
N	O	T	H	I	N	G	T	M	S	O	R	A	L	T
S	P	E	E	C	H	Y	L	H	I	P	W	O	Z	R
G	H	V	B	T	O	A	I	D	P	L	L	R	R	A
B	X	T	S	H	N	N	T	J	R	E	S	B	E	E
H	U	A	Y	G	A	M	E	L	B	O	F	A	T	N
P	E	I	U	R	P	T	G	A	E	J	L	C	R	I
R	F	A	L	N	M	K	B	R	D	W	B	H	O	M
F	G	M	V	D	M	B	R	I	C	K	D	I	M	A
E	P	D	E	E	E	Y	T	N	T	Q	P	L	R	G
K	K	M	Z	P	N	D	X	R	D	R	L	D	E	I
P	A	D	E	Y	E	N	R	U	O	J	A	R	W	N
N	N	D	N	U	O	F	N	O	C	T	I	E	O	E
U	N	D	E	R	S	T	A	N	D	C	N	N	T	D

ABROAD
BABEL
BRICK
BUILDED
CHILDREN
CITY
CONFOUND
DWELT
EARTH
EAST

FACE
HEAVEN
IMAGINED
JOURNEYED
LANGUAGE
LORD
MORTER
NAME
NOTHING
ONE

PEOPLE
PLAIN
SCATTERED
SHINAR
SLIME
SPEECH
STONE
TOWER
UNDERSTAND

PAUL'S PRAYER FOR THE EPHESIANS
EPHESIANS 3:14-19

```
G  K  R  W  O  U  L  D  Y  R  O  L  G  A  V
R  D  C  D  H  N  Z  J  L  C  K  H  K  C  S
O  X  D  E  T  O  O  R  W  O  V  W  J  C  T
U  G  K  F  R  H  T  D  A  E  R  B  E  O  R
N  Z  R  L  A  Y  L  I  M  A  F  D  S  R  E
D  Q  J  A  E  F  A  I  T  H  V  T  U  D  N
E  S  A  I  N  T  S  C  R  M  R  H  S  I  G
D  V  N  F  A  T  H  E  R  I  E  Y  T  N  T
D  P  P  K  N  J  N  R  C  A  C  W  I  G  H
T  W  N  M  V  N  P  H  R  W  H  C  R  E  E
E  H  E  E  I  N  E  T  S  O  D  W  I  S  N
V  B  G  L  V  S  S  E  L  E  G  G  P  U  E
O  F  T  I  L  A  E  E  M  K  H  G  S  A  D
L  M  T  T  M  N  E  A  Z  T  B  W  V  C  B
F  D  R  R  K  K  N  H  C  H  R  I  S  T  D
```

For this **cause** I bow my **knees** unto the **Father** of our **Lord Jesus** Christ, of whom the **whole family** in **heaven** and **earth** is **named**, that he **would grant** you, **according** to the **riches** of his **glory**, to be **strengthened** with **might** by his **Spirit** in the **inner** man; that **Christ** may **dwell** in your **hearts** by **faith**; that ye, being **rooted** and **grounded** in **love**, may be able to comprehend with all **saints** what is the **breadth**, and length, and depth, and **height**; and to know the love of Christ.

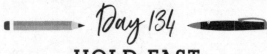

HOLD FAST
1 THESSALONIANS 5:16–22

```
L  T  H  I  N  G  S  C  H  R  I  S  T  W  E
N  P  G  R  T  C  V  J  N  Q  G  E  H  L  C
K  W  T  I  R  I  P  S  U  K  R  I  L  C  N
X  S  I  P  R  A  Y  E  R  O  C  I  L  E  A
C  G  P  T  H  M  N  E  M  H  W  F  I  A  R
O  N  J  K  H  C  B  R  S  S  K  A  V  S  A
N  I  K  E  H  O  E  R  T  I  H  S  E  I  E
C  Y  L  N  S  V  U  G  E  H  P  T  K  N  P
E  S  N  H  E  U  J  T  C  T  Q  S  M  G  P
R  E  K  P  O  B  S  E  I  J  W  J  E  T  A
N  H  L  N  E  L  V  H  O  P  F  N  D  D  T
I  P  H  V  A  O  D  K  J  M  T  E  V  I  G
N  O  E  L  R  H  Y  B  E  C  R  R  M  H  C
G  R  F  P  G  M  T  R  R  D  O  O  G  H  T
Y  P  N  I  A  T  S  B  A  M  Z  T  H  B  M
```

Rejoice evermore. **Pray without ceasing.** In **every** thing **give thanks**: for **this** is the **will** of God in **Christ Jesus concerning** you. **Quench** not the **Spirit**. **Despise** not **prophesyings. Prove** all **things; hold fast** that **which** is **good. Abstain** from all **appearance** of **evil.**

JESUS' TEACHINGS

J	P	E	A	C	E	H	T	L	A	E	W	M	C	X
L	H	A	P	P	I	N	E	S	S	Z	R	E	S	T
X	L	L	E	E	F	I	L	E	N	E	M	I	E	S
R	M	M	F	R	V	M	M	O	D	E	E	R	F	S
L	D	E	F	A	U	O	D	H	D	R	N	F	G	P
F	N	V	E	P	I	T	L	U	O	S	O	N	S	O
L	I	R	A	P	R	T	U	B	N	R	I	S	W	S
H	M	E	R	N	Q	A	H	F	G	S	E	S	M	S
T	E	S	Z	N	R	G	Y	I	S	N	H	D	D	E
A	N	A	Y	M	I	N	V	E	T	J	E	R	O	S
B	R	L	R	E	T	E	L	A	R	S	A	A	G	S
B	E	L	N	T	N	B	E	T	I	Q	V	W	Q	I
A	G	D	M	E	L	R	Z	N	N	J	E	E	B	O
S	N	Q	S	A	G	Y	R	M	G	L	N	R	G	N
H	A	S	W	R	E	P	E	N	T	A	N	C	E	S

ANGER
BLESSINGS
ENEMIES
FAITH
FEAR
FORGIVENESS
FREEDOM
FUTURE
GOD
GREATNESS

HAPPINESS
HEART
HEAVEN
LAW
LIFE
LOVE
MIND
NEIGHBOR
PEACE
POSSESSIONS

PRAYER
REPENTANCE
REST
REWARDS
SABBATH
SERVE
SIN
SOUL
WEALTH

FRIENDS AND ACQUAINTANCES OF JESUS

W	J	O	H	N	T	H	E	B	A	P	T	I	S	T
Q	C	L	T	R	E	T	E	P	W	N	B	T	N	H
S	U	E	A	H	C	C	A	Z	Q	L	N	X	Z	N
W	E	N	E	L	A	D	G	A	M	Y	R	A	M	L
E	S	E	M	A	J	M	P	F	L	T	T	W	O	C
R	S	L	Y	C	A	P	G	H	X	D	E	R	R	J
D	U	E	A	R	B	A	R	T	I	M	A	E	U	S
N	M	L	Y	Z	X	F	M	C	O	L	P	K	J	M
A	E	I	R	M	A	K	S	L	L	I	A	N	A
T	D	J	Y	P	M	R	O	E	U	E	I	P	H	R
H	O	A	R	K	S	H	U	A	S	R	O	N	O	T
O	C	H	K	A	T	M	P	S	U	O	R	P	J	H
M	I	G	D	R	B	P	M	S	Q	K	M	H	A	A
A	N	U	A	H	R	N	W	E	H	T	T	A	M	S
S	J	B	N	A	T	H	A	N	A	E	L	M	G	C

ANDREW
BARTHOLOMEW
BARTIMAEUS
CLEOPAS
ELIJAH
JAIRUS
JAMES
JOANNA
JOHN

JOHN THE
  BAPTIST
JUDAS
LAZARUS
MARTHA
MARY
MARY
  MAGDALENE
MATTHEW

MOSES
NATHANAEL
NICODEMUS
PAUL
PETER
PHILIP
THOMAS
ZACCHAEUS

HIS THOUGHTS, HIS WAYS

ISAIAH 55:7-9

```
K  U  R  K  N  C  P  D  V  N  T  K  T  N  L
Y  N  W  N  T  V  E  M  E  G  M  H  L  M  Q
L  R  B  C  N  K  F  I  N  G  J  Y  A  J  X
T  I  C  T  C  M  T  O  E  V  V  O  R  N  D
N  G  H  I  Z  H  D  N  A  K  M  U  Q  G  M
A  H  W  L  E  R  K  M  R  H  N  R  L  A  M
D  T  D  R  A  L  S  Y  T  F  N  O  N  J  P
N  E  B  P  W  N  R  D  H  Q  P  X  T  N  T
U  O  D  Y  E  F  O  R  S  A  K  E  B  R  E
B  U  K  V  C  D  T  O  N  R  U  T  E  R  L
A  S  A  L  G  R  X  L  K  V  H  S  Y  A  W
Z  E  Z  L  W  K  E  X  W  X  L  T  M  Q  G
H  H  I  G  H  E  R  M  W  T  H  P  I  R  M
L  M  V  N  J  R  J  B  K  A  J  K  N  A  C
N  T  H  O  U  G  H  T  S  M  Y  X  T  T  S
```

Let the **wicked forsake** his **way**, and the **unrighteous man** his thoughts: and let him **return** unto the LORD, for he will have **mercy** upon him; and to our God, for he will **abundantly pardon**. For my **thoughts** are **not your** thoughts, **neither** are your **ways** my ways, **saith** the LORD. For as the **heavens** are **higher than** the **earth**, so are my ways higher than your ways, and my thoughts than your thoughts.

HEALING IN HIS WINGS

MALACHI 4:2-3

```
R  X  C  R  G  R  P  V  W  D  K  Y  S  D  T
R  I  W  B  D  A  Q  H  E  Z  W  M  E  O  L
M  F  G  M  W  E  R  M  T  I  Z  T  H  W  R
K  M  M  H  P  F  A  F  C  R  C  Y  S  N  R
M  W  M  R  T  N  R  K  E  H  O  Z  A  M  D
D  R  O  L  N  E  E  L  E  E  R  F  Q  C  A
G  A  N  R  T  D  O  A  L  E  T  S  U  N  Y
L  R  V  C  V  R  L  U  D  A  S  T  L  X  B
F  I  C  W  D  I  E  N  S  E  H  N  K  M  C
Q  S  P  M  N  D  U  A  V  N  V  S  W  D  G
N  E  M  G  Q  D  I  L  D  Q  E  D  X  X  L
S  G  N  I  W  T  A  M  Y  H  X  S  J  L  W
R  Q  B  N  H  C  C  H  O  S  T  S  S  T  O
S  O  L  E  S  F  M  S  T  A  L  L  G  N  R
V  J  R  N  D  L  P  Y  E  H  T  P  M  V  G
```

But unto you that **fear** my **name** shall the **Sun** of **righteousness arise** with **healing** in his **wings**; and ye shall go **forth**, and **grow** up as **calves** of the **stall**. And ye shall **tread down** the **wicked**; for **they shall** be **ashes under** the **soles** of your **feet** in the **day** that I shall do this, **saith** the LORD of **hosts**.

VERBS FROM THE PROVERBS

R	K	R	H	N	D	R	P	J	T	R	W	H	Q	E
M	A	K	E	T	H	E	T	E	E	S	H	Y	X	T
H	I	T	D	R	E	H	S	V	R	T	U	A	D	P
T	N	D	N	J	H	R	I	T	E	C	L	R	U	D
E	C	H	A	T	T	L	U	V	R	T	E	R	T	C
K	R	P	T	J	E	B	O	O	E	O	S	I	K	W
L	E	R	S	D	R	L	R	T	B	U	Y	D	V	W
A	A	E	R	H	E	J	H	K	E	A	J	E	G	E
W	S	F	E	T	W	N	T	T	L	W	L	X	T	J
D	E	U	D	E	S	R	H	T	E	D	N	I	F	H
W	T	S	N	V	N	R	E	J	O	I	C	E	T	H
E	H	E	U	A	A	R	H	E	V	I	E	C	E	R
L	H	T	D	E	S	P	I	S	E	T	H	L	H	G
L	N	H	Q	L	T	P	R	E	S	E	R	V	E	H
B	K	G	P	H	T	E	D	R	A	W	E	R	K	K

ANSWERETH
DELIVER
DESPISETH
DESTOYETH
DWELL
EXALTETH
FINDETH
INCREASETH

LABOURETH
LEAVETH
LOVETH
MAKETH
PERCEIVE
PRESERVE
PURSUETH
RECEIVE

REFUSETH
REJOICETH
REWARDETH
TRUST
UNDERSTAND
WALKETH

ONE GAVE GLORY TO GOD
LUKE 17:15–19

```
X  E  J  G  W  K  Q  R  N  T  H  E  R  E  A
L  R  H  N  I  J  L  E  K  P  K  E  Z  E  R
T  E  T  X  N  V  H  L  C  F  T  L  T  V  I
H  H  I  L  V  W  I  L  E  U  M  O  K  I  S
A  W  A  T  Q  J  G  N  R  F  M  U  T  G  E
N  G  F  F  E  E  T  N  G  W  E  D  A  M  V
K  B  D  S  T  X  E  W  I  R  H  T  X  O  F
S  V  U  E  H  D  N  O  H  R  T  O  I  T  O
R  S  C  P  F  J  L  D  X  R  E  C  L  Q  U
L  A  J  H  E  A  L  E  D  C  E  W  J  E  N
F  S  D  E  I  F  I  R  O  L  G  P  S  Y  D
Y  A  H  K  R  K  B  F  H  Q  P  L  T  N  E
Z  V  N  A  T  I  R  A  M  A  S  L  O  N  A
R  E  G  N  A  R  T  S  C  B  L  H  I  R  M
C  D  E  S  N  A  E  L  C  K  V  N  T  C  Y
```

And one of **them**, **when** he saw that he was **healed**, turned **back**, and with a **loud voice glorified** God, and **fell down** on his **face** at his **feet**, **giving** him **thanks**; and he was a **Samaritan**. And **Jesus answering** said, Were there not ten **cleansed**? but **where** are the **nine**? **There** are not **found** that **returned** to **give glory** to God, **save** this **stranger**. And he said unto him, **Arise**, go thy way: thy **faith** hath **made** thee **whole**.

Day 141

K'S IN THE BIBLE

```
L  M  H  K  C  K  K  C  O  N  K  J  B  B  M
N  Z  T  I  K  K  E  A  W  N  G  K  Z  L  H
S  R  A  D  M  I  I  R  E  K  E  O  K  E  A
Y  N  H  S  E  Z  D  E  C  R  K  K  I  E  R
E  J  O  A  E  R  S  N  N  H  I  E  S  Z  O
K  S  K  K  R  G  D  E  E  L  I  R  S  B  K
K  S  Q  T  I  U  L  N  L  Y  E  E  N  A  N
N  E  V  N  T  S  T  N  I  N  S  N  F  K  A
O  N  K  I  C  K  H  E  I  K  D  H  L  S  M
W  D  E  L  T  T  E  K  K  R  M  A  V  P  O
L  N  J  K  P  K  E  N  I  T  E  P  F  M  W
E  I  W  E  L  C  Z  N  Z  F  J  P  L  C  S
D  K  E  O  D  E  L  D  N  I  K  U  X  V  N
G  K  K  I  N  G  D  O  M  P  K  C  T  G  I
E  R  Z  Z  Z  K  R  T  T  M  Y  H  Z  H  K
```

KABZEEL
KEEP
KENITE
KERCHIEFS
KERENHAPPUCH
KERNELS
KETTLE
KETURAH
KEYS
KEZIA

KICK
KIDNEYS
KIDS
KILL
KINDLED
KINDNESS
KINDRED
KINE
KINGDOM
KINSWOMAN

KISH
KISS
KNEES
KNOCK
KNOW
KNOWLEDGE
KOHATH
KORAH
KOZ

PLAGUES IN EGYPT

EXODUS 7–12

```
W  A  T  E  R  S  B  L  N  S  C  N  R  H  S
J  E  W  E  L  S  O  L  C  E  N  E  E  O  I
B  K  H  D  K  C  H  L  K  H  F  H  D  A  G
V  O  M  R  U  D  O  L  M  S  L  S  N  R  N
C  K  I  S  D  T  I  D  Z  A  I  O  U  A  J
R  T  T  L  H  A  T  T  C  H  E  G  H  H  M
L  S  I  E  H  S  E  R  A  H  S  Q  T  P  J
C  W  S  U  A  F  E  D  T  G  W  W  I  N  D
L  A  X  E  R  V  P  F  T  U  B  L  O  O  D
A  R  B  O  I  F  N  N  L  O  F  T  I  H  C
N  M  G  R  F  I  R  E  E  D  B  I  Y  C  T
D  S  L  N  R  O  B  T  S  R  I  F  S  S  E
P  S  N  A  I  C  I  G  A  M  R  K  U  H  K
H  A  N  D  S  S  E  N  K  R  A  D  K  H  T
J  H  G  U  O  R  T  G  N  I  D  A  E  N  K
```

ASHES	FISH	LOCUSTS
BEAST	FLIES	MAGICIANS
BLOOD	FROGS	MAN
BOIL	FRUIT	PHARAOH
CATTLE	GOSHEN	RIVER
CLOTHES	HAIL	SIGN
DARKNESS	HAND	SWARMS
DEAD	JEWELS	THUNDER
DOUGH	<u>KNEADING</u>	WATERS
DUST	<u>TROUGH</u>	WIND
FIRE	LAND	
FIRSTBORN	LICE	

Day 143

MEN OF THE OLD TESTAMENT

```
L  M  L  E  I  K  E  Z  E  H  A  N  O  J  J
J  O  N  A  T  H  A  N  N  O  M  O  L  O  S
D  A  B  R  A  H  A  M  K  N  A  F  D  C  M
I  J  A  C  O  B  J  D  J  I  H  E  A  M  J
V  E  L  I  J  A  H  T  L  A  A  I  S  O  C
A  K  P  X  E  L  H  E  I  B  N  D  E  O  P
D  K  T  S  L  A  T  A  H  E  J  L  A  D  H
G  R  A  O  O  X  S  N  E  C  N  F  M  L
E  U  L  N  L  I  K  A  Z  J  A  O  B  E  D
N  L  B  E  L  A  C  M  E  A  A  R  B  N  T
O  U  I  J  I  D  T  A  K  M  S  A  H  S  N
C  A  V  S  O  N  V  A  I  I  I  A  R  E  M
H  S  F  G  H  A  A  N  A  N  X  N  K  S  R
R  L  E  U  M  A  S  D  H  A  U  H  S  O  J
F  Q  H  A  I  M  E  H  E  N  R  W  R  M  K
```

AARON	ENOCH	JOSHUA
ABEL	ESAU	LOT
ABRAHAM	EZEKIEL	MOSES
ADAM	HEZEKIAH	NAAMAN
BENJAMIN	HOSEA	NEHEMIAH
CAIN	ISAAC	NOAH
CALEB	ISAIAH	OBED
DANIEL	JACOB	SAMUEL
DAVID	JOASH	SAUL
ELI	JOEL	SOLOMON
ELIJAH	JONAH	
ELISHA	JONATHAN	

MEN OF THE NEW TESTAMENT

```
T  X  Y  N  K  J  F  W  C  W  H  W  N  W
H  N  I  R  X  J  O  O  B  O  H  O  E  J
O  W  A  L  O  Y  R  H  N  R  M  R  C  M
M  M  E  S  E  N  H  E  N  I  D  S  P  T
A  S  E  H  E  F  S  R  S  N  B  A  H  K
S  P  U  L  T  I  H  K  A  T  A  L  I  K
H  A  I  T  M  T  D  V  I  S  R  I  L  E
P  U  Q  U  I  O  A  M  N  U  N  S  E  U
S  E  S  U  R  T  O  M  A  T  A  D  M  T
E  Y  T  E  I  T  D  M  N  S  B  E  O  Y
H  D  H  E  H  L  N  J  A  E  A  K  N  C
T  F  U  Y  R  P  A  U  L  F  S  U  W  H
N  Y  J  J  G  L  J  A  M  E  S  L  M  U
P  I  L  I  H  P  S  A  M  E  D  Y  D  S
A  P  O  L  L  O  S  S  A  D  U  J  R  N
```

ANANIAS	HEROD	PAUL
ANDREW	JAMES	PETER
APOLLOS	JOHN	PHILEMON
AQUILA	JOSEPH	PHILIP
BARNABAS	JUDAS	SILAS
CORNELIUS	JUDE	SIMON
DEMAS	LUKE	THOMAS
EUTYCHUS	MARK	TIMOTHY
FELIX	MATTHEW	TITUS
FESTUS	ONESIMUS	

PRAY FOR MY RESCUE

ROMANS 15:30-33

S	E	R	V	I	C	E	E	A	N	R	Z	T	Z	D
L	V	W	Z	R	N	C	C	E	Q	P	N	G	M	M
N	A	T	U	D	A	C	R	H	W	Y	F	P	N	J
R	H	O	K	E	E	H	J	F	T	I	R	I	P	S
Y	Y	Y	P	P	T	V	M	E	D	H	L	R	N	T
X	N	R	T	E	P	H	I	E	S	L	C	L	L	A
R	Z	E	R	F	H	D	H	R	O	U	C	I	S	H
E	D	B	M	T	C	S	E	V	T	G	S	T	H	T
H	T	I	W	A	E	B	E	L	G	S	N	N	S	W
T	H	C	L	R	E	T	P	C	I	I	Z	T	A	U
E	E	Y	F	L	S	Z	J	X	A	V	B	G	K	N
G	M	E	I	M	E	L	A	S	U	R	E	J	E	T
O	R	E	F	M	B	L	P	R	A	Y	E	R	S	O
T	V	M	R	L	O	R	D	L	Q	Y	T	P	E	J
E	V	J	A	E	A	D	U	J	C	O	M	E	J	D

Now I **beseech** you, **brethren**, for the **Lord Jesus** Christ's **sake**, and for the **love** of the **Spirit,** that ye **strive together** with me in **your prayers** to God for me; that I may be **delivered** from **them** that do not **believe** in **Judaea**; and that my **service which** I **have** for **Jerusalem** may be **accepted** of the **saints**; **that** I may **come unto** you with joy by the **will** of God, and may with you be **refreshed**. Now the God of **peace** be **with** you all. **Amen.**

FIRE

```
H  B  S  I  G  N  C  S  T  D  E  I  R  T  K
B  T  R  K  D  R  N  E  F  U  R  N  A  C  E
U  O  L  I  D  E  K  H  T  D  E  N  I  A  R
R  R  G  Q  M  V  L  S  E  P  L  K  M  E  R
N  C  K  N  R  S  A  A  I  A  Z  L  T  P  W
T  H  G  S  I  O  T  L  E  E  R  A  A  T  L
S  K  N  R  R  R  L  O  M  V  L  T  T  W  A
A  I  I  E  S  A  U  A  N  P  E  H  H  H  N
C  N  R  N  R  M  L  O  T  E  C  R  T  J  R
R  D  E  I  B  F  O  S  V  H  N  A  K  L  E
I  L  F  F  R  L  A  K  A  E  R  V  A  L  T
F  E  F  E  Y  E  T  R  E  W  D  K  T  X  E
I  D  O  R  R  P  I  E  C  N  E  L  O  I  V
C  Y  W  B  J  O  G  N  I  M  U  S  N  O  C
E  R  R  Y  T  B  W  V  B  R  I  G  H  T  L
```

ASHES	FLAME	REVEALED
BREASTPLATE	FURNACE	ROAST
BRIGHT	HEARTH	SIGN
BRIMSTONE	KINDLED	SMOKE
BURNT SACRIFICE	LAKE	TORCH
CHARIOT	OFFERING	TRIED
CONSUMING	PILLAR	VIOLENCE
DEVOURING	RAINED	WALL
ETERNAL	REFINERS	WRATH

Day 147

TAKE THE LAND

DEUTERONOMY 31:7

F	H	Z	V	T	I	N	H	E	R	I	T	K	K	L
M	T	S	R	E	H	T	A	F	G	G	H	G	T	Z
K	H	C	I	H	W	I	R	L	Z	F	J	I	Y	T
D	H	J	V	R	J	O	S	H	U	A	L	V	F	W
T	R	U	N	T	O	D	N	T	I	A	S	E	P	P
R	Q	O	Z	L	E	R	H	S	N	X	I	E	E	H
T	X	N	L	L	O	O	R	D	C	C	G	G	O	T
T	L	M	L	W	U	A	R	D	V	L	H	A	P	A
K	K	A	S	R	E	K	M	K	O	C	T	R	L	H
P	C	S	H	L	M	G	N	F	M	O	X	U	E	E
R	K	E	N	S	R	T	T	E	T	K	G	O	Z	S
N	J	S	P	R	F	L	H	S	N	L	R	C	T	U
G	N	O	R	T	S	T	U	E	A	M	K	B	N	A
Q	Q	M	F	F	N	M	W	R	I	I	G	V	M	C
J	W	M	H	W	I	T	H	G	T	R	D	X	W	R

And **Moses called** unto **Joshua**, and **said** unto him in the **sight** of all **Israel**, Be **strong** and of a **good courage**: for thou **must** go **with this people** unto the **land which** the LORD **hath sworn unto their fathers** to **give** them; and **thou shalt cause them** to **inherit** it.

THE CONQUEST OF JERICHO

JOSHUA 6

S	S	E	I	P	S	Y	I	C	G	O	L	D	B	V
R	E	V	L	I	S	Q	A	S	O	C	I	T	Y	A
E	H	R	A	H	A	B	K	D	R	M	L	Q	C	L
G	R	T	E	V	I	L	R	X	W	A	P	M	O	O
N	R	A	S	K	S	E	A	N	M	D	E	A	N	U
E	B	H	W	E	L	M	C	O	C	D	J	L	S	R
S	H	R	T	P	V	O	P	I	K	J	M	T	E	S
S	C	A	O	S	U	E	R	T	P	O	V	R	C	Y
E	G	E	S	N	F	K	N	A	R	S	E	U	R	R
M	P	A	T	M	I	V	E	D	I	H	S	M	A	U
L	R	R	D	N	D	S	C	N	E	U	S	P	T	S
B	Y	R	D	R	H	G	I	U	S	A	E	E	E	A
T	O	R	B	O	O	X	O	O	T	K	L	T	D	E
W	E	T	U	D	G	L	V	F	S	L	S	S	T	R
D	D	T	K	W	T	N	A	N	E	V	O	C	T	T

ARK
BRASS
CITY
COMPASS
CONSECRATED
COUNTRY
COVENANT
DAY
FOUNDATION
GATES
GOLD

ISRAEL
JOSHUA
KINDRED
LIVE
LORD
MESSENGERS
PEOPLE
PRIESTS
RAHAB
SEVEN
SHOUT

SILVER
SPIES
TREASURY
TRUMPETS
VALOUR
VESSELS
VOICE
WAR
WORD

EVERLASTING COVENANT
JUDGES 2:1, 6

```
D  N  E  R  D  L  I  H  C  Z  V  V  B  P  N
I  N  H  E  R  I  T  A  N  C  E  O  C  E  F
L  L  I  W  F  N  K  Z  N  T  C  T  O  V  Y
F  A  T  H  E  R  S  Z  H  H  Z  N  V  A  P
W  K  E  D  A  M  O  G  I  W  K  U  E  H  Q
R  G  R  J  T  J  U  M  S  N  H  G  N  Y  M
W  O  X  H  O  O  H  T  T  W  G  E  A  O  K
L  X  D  S  R  T  R  T  N  P  A  W  N  U  A
C  Y  H  B  I  P  Z  F  G  E  Y  R  T  R  E
P  U  T  W  H  I  C  H  I  L  W  G  E  L  R
A  T  L  E  A  R  S  I  L  P  R  L  E  K  B
G  Q  C  A  M  E  D  S  G  H  X  E  L  Q  J
Y  R  E  V  E  N  A  K  A  J  W  G  V  N  X
K  M  Q  F  A  I  Y  K  L  G  T  N  G  E  M
L  G  T  L  D  E  L  P  O  E  P  A  G  P  N
```

And an **angel** of the LORD **came** up **from Gilgal** to **Bochim**, and said, I **made** you to go up out of **Egypt**, and **have brought** you unto the land **which I sware** unto **your fathers**; and I **said**, I **will never break** my **covenant with** you. . . . And **when Joshua** had let the **people** go, the **children** of **Israel went every** man **unto** his **inheritance** to possess the **land.**

TABITHA RAISED TO LIFE

```
Z  D  O  P  E  N  E  D  H  E  R  E  Y  E  S
H  E  I  R  D  N  A  H  S  I  H  E  V  A  G
X  V  G  S  L  H  S  T  A  B  I  T  H  A  Q
P  I  N  L  C  I  N  K  C  S  F  N  G  P  K
A  L  I  L  A  I  F  N  R  D  T  A  N  C  R
P  A  P  L  R  R  P  T  E  O  R  N  I  K  B
P  D  E  Y  I  J  Z  L  E  M  W  S  I  V  Z
O  E  E  D  S  J  E  Z  E  D  Q  D  Q  A  N
J  T  W  D  E  S  N  P  W  H  E  O  Y  S
D  N  D  A  N  T  T  E  D  F  I  E  M  O  Y
V  E  O  K  A  S  T  D  I  E  D  D  R  H  G
C  S  R  O  Y  E  R  V  Q  R  K  S  O  U  M
P  E  C  L  R  C  C  M  T  R  P  M  W  W  P
M  R  A  K  N  O  W  N  D  W  K  L  K  K  S
C  P  S  X  D  E  Y  A  R  P  S  A  T  U  P
```

ALMSDEEDS	JOPPA	SAINTS
ARISE	KNEELED	SAT UP
COATS	KNOWN	SICK
DIED	LIFTED HER UP	TABITHA
DISCIPLE	LYDDA	ARISE
DORCAS	OPENED HER EYES	WEEPING
GARMENTS	PETER	WIDOWS
GAVE HIS HAND	PRAYED	
GOOD WORKS	PRESENTED ALIVE	

ARMOUR OF GOD
EPHESIANS 6:10-17

D	L	R	O	W	M	N	Y	P	O	W	E	R	E	P
V	C	Q	D	A	R	K	N	E	S	S	Y	C	G	R
N	N	O	I	T	A	V	L	A	S	R	A	L	H	I
S	M	D	L	E	I	H	S	N	R	E	E	A	T	N
L	T	K	E	Q	L	G	J	D	P	T	S	U	H	C
F	B	R	J	L	O	Z	T	M	A	M	S	T	G	I
E	M	H	O	S	T	E	M	L	E	H	E	I	I	P
E	F	M	P	N	D	S	P	D	R	R	N	R	M	A
T	K	E	M	N	G	T	E	U	R	U	D	I	W	L
Q	L	D	A	F	S	R	L	R	T	O	E	P	I	I
S	U	T	O	A	A	E	D	R	W	M	K	S	L	T
W	S	E	E	H	R	I	U	R	J	R	C	K	E	I
O	V	R	N	S	S	T	T	B	O	A	I	C	S	E
R	B	C	C	C	H	K	L	H	F	L	W	C	D	S
D	L	R	I	G	H	T	E	O	U	S	N	E	S	S

ARMOUR
BREASTPLATE
DARKNESS
FAITH
FEET
GOSPEL
HELMET
LORD
MIGHT

PEACE
POWER
PRINCIPALITIES
QUENCH
RIGHTEOUSNESS
RULERS
SALVATION
SHIELD
SHOD

SPIRITUAL
STAND
STRONG
SWORD
TRUTH
WICKEDNESS
WILES
WORLD
WRESTLE

Day 152

LITTLE FOXES
SONG OF SOLOMON 2:15-17

```
R  M  N  O  P  U  N  K  A  E  R  B  R  Y  K
H  E  H  A  R  T  C  W  P  P  K  E  O  C  K
L  S  H  A  D  O  W  S  H  P  L  U  H  E  V
F  M  R  T  V  X  H  R  N  T  N  L  N  G  J
E  F  O  X  E  S  D  R  T  G  X  I  X  R  S
S  E  P  P  P  B  U  I  L  E  M  L  G  M  E
N  A  L  R  V  T  L  K  I  K  W  I  M  K  P
I  F  M  F  E  U  H  K  K  A  K  E  K  R  A
A  N  F  O  N  D  R  O  E  T  F  S  N  X  R
T  K  R  T  N  L  N  C  U  J  R  T  L  T  G
N  V  I  S  R  G  Y  E  V  A  H  V  H  G  T
U  L  X  P  T  N  A  T  T  B  I  B  L  A  V
O  W  G  O  W  L  W  V  K  N  B  M  Z  L  T
M  K  M  I  M  N  A  F  E  E  D  E  T  H  N
W  X  B  L  C  R  Z  S  D  E  V  O  L  E  B
```

Take us the foxes, the **little foxes, that spoil** the **vines**: for our vines **have tender grapes**. My beloved is **mine**, and I am his: he **feedeth among** the **lilies. Until** the day **break** and the **shadows flee away, turn,** my **beloved,** and be **thou like** a roe or a **young hart upon** the **mountains** of **Bether.**

OLD TESTAMENT HEROES

N	N	H	A	I	M	E	H	E	N	T	T	K	V	B
L	O	Q	E	S	T	H	E	R	Z	Q	D	T	H	O
K	R	A	T	P	D	F	J	O	S	E	P	H	A	C
H	A	Z	H	H	S	C	A	A	S	I	K	Z	I	A
J	A	A	B	R	A	H	A	M	R	C	Z	I	M	J
E	H	I	S	X	R	J	N	O	S	M	A	S	E	N
Z	N	A	A	X	A	L	I	L	F	H	P	L	R	L
R	A	H	M	S	H	J	N	L	A	K	V	D	E	K
A	H	S	U	M	I	L	N	H	E	H	G	A	J	B
I	T	I	E	D	E	M	T	D	C	I	J	N	M	R
M	A	L	L	B	I	H	A	O	D	D	O	I	O	A
O	N	E	A	C	P	V	N	E	H	N	S	E	S	H
A	O	F	A	E	I	E	O	V	M	T	H	L	E	A
N	J	H	J	D	L	N	J	O	B	N	U	M	S	B
T	F	R	H	A	R	O	B	E	D	M	A	R	Z	C

AARON	EZEKIEL	JOSHUA
ABEL	EZRA	MICAH
ABRAHAM	GIDEON	MOSES
CALEB	ISAAC	NAOMI
DANIEL	ISAIAH	NEHEMIAH
DAVID	JACOB	NOAH
DEBORAH	JEPHTHAH	RAHAB
ELIJAH	JEREMIAH	RUTH
ELISHA	JOB	SAMSON
ENOCH	JONATHAN	SAMUEL
ESTHER	JOSEPH	SARAH

MIRACLES IN MATTHEW 14

```
W  A  L  K  D  F  T  F  B  L  O  A  V  E  S
K  C  I  S  E  X  I  H  M  R  S  H  E  A  L
B  L  E  S  S  E  D  L  F  E  I  U  T  N  F
G  F  K  C  A  T  E  I  L  N  N  N  S  K  T
E  S  F  T  E  R  V  V  H  E  S  X  G  E  S
N  T  I  R  S  E  Y  O  I  S  D  S  K  T  J
N  N  S  A  I  S  J  Y  A  G  E  C  E  C  M
E  E  H  P  D  E  L  R  P  L  I  K  Z  H  U
S  M  E  A  M  D  G  R  P  T  S  G  P  I  L
A  G  S  X  H  N  H  I  I  A  A  K  I  L  T
R  A  D  H  R  P  C  E  B  R  O  C  H  D  I
E  R  M  E  R  S  S  E  M  O  C  W  S  R  T
T  F  T  A  I  Y  C  E  L  L  U  F  T  E  U
X  A  Y  D  C  R  N  F  A  I  T  H  V  N  D
W  A  V  E  S  T  C  G  D  O  R  E  H  P  E
```

APART	FILLED	JESUS
BASKETS	FISHES	JOHN
BLESSED	FIVE	LOAVES
BRING	FRAGMENTS	MEN
CHILDREN	FULL	MULTITUDE
CITIES	GARMENT	PRAY
COME	GENNESARET	SHIP
CRIED	GIVE	SICK
DESERT	GRASS	TWO
DISCIPLES	HEAL	WALK
DISEASED	HEM	WATER
FAITH	HEROD	WAVES

L'S IN THE BIBLE

```
S  D  N  A  H  F  O  N  O  G  N  I  Y  A  L
G  N  B  L  L  K  T  C  R  B  L  P  N  L  S
N  S  L  H  Y  R  Z  H  R  N  M  A  E  Z  S
I  N  A  O  B  R  A  N  G  A  K  A  C  Q  E
R  O  D  N  T  Q  L  I  L  R  V  L  Q  K  N
E  I  D  L  L  I  F  E  L  E  E  Y  D  N  S
F  T  E  E  R  C  U  L  N  V  S  M  N  S  U
F  A  R  A  L  A  C  E  I  O  W  L  R  H  O
U  T  E  H  P  K  D  A  R  M  L  E  A  L  I
S  N  L  M  X  Z  T  P  D  A  R  T  B  W  V
G  E  O  Q  A  H  E  H  K  U  Z  N  G  N  I
N  M  V  K  A  L  M  E  O  L  N  R  H  A  C
O  A  E  N  L  T  K  B  R  B  M  A  L  B  S
L  L  A  N  G  U  A  G  E  K  L  T  L  A  A
T  H  G  I  L  L  U  C  I  F  E  R  L  L
```

LABAN	LAMP	LEVIATHAN
LABOURERS	LANGUAGE	LIAR
LACE	LASCIVIOUSNESS	LIFE
LACK	LAW	LIGHT
LADDER	LAYING ON OF	LONGSUFFERING
LAKE	HANDS	LOT
LAMB	LEAH	LOVE
LAME	LEAVENED	LUCIFER
LAMENTATIONS	LEPROSY	LUCRE

LOVE ONE ANOTHER

```
R E D I S N O C W K T H T R D
R E D N E T K Q I R Z Y J E N
Y T R E B I L N O J D N C C U
H N F K D L D H C O K O D E O
O S R O T N X P B A M M L I B
S T E J R E I E R M R B D V A
P T T L Y G N M A A M E S E X
I R S F P O I N E E Y U F C P
T U I J W I D V S K B Z F O R
A T N N M M C S I M I Q T M L
L H I N E Z A S I N N L Y F G
I R M N L R W T I B G R F O Y
T T T P E A C E K D Z Q I R N
Y F O R B E A R I N G M D T N
R T J Y B E A R B U R D E N S
```

ABOUND

ASSEMBLE

BEAR BURDENS

CARE

COMFORT

COMMANDMENT

CONSIDER

DISCIPLES

EDIFY

EXHORT

FORBEARING

FORGIVING

HOSPITALITY

KIND

LIBERTY

LIKEMINDED

MINISTER

ONE BODY

PEACE

PRAY

RECEIVE

SUBMIT

TENDER

TRUTH

WHO LOVED HIM MOST?

LUKE 7:37–38, 50

R	E	B	K	I	S	S	E	D	W	T	H	E	E	K
V	T	C	S	I	N	N	E	R	T	W	L	F	K	M
H	K	B	A	H	R	T	D	G	A	M	X	Q	L	B
T	T	N	E	E	J	V	H	S	T	O	M	L	C	Q
R	A	A	E	H	P	Q	H	G	B	S	T	O	O	D
E	N	R	H	W	I	K	E	S	U	O	H	T	B	Z
T	O	T	R	R	J	N	X	R	N	O	F	F	M	Y
S	I	N	D	M	E	N	D	I	D	D	R	E	K	D
A	N	E	M	W	S	G	R	A	Y	Y	A	B	E	M
B	T	M	D	E	U	M	E	H	B	T	Y	V	T	T
A	E	T	L	E	S	H	Y	K	W	T	A	N	M	K
L	D	N	O	P	J	W	M	O	I	S	E	F	D	X
A	N	I	H	I	Q	L	M	C	T	F	G	P	H	N
L	T	O	E	N	M	A	H	T	I	A	F	L	I	T
M	T	W	B	G	N	H	Y	S	R	A	E	T	Q	W

And, **behold**, a woman in the **city**, which was a **sinner**, when she **knew** that **Jesus** sat at **meat** in the Pharisee's **house**, **brought** an **alabaster box** of ointment, and **stood** at his feet **behind** him **weeping**, and began to **wash** his feet with **tears**, and did **wipe** them with the **hairs** of her **head**, and **kissed** his **feet**, and **anointed** them with the **ointment**. . . . And he said to the **woman**, Thy **faith hath saved thee**; go in **peace**.

BIBLICAL TYPES AND FORESHADOWS OF CHRIST

```
J J Y L D R N D H P E S O J N
V E P E A W H K P F M T M N H
C R E I V W Q E L G A E T O C
X E E K I W D N R O H B N M C
X M H E D O W A G V A M E O R
R I S Z V J M E N N R A P L N
W A V E O Q P T K O B L R O O
H H U N M A R I S D A B E S E
A X A H C N H E S K A H S N G
I H X S S K S S N A Z N K X I
M B U L L O C K I N A M I G P
E M T M M A J M O L A C O E M
H G Y M R M D I B D E R X Z L
E Z L Z T R L B A H E I F E R
N V E X M E L C H I Z E D E K
```

ABRAHAM	HEIFER	NEHEMIAH
ADAM	ISAAC	NOAH
BULLOCK	JEREMIAH	OX
DANIEL	JONAH	PIGEON
DAVID	JOSEPH	RAM
DOVE	JOSHUA	SCAPEGOAT
EAGLE	LAMB	SERPENT
ELISHA	LION	SHEEP
EZEKIEL	MELCHIZEDEK	SOLOMON
EZRA	MOSES	

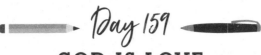

GOD IS LOVE
1 JOHN 4:8-11

```
N O I T A I T I P O R P V H T
L R Y N Y K M I G H T N E H O
H M Y F V H W Z B N K R T D W
T M T H I S K N K Y E E L A A
E M Z P M Y D M M I W D N R R
V G A Y T N D R N O E O Y X D
O J L N C P H M N V T R R D B
L N F L I X M K O H H W L E K
P N E K I F Y L E G R R C L L
T A H T R V E R K K O A N W W
O G P T T B E S R W U R L B N
T W L P N O K R T S G D B S J
N K F R T E G K E E H T X N O
I C B L Q L S E G R D Z B I P
T O U G H T H V B Y L N O S C
```

He that **loveth** not **knoweth** not God; for God is love. In **this** was **manifested** the love of God **toward** us, **because** that God sent his **only begotten** Son **into** the **world**, that we **might live through** him. **Herein** is love, not that we loved God, but **that** he loved us, and **sent** his Son to be the **propitiation** for our **sins. Beloved**, if God so loved us, we **ought also** to love one **another**.

MORE SERMON ON THE MOUNT
MATTHEW 5

```
K  G  L  O  R  I  F  Y  S  A  L  T  L  T  G
T  I  R  E  H  N  I  N  R  U  O  M  N  H  M
S  V  Y  S  S  F  K  R  G  L  L  O  V  E  E
R  K  L  R  S  D  W  H  T  R  A  E  V  C  R
I  Q  Q  E  E  G  Z  T  R  X  C  I  I  B  C
H  C  M  K  N  F  R  R  L  L  G  O  K  Y  I
T  O  C  A  S  M  F  E  G  D  J  M  A  T  F
B  M  Q  M  U  H  O  O  A  E  E  T  E  T  U
K  F  L  E  O  E  T  D  R  T  H  L  H  E  L
T  O  I  C  E  A  C  K  G  G  D  U  L  C  K
S  R  F  A  T  V  E  J  I  N  N  M  R  I  P
A  T  L  E  H  E  F  L  A  G  I  O  X  G  F
E  E  U  P  G  N  R  C  E  L  S  K  R  J  L
L  D  F  D  I  M  E  R  E  S  Q  V  V  C  Q
N  Z  M  D  R  F  P  C  H  I  L  D  R  E  N
```

CANDLE	GREAT	MILE
CHILDREN	HEAVEN	MOURN
COAT	HUNGER	OFFER
COMFORTED	INHERIT	PEACEMAKERS
CROSS	KINGDOM	PERFECT
EARTH	LEAST	REJOICE
FILLED	LIGHT	RIGHTEOUSNESS
FULFIL	LOVE	SALT
GIVE	MEEK	THIRST
GLORIFY	MERCIFUL	

Day 161

WATERS

```
C  H  I  N  N  E  R  E  T  H  P  E  E  D  Y
D  G  N  I  W  O  L  F  R  E  V  O  V  L  L
S  J  K  Z  J  N  H  N  G  A  L  I  L  E  E
N  T  J  J  M  A  K  S  I  L  M  L  F  P  O
I  E  A  F  A  E  Q  C  I  L  T  H  N  R  P
A  R  B  L  R  N  L  T  I  K  E  O  O  D  W
T  A  B  A  A  S  J  K  S  N  N  E  I  N
N  S  O  K  H  R  O  C  W  R  T  A  D  O  Q
U  E  K  E  G  R  D  O  A  E  D  E  H  L  Z
O  N  V  S  D  E  N  L  S  R  L  I  R  Y  S
F  N  D  A  X  T  Z  D  C  G  G  L  T  N  R
T  E  N  E  T  I  S  E  T  A  R  H  P  U  E
L  G  R  L  R  D  S  E  A  S  G  E  V  N  V
N  P  A  I  F  E  L  I  V  I  N  G  A  T  I
K  S  M  L  F  M  F  N  M  M  T  N  P  T  R
```

ARNON	GIHON	ORONTES
CHINNERETH	GREAT	OVERFLOWING
CISTERN	JABBOK	RED
COLD	JORDAN	RIVERS
DEAD	KISHON	SALT
DEEP	LAKES	SEAS
EUPHRATES	LIVING	STILL
FIRE	MARAH	WELL
FOUNTAINS	MEDITERRANEAN	WIDE
GALILEE	MIGHTY	
GENNESARET	NILE	

IN HIGH PLACES
HABAKKUK 3:17–19

```
Q  D  K  W  W  N  Y  I  E  L  D  Z  T  B  F
K  K  R  I  R  S  Z  V  L  L  A  H  S  D  L
F  L  L  E  D  D  R  U  O  B  A  L  L  F  O
E  L  A  L  H  F  L  E  E  K  A  M  O  H  C
E  M  E  W  G  P  C  V  L  F  R  L  L  T  K
T  I  N  N  U  I  H  I  G  H  D  W  I  G  C
F  P  F  Z  O  B  L  O  S  S  O  M  A  N  K
Z  R  X  J  H  E  N  N  P  X  V  N  F  E  Q
G  T  E  E  T  S  V  E  M  L  Q  C  D  R  T
J  R  N  F  L  L  X  I  I  E  A  T  T  T  J
Q  I  Y  R  A  L  L  P  L  T  A  C  K  S  V
M  M  R  U  T  A  T  O  E  O  H  T  E  I  J
R  L  D  I  M  T  V  E  R  N  D  E  N  S  N
J  J  K  T  Z  S  R  B  V  D  G  E  R  K  W
S  A  L  V  A  T  I  O  N  G  S  Z  F  M  C
```

Although the fig **tree** shall not **blossom, neither** shall **fruit** be in the **vines**; the **labour** of the **olive** shall **fail**, and the **fields** shall **yield** no **meat**; the **flock** shall be cut off from the **fold**, and there **shall** be no **herd** in the **stalls**: yet I will **rejoice** in the LORD, I will joy in the God of my **salvation**. The LORD God is my **strength**, and he will make my feet like hinds' **feet**, and he **will make** me to **walk** upon **mine high places**.

PROMISED LAND SPY

NUMBERS 13:30-31, 33

V	S	R	E	P	P	O	H	S	S	A	R	G	P	K
B	E	F	O	R	E	G	T	I	G	G	B	O	N	K
R	E	R	M	R	V	B	A	G	Y	K	S	A	H	E
K	Y	M	V	V	W	E	H	H	Z	S	G	T	R	C
D	L	R	O	V	K	L	T	T	E	A	N	E	O	C
S	O	N	S	C	W	A	M	S	I	E	H	J	N	T
T	W	I	T	H	R	C	S	N	W	T	M	D	C	D
F	R	J	X	L	L	E	S	V	K	M	E	R	E	L
Y	I	A	G	W	M	T	V	R	J	L	Q	E	W	Z
P	E	D	N	N	K	M	W	O	L	K	G	G	X	K
V	H	H	E	A	S	R	O	I	P	I	W	N	H	B
Z	T	V	T	R	K	A	T	S	A	P	H	O	A	L
P	Z	J	L	H	E	S	I	N	E	T	I	R	B	X
K	T	W	K	L	V	W	T	D	P	S	C	T	L	R
E	L	P	O	E	P	S	L	L	E	W	H	S	E	C

And **Caleb stilled** the people **before Moses**, and said, Let us go up at **once**, and **possess** it; for we are **well** able to **overcome** it. But the men **that went** up **with** him **said**, We be not **able** to go up **against** the **people**; for **they** are **stronger** than we. . . . And **there** we saw the giants, the **sons** of **Anak**, **which** come of the **giants**: and we were in our own sight as **grasshoppers**, and so we **were** in **their sight**.

RICHES OF GOD
ROMANS 11:33–36

M	U	N	S	E	A	R	C	H	A	B	L	E	B	S
U	M	L	W	N	N	R	T	R	E	P	N	C	Y	G
Q	N	H	B	O	T	H	N	E	D	N	Q	H	L	N
R	O	T	L	B	G	R	N	F	E	J	G	T	K	I
M	G	L	O	R	Y	F	S	V	U	H	N	P	K	H
B	K	S	Y	A	W	E	I	D	N	G	I	E	N	T
V	J	K	N	L	H	G	G	W	L	U	D	D	O	T
A	W	E	G	C	B	M	O	D	O	O	N	K	W	S
G	M	I	I	C	E	N	J	M	R	R	I	R	L	R
A	L	R	S	N	K	M	T	P	D	H	F	L	E	I
I	N	T	T	D	W	T	I	S	H	T	W	D	D	F
N	C	S	G	D	O	K	F	N	A	T	R	Z	G	D
S	H	A	L	L	X	M	V	R	D	P	A	E	E	D
T	R	O	L	L	E	S	N	U	O	C	T	H	V	R
R	D	E	S	N	E	P	M	O	C	E	R	L	H	E

O the **depth** of the **riches both** of the **wisdom** and **knowledge** of God! How **unsearchable** are his **judgments**, and his **ways past finding** out! For who hath **known** the **mind** of the **Lord**? Or who hath **been** his **counsellor**? Or who **hath first given** to him, and it **shall** be **recompensed unto** him **again**? For of him, and **through** him, and to him, are all **things**: to **whom** be **glory** for **ever. Amen.**

PETER

D	E	N	A	M	E	S	H	T	E	G	A	L	K	N
R	N	O	I	S	I	V	D	A	N	D	R	E	W	A
O	M	A	L	C	H	U	S	C	O	D	V	Y	H	J
W	D	D	L	Y	Y	E	A	H	A	Y	F	T	A	Q
S	K	L	O	K	A	E	R	T	N	N	I	K	D	P
H	S	I	F	R	S	L	H	E	R	B	G	D	D	D
S	X	N	Y	A	C	H	D	W	A	O	I	E	Y	O
U	T	Y	R	S	H	A	E	T	W	A	C	K	L	U
I	W	E	G	A	O	N	S	E	R	T	P	K	N	B
L	A	N	A	E	U	F	Z	F	T	Q	X	P	P	T
E	L	R	L	N	S	T	A	S	F	K	K	Y	O	H
N	K	U	I	E	E	L	I	M	D	N	G	C	M	J
R	E	O	L	A	T	M	P	R	I	S	O	N	O	R
O	D	J	E	T	O	M	U	A	N	R	E	P	A	C
C	C	T	E	N	P	H	D	I	S	C	I	P	L	E

AENEAS
AFRAID
ANDREW
ANGEL
BOAT
CAESAREA
CAPERNAUM
COCK
CORNELIUS
DENY
DISCIPLE

DORCAS
DOUBT
EAR
FISH
GALILEE
GETHSEMANE
HOUSETOP
JOPPA
JOURNEY
LYDDA
MALCHUS

PRISON
RHODA
ROCK
SHEET
SIMON
SWORD
TABITHA
VISION
WALKED

PETER'S ESCAPE FROM PRISON

ACTS 12:1–19

D	E	N	E	V	A	E	L	N	U	K	C	H	D	J
M	T	G	I	R	O	N	G	A	T	E	D	K	N	O
Q	D	P	R	A	Y	I	N	G	T	E	Y	L	R	H
C	S	P	N	L	Y	C	T	B	D	Y	I	L	T	N
H	A	M	R	D	F	D	H	N	R	G	B	E	N	T
U	N	D	C	I	E	S	E	A	H	M	B	G	E	S
R	D	G	E	A	S	H	R	T	I	B	L	N	M	R
C	A	E	T	N	E	O	S	E	T	N	F	A	R	E
H	L	H	K	R	I	J	N	L	I	H	S	L	A	P
L	S	T	P	C	X	M	A	T	E	D	G	M	G	E
R	K	P	J	R	O	N	A	M	F	E	L	U	D	E
B	A	G	E	H	R	N	D	X	E	K	P	O	O	K
R	E	T	S	A	E	Y	K	F	E	S	R	I	S	S
C	E	A	S	T	O	N	I	S	H	E	D	N	N	X
P	H	H	J	R	H	O	D	A	H	Y	R	A	M	G

ANGEL
APPREHENDED
ASTONISHED
CHAINS
CHURCH
DEATH
EASTER
EXAMINED
GARMENT

HEROD
IRON GATE
JAMES
JOHN
KEEPERS
KNOCKED
LIGHT
MARY
PETER

PRAYING
PRISON
RHODA
SANDALS
SLEEPING
SOLDIERS
SOUGHT
UNLEAVENED

CHANGE FOR THE BETTER

ROMANS 12:2-3

T	H	J	A	C	C	E	P	T	A	B	L	E	W	K
X	R	T	W	O	R	L	D	F	L	E	S	M	I	H
P	G	A	A	N	X	T	L	A	E	D	Y	W	Z	W
V	E	E	N	H	F	A	I	T	H	D	L	I	C	Y
N	P	R	X	S	L	H	M	C	O	K	R	L	C	L
H	X	U	F	E	F	W	I	O	R	K	E	L	D	L
Z	K	S	C	E	V	O	G	G	T	R	B	R	E	G
E	C	A	R	G	C	O	R	H	H	N	O	E	M	N
O	Z	E	N	V	Y	T	R	M	Y	L	S	N	R	T
U	F	M	C	O	H	O	G	P	E	I	Y	E	O	A
G	W	T	U	I	U	N	C	J	H	D	K	W	F	H
H	H	R	N	G	O	H	E	T	K	K	N	I	N	T
T	J	K	H	M	O	R	E	V	P	W	B	N	O	C
M	T	Q	A	C	C	O	R	D	I	N	G	G	C	V
D	N	I	M	G	Y	R	E	V	E	G	H	P	X	Z

And be not **conformed** to **this world**: but be ye **transformed** by the **renewing** of **your mind**, that ye may **prove what** is that **good**, and **acceptable**, and **perfect**, **will** of God. For I say, **through** the **grace given** unto me, to every man **that** is **among** you, not to think of **himself more highly** than he **ought** to think; but to **think soberly**, **according** as God **hath dealt** to **every** man the **measure** of **faith**.

PRAYER OF PRAISE

2 SAMUEL 22:47–49

```
B  R  I  N  G  E  T  H  B  K  C  L  M  P  T
J  L  G  D  V  D  E  R  E  V  I  L  E  D  H
N  V  T  K  E  L  Q  T  H  A  T  T  W  J  M
T  R  E  R  W  T  H  T  E  G  N  E  V  A  I
R  N  N  X  O  M  F  F  L  F  S  M  L  K  N
O  Q  E  W  A  S  P  I  F  A  V  V  G  K  E
C  E  F  L  O  L  E  B  L  E  S  S  E  D  E
K  L  K  O  O  D  T  V  K  X  H  Z  N  N  X
P  P  H  L  R  I  A  E  F  N  R  L  E  M  T
D  O  C  V  L  T  V  T  D  E  H  M  E  K  H
R  E  D  L  I  H  H  W  D  T  I  H  J  G  O
O  P  L  O  A  T  G  N  E  E  T  R  H  V  U
L  H  N  S  K  N  U  V  S  L  J  N  G  Z  L
B  K  T  A  G  A  I  N  S  T  N  C  I  K  X
C  X  H  D  C  L  T  O  S  L  A  B  H  D  J
```

The LORD **liveth**; and **blessed** be my rock; and **exalted** be the God of the **rock** of my **salvation**. It is God that **avengeth** me, and that bringeth **down** the **people under** me. And that **bringeth** me **forth** from **mine enemies**: thou **also** hast **lifted** me up on **high** above **them that rose** up **against** me: **thou hast delivered** me from the **violent** man.

M'S IN THE BIBLE

```
D   Z   R   R   L   C   M   I   C   H   A   E   L   S   B
D   R   D   A   S   N   A   I   C   I   S   U   M   R   L
K   T   E   S   I   D   N   A   H   C   R   E   M   E   A
M   M   Z   V   D   Y   T   S   E   J   A   M   G   G   H
H   A   N   M   A   G   I   S   T   R   A   T   E   N   T
A   M   G   S   E   I   R   E   T   S   Y   M   T   A   A
L   L   E   N   V   V   M   N   B   S   M   E   Z   H   N
E   V   S   D   I   A   X   T   N   T   I   E   M   C   A
S   J   T   E   I   F   Z   A   Q   Q   Z   K   A   Y   R
U   Y   K   R   I   T   I   M   V   K   P   N   G   E   A
H   B   I   L   G   C   A   C   A   R   A   E   N   N   M
T   M   H   M   I   G   R   T   E   N   H   S   I   O   X
E   P   E   G   O   K   N   E   I   N   N   S   F   M   F
M   N   A   G   R   M   Y   M   M   O   C   A   Y   W   M
E   M   E   A   S   U   R   E   L   J   N   E   M   N   L
```

MAGICIANS
MAGISTRATE
MAGNIFICENCE
MAGNIFY
MAGOG
MAJESTY
MANNA
MARANATHA

MEAL
MEASURE
MEDITATION
MEEKNESS
MENE
MERCHANDISE
MERCIES
METHUSELAH

MICHAEL
MIRIAM
MIZPAH
MONEYCHANGERS
MUSICIANS
MYSTERIES

CHRIST WALKS ON THE SEA

MATTHEW 14:26–33

```
T  D  G  W  B  O  I  S  T  E  R  O  U  S  Z
R  X  J  K  S  U  S  E  J  S  G  D  R  T  H
O  S  I  M  M  E  D  I  A  T  E  L  Y  S  W
U  D  E  I  R  C  L  R  L  R  N  C  R  H  A
B  E  M  A  L  N  A  P  E  E  R  M  Z  I  L
L  P  G  O  D  E  Z  W  I  T  V  D  K  P  K
E  P  W  G  F  C  S  S  C  C  Z  T  B  G  E
D  I  J  X  H  N  P  P  E  H  S  C  K  G  D
D  H  Q  E  A  A  Z  I  A  E  W  I  N  N  R
I  S  E  C  K  B  L  R  S  D  T  I  D  H  E
A  R  H  E  A  T  J  I  E  W  Y  K  E  H  T
R  O  T  G  B  U  G  T  D  A  A  A  B  A  E
F  W  I  R  N  R  G  O  S  R  R  T  M  N  P
A  Q  A  M  N  P  N  H  O  Z  O  P  E  D  J
K  R  F  N  H  T  U  R  T  D  L  L  P  R  C
```

AFRAID	GOD	SHIP
ANSWERED	GOOD	SPAKE
BOISTEROUS	HAND	SPIRIT
CAUGHT	HEAR	STRETCHED
CEASED	IMMEDIATELY	TROUBLED
CHEER	JESUS	TRUTH
CRIED	LORD	WALKED
DISCIPLES	PETER	WATER
FAITH	SAYING	WORSHIPPED
FEAR	SEA	

JEWISH MOTHER, GREEK FATHER

ACTS 16:1-2

```
B  V  D  E  M  A  N  E  W  E  R  E  T  G  N
I  C  O  N  I  U  M  K  C  N  A  H  R  T  W
D  T  Y  E  X  A  D  M  T  R  E  E  K  X  K
E  X  L  R  C  B  T  W  T  R  E  L  W  X  M
T  R  G  H  D  M  E  S  E  K  N  Z  L  B  N
R  N  F  T  I  R  Y  L  W  L  E  K  Y  E  L
O  I  A  E  S  L  B  M  I  T  H  Z  G  N  W
P  A  T  R  C  U  N  B  W  E  T  K  A  K  Z
E  T  H  B  I  M  E  N  E  W  V  M  L  L  H
R  R  E  H  P  Q  H  H  P  H  O  E  K  W  M
D  E  R  W  L  X  W  M  T  W  O  P  D  Z  V
N  C  R  J  E  B  K  J  G  O  R  L  X  Q  T
T  R  K  P  J  E  W  E  S  S  M  N  D  A  Q
C  T  W  R  Y  R  H  C  I  H  W  I  H  Z  V
K  Y  K  D  E  R  B  E  R  T  X  T  T  H  Q
```

Then came he to **Derbe** and Lystra: and, **behold**, a certain **disciple** was **there, named Timotheus**, the son of a **certain woman**, which was a **Jewess, and believed**; but his **father** was a **Greek: which** was **well reported** of by the **brethren that were** at **Lystra** and **Iconium**.

PSALM 139

```
V  H  H  T  L  I  G  H  T  V  Y  P  Y  H  N
G  H  G  E  C  X  G  R  S  J  P  R  L  E  V
N  S  G  N  A  O  W  C  E  B  R  E  L  L  P
I  E  N  I  I  V  M  R  D  M  A  S  U  L  R
T  A  V  R  H  T  E  P  N  O  I  E  F  Z  E
S  R  T  N  A  H  T  N  A  W  S  N  R  S  C
A  C  F  E  I  C  G  I  T  S  E  C  A  E  I
L  H  R  D  O  Z  N  W  S  P  S  E  E  C  O
R  G  K  V  K  U  I  C  R  N  A  E  F  R  U
E  B  E  P  M  D  S  O  E  I  W  T  S  E  S
V  R  T  B  N  M  I  U  D  L  T  O  H  T  V
E  H  E  E  W  W  R  N  N  Z  M  T  D  F  K
W  R  C  Z  O  C  P  T  U  H  L  B  E  D  D
R  S  G  N  I  W  U  K  R  A  D  H  A  N  D
A  F  K  D  E  N  O  I  H  S  A  F  Y  Q  F
```

ASCEND	GREAT	PRAISE
BED	HAND	PRECIOUS
COMPASSEST	HEAVEN	PRESENCE
COUNT	HELL	SEARCH
COVER	HID	SECRET
DARK	HIGH	UNDERSTANDEST
DOWNSITTING	KNOW	UPRISING
EVERLASTING	LIGHT	WINGS
FASHIONED	NUMBER	WOMB
FEARFULLY	PATH	WRITTEN

WALKING AS CHILDREN
EPHESIANS 4:31–5:2

```
R  B  K  K  Z  R  F  H  F  T  G  S  X  H
R  E  C  I  L  A  M  O  S  L  P  L  T  R
F  L  E  S  M  I  H  I  R  E  O  A  L  M
A  N  G  E  R  Z  R  E  A  G  R  V  T  L
R  F  K  S  L  H  H  K  R  W  I  H  E  G
G  O  L  S  C  T  I  C  K  U  E  V  N  D
N  L  A  E  O  N  N  J  L  R  O  I  E  Y
I  L  W  N  G  K  T  E  E  A  R  V  M  N
V  O  A  R  Y  V  D  F  R  E  M  K  A  P
I  W  J  E  Y  L  O  N  F  D  N  O  Q  S
G  E  Q  T  P  R  X  F  I  K  L  J  U  C
R  R  K  T  E  M  O  M  E  K  C  I  Q  R
O  S  X  I  S  A  K  E  V  R  L  Z  H  Q
F  N  T  B  S  A  C  R  I  F  I  C  E  C
R  T  F  R  A  E  D  Q  L  D  A  L  S  O
```

Let all **bitterness**, and **wrath**, and **anger**, and **clamour**, and **evil speaking**, be put away from you, with all **malice**: And be ye **kind** one to another, tenderhearted, **forgiving** one **another**, even as God for Christ's **sake** hath **forgiven** you. Be ye **therefore followers** of God, as **dear children**; and **walk** in love, as **Christ also** hath **loved** us, and hath given **himself** for us an **offering** and a **sacrifice** to God for a sweetsmelling **savour**.

THE CHARACTER OF GOD

```
D   D   E   L   I   V   E   R   E   R   R   K   F   N   R
D   V   R   T   R   Y   L   C   P   O   N   O   L   W   E
W   L   Y   R   D   D   R   I   L   K   R   C   K   L   K
L   O   E   K   F   N   G   E   G   T   L   O   K   U   R
J   E   V   I   W   M   S   R   R   H   T   M   R   F   O
K   Z   P   M   H   N   X   E   H   K   T   P   E   I   W
C   T   T   O   U   S   S   T   C   W   K   A   D   C   E
R   C   W   O   H   S   U   R   R   M   J   S   E   R   L
N   F   C   P   J   R   R   O   I   V   A   S   C   E   C
N   K   A   T   T   R   C   F   H   W   K   I   R   M   A
X   V   X   T   L   K   R   M   R   D   L   O   E   Y   R
L   I   F   E   H   X   D   O   T   C   O   N   T   C   I
F   Z   Y   L   M   E   D   C   N   T   V   A   N   T   M
V   I   C   T   O   R   R   D   K   T   E   T   I   Q   D
G   N   D   N   E   I   R   F   X   K   P   E   H   K   G
```

COMFORTER	HOPE	<u>MIRACLE</u>
COMPASSIONATE	INTERCEDER	<u>WORKER</u>
COUNSELOR	JOY	ROCK
DELIVERER	LIFE	SAVIOR
FATHER	LIGHT	SHIELD
FORTRESS	LOVE	TRUTH
FRIEND	MERCIFUL	VICTOR

BIBLICAL MOTHERS AND SONS

K	C	M	H	M	M	A	R	Y	N	D	L	Q	E	I
T	Q	D	B	S	A	M	U	E	L	Y	D	C	S	Z
N	Q	B	R	O	J	M	L	C	P	M	I	A	H	I
H	W	I	U	B	N	M	E	M	M	N	A	T	A	P
O	Z	L	T	E	E	M	B	G	U	C	N	I	N	P
J	M	H	H	D	Z	N	A	E	E	H	N	M	N	O
H	I	A	R	T	X	H	J	M	T	R	S	O	A	R
A	A	H	T	L	E	R	D	A	V	I	S	T	H	A
R	R	N	A	D	A	B	N	E	M	M	Z	H	B	H
A	H	R	Y	H	Z	E	A	E	B	I	O	Y	O	V
S	P	T	A	R	S	J	O	S	H	E	N	S	B	M
R	E	B	K	A	N	N	H	A	I	X	H	O	E	F
L	B	A	T	H	S	H	E	B	A	L	A	C	M	S
R	R	N	O	M	O	L	O	S	Q	Z	E	R	O	H
L	E	H	C	A	R	L	E	V	E	S	E	M	A	J

ABEL	EVE	OBED
ASENATH	GERSHOM	RACHEL
BATHSHEBA	HANNAH	RAHAB
BENJAMIN	ISAAC	RUTH
BILHAH	JAMES	SAMUEL
BOAZ	JOCHEBED	SARAH
DAN	JOHN	SIMEON
ELISABETH	LEAH	SOLOMON
EPHRAIM	MARY	TIMOTHY
EUNICE	MOSES	ZIPPORAH

WILL A MAN ROB GOD?

MALACHI 3:7–10

```
M  S  E  N  O  G  W  H  E  R  E  I  N  J  L
M  E  F  C  M  D  E  B  B  O  R  N  R  L  Y
S  H  D  B  L  E  S  S  I  N  G  B  X  A  S
E  T  T  P  R  O  V  E  Y  F  Q  J  W  Q  T
C  I  T  I  M  Y  T  L  R  A  L  A  M  D  O
N  T  B  G  A  N  R  F  G  T  G  M  I  Z  R
A  R  O  E  R  S  O  W  O  H  G  L  N  L  E
N  D  E  U  V  O  B  F  N  E  C  D  E  L  H
I  M  O  T  T  A  F  L  O  R  D  N  A  A  O
D  P  A  N  U  E  H  W  K  S  A  N  L  Y  U
R  M  I  N  R  R  H  G  T  B  E  E  L  S
O  P  K  I  W  K  N  L  I  O  O  V  K  P  E
W  I  N  D  O  W  S  O  N  T  L  A  R  T  O
Q  G  W  X  V  R  N  Z  N  L  B  E  J  P  J
S  C  W  O  N  Y  P  U  P  K  D  H  T  W  N
```

ALL	LORD	RETURN
AWAY	MAN	ROB
BLESSING	MINE	ROBBED
DAYS	NATION	SAITH
FATHERS	NOW	STOREHOUSE
GOD	OFFERINGS	TITHES
GONE	OPEN	UNTO
HAVE	ORDINANCES	WHEREIN
HEAVEN	POUR	WHOLE
INTO	PROVE	WINDOWS

PEOPLE WHOSE PRAYERS ARE IN THE BIBLE

```
J  X  I  H  A  J  I  L  E  B  R  N  B  M  D
O  N  S  T  F  L  C  H  O  D  O  K  N  I  R
S  D  R  X  Q  U  J  J  R  M  L  O  S  E  H
H  A  A  Y  R  A  M  B  O  Y  E  C  T  M  A
U  V  E  A  X  P  Y  L  C  D  I  E  A  A  I
A  I  L  Q  H  J  O  S  I  P  P  R  F  H  M
A  D  X  P  A  S  E  G  L  S  T  B  Q  A  E
R  T  J  B  J  L  I  E  I  H  U  F  M  R  R
Z  Q  E  P  T  O  S  L  A  S  S  R  M  B  E
E  Z  Y  S  M  Q  H  V  E  D  A  E  I  A  J
T  D  O  G  B  L  I  N  D  Y  A  A  S  A  N
D  P  F  R  R  B  O  C  A  J  T  N  C  O  J
A  M  N  Z  W  H  A  N  N  A  H  Z  I  N  M
N  X  T  D  S  A  M  S  O  N  X  P  B  E  D
R  T  Z  N  E  H  P  E  T  S  Y  J  O  E  L
```

ABRAHAM	HANNAH	JOSHUA
APOSTLES	ISAAC	MARTHA
BLIND	ISRAEL	MARY
DANIEL	JABEZ	MOSES
DAVID	JACOB	PAUL
DISCIPLES	JAIRUS	PETER
ELIJAH	JEREMIAH	SAMSON
ELISHA	JOB	SOLOMON
EZRA	JOEL	STEPHEN
GIDEON	JOHN	

COUNT IT ALL JOY

JAMES 1:2-4

```
Y  Q  G  Y  R  P  N  H  T  E  K  R  O  W  R
T  H  I  S  W  N  A  T  S  P  N  W  J  M  Z
G  T  B  N  R  Y  P  T  H  R  J  N  R  N  K
X  P  U  A  L  L  F  W  I  Y  E  O  R  J  Y
T  L  T  B  T  A  N  A  G  E  S  V  Y  K  O
Y  K  C  P  L  F  M  N  R  T  N  W  I  R  U
T  L  Y  L  A  D  I  T  K  N  O  C  L  D  R
O  T  N  I  B  W  C  I  N  E  I  G  E  M  Y
W  L  T  C  O  E  F  N  H  R  T  W  G  G  R
K  H  T  N  F  T  K  G  C  H  A  H  N  E  R
K  G  K  R  N  R  D  Y  E  T  T  E  I  N  T
N  H  E  U  Y  W  F  V  L  E  P  N  H  T  E
M  P  O  Q  M  I  A  C  H  R  M  Z  T  I  L
L  C  Y  G  L  H  N  F  Z  B  E  M  O  R  F
W  O  R  K  Q  F  N  G  T  W  T  L  N  E  T
```

My **brethren, count** it **all joy when** ye **fall into divers temptations; knowing this,** that the **trying** of **your faith worketh patience. But let** patience **have** her **perfect work,** that ye may be perfect and **entire, wanting nothing.**

THINGS THAT WERE OFFERED

B	R	E	A	D	E	W	R	E	D	L	U	O	H	S
T	R	P	D	P	X	H	R	H	N	R	O	C	G	H
R	P	K	I	D	C	P	B	Y	M	S	E	X	F	E
F	G	R	W	G	G	D	V	T	U	W	V	B	R	E
W	R	I	H	O	E	T	W	S	H	L	O	U	U	P
Y	N	A	A	S	A	O	E	O	K	R	D	L	I	C
E	H	T	N	F	D	J	N	N	C	E	E	L	T	N
T	M	L	G	K	N	R	H	S	X	F	L	O	S	Y
H	M	A	A	D	I	B	A	E	T	A	T	C	L	L
G	K	K	R	M	T	N	R	W	F	W	R	K	C	E
I	X	I	W	H	B	K	C	E	N	C	U	S	A	G
R	B	K	F	L	O	U	R	E	A	I	T	V	A	S
W	P	J	T	L	D	O	G	L	N	S	P	B	S	D
S	Y	E	N	D	I	K	F	W	B	S	T	W	I	L
D	A	E	H	L	R	U	M	P	N	K	E	P	N	H

BIRD
BREAD
BREAST
BULLOCKS
CALF
CORN
COW
EWE
FAT
FLOUR
FRANKINCENSE

FRUITS
GOAT
HEAD
INWARDS
ISAAC
JESUS
KID
KIDNEYS
LAMB
LEGS
OIL

PIGEONS
RAM
RIGHT
RIPE
RUMP
SHEEP
SHOULDER
TURTLEDOVE
WAFER
WINE

MOSES

Q	H	N	T	T	S	P	I	E	S	T	S	L	W	S
P	T	K	T	N	A	N	E	V	O	C	T	D	I	H
L	K	Q	K	Y	N	E	B	O	L	L	N	B	L	E
A	P	D	E	B	E	H	C	O	J	A	E	U	D	P
G	D	H	G	L	O	R	Y	W	L	D	M	R	E	H
U	D	A	A	R	O	N	J	D	L	S	D	N	R	E
E	T	X	K	R	A	C	E	Z	I	L	N	I	N	R
S	D	G	H	I	A	S	W	N	N	Y	A	N	E	D
B	T	T	D	I	I	O	A	A	T	S	M	G	S	S
A	J	I	P	M	D	I	H	R	L	E	M	B	S	D
S	M	V	O	Y	H	D	O	M	K	E	O	U	M	A
K	C	R	C	L	G	F	E	I	C	L	C	S	L	E
E	P	A	A	T	V	E	L	N	Z	F	N	H	M	L
T	L	L	N	M	Z	L	A	E	S	D	E	R	P	M
F	T	R	Q	M	S	K	M	Y	W	Z	T	F	F	K

AARON
AMRAM
BASKET
BURNING BUSH
CALF
COVENANT
EGYPT
FLEES
FORTY

GLORY
HIDDEN
JOCHEBED
KILLS
LAW
LEADS
MIDIAN
NEBO
PHARAOH

PLAGUES
PROMISED LAND
RED SEA
SHEPHERD
SINAI
SPIES
TEN COMMAND-
   MENTS
WILDERNESS

THE LAWGIVER
HEBREWS 11:24-26

```
W  G  H  K  T  P  D  H  W  R  K  D  P  R  H
L  N  E  R  R  Y  E  R  C  S  M  L  F  E  T
E  I  K  G  R  E  B  O  E  A  E  Y  C  W  I
N  M  J  N  Y  D  T  S  P  A  O  F  L  A  A
J  E  F  B  N  P  O  H  S  L  C  R  D  R  F
O  E  L  H  Z  M  T  U  G  P  E  O  P  D  S
Y  T  W  H  E  N  R  Y  V  U  N  C  M  E  E
R  S  U  F  F  E  R  R  R  A  T  G  E  R
K  E  D  V  S  R  L  E  E  R  S  D  N  R  U
N  O  S  A  E  S  F  T  I  I  Z  Y  I  E  S
L  D  D  H  B  U  A  C  R  T  C  E  S  S  A
Z  N  T  C  S  E  H  H  N  X  R  A  O  P  E
P  A  K  E  R  E  C  W  Q  R  B  R  O  E  R
R  C  D  G  S  D  E  L  L  A  C  S  H  C  T
X  A  F  F  L  I  C  T  I  O  N  K  C  T  W
```

By **faith Moses**, **when** he was **come** to **years**, **refused** to be **called** the son of Pharaoh's **daughter; choosing rather** to **suffer affliction** with the **people** of God, than to **enjoy** the **pleasures** of sin for a **season; esteeming** the **reproach** of **Christ greater riches** than the **treasures** in **Egyp**t: for he had **respect** unto the recompence of the **reward**.

THE LOVE OF GOD
ROMANS 8:37-39

```
P  R  M  G  R  L  P  M  C  H  R  I  S  T  S
E  R  U  T  A  E  R  C  L  S  U  S  E  J  E
B  N  E  Z  H  S  K  K  J  H  Y  R  T  F  I
H  I  M  S  R  L  N  Q  J  D  T  O  M  W  T
V  Y  Y  E  L  W  K  E  D  H  R  S  R  I
F  C  W  C  L  N  Q  P  E  G  T  E  E  C  L
E  O  X  O  R  K  T  A  U  P  T  U  P  R  A
P  V  R  K  D  H  T  O  N  E  W  Q  A  X  P
L  D  O  S  M  H  R  V  N  R  W  N  R  Y  I
H  M  H  L  L  H  B  H  D  S  P  O  A  V  C
E  F  I  L  T  E  C  L  O  U  O  C  T  Y  N
I  R  M  P  O  I  G  W  G  A  M  U  E  R  I
G  T  X  R  H  V  Z  N  K  D  T  Q  R  R  R
H  L  Z  W  F  K  E  B  A  E  N  R  J  L  P
T  T  H  I  N  G  S  D  F  D  L  R  W  T  J
```

Nay, in all these things we are more than **conquerors through him** that **loved** us. For I am **persuaded**, that neither **death**, nor **life**, nor **angels**, nor **principalities**, nor **powers**, nor **things present**, nor things to come, nor **height**, nor **depth**, nor any other **creature**, shall be able to **separate** us from the **love** of **God**, **which** is in **Christ Jesus our Lord.**

Day 183

"M" NAMES

A	M	M	M	E	L	C	H	I	S	E	D	E	C	K
I	Y	O	W	N	B	M	I	R	I	A	M	Q	A	R
M	K	R	K	Y	V	A	A	K	B	N	T	I	I	R
A	R	I	M	A	K	M	O	N	Z	B	D	H	C	C
T	N	A	O	I	M	A	W	M	O	E	C	M	R	M
O	M	H	R	N	E	T	E	A	M	A	I	Y	A	G
P	I	J	D	O	R	H	H	R	M	C	H	R	G	T
O	C	H	E	D	C	U	T	A	A	E	A	A	R	Y
S	H	C	C	E	U	S	T	H	L	N	R	M	R	M
E	A	A	A	C	R	A	A	K	A	M	B	A	B	I
M	E	H	I	A	I	L	M	T	O	R	F	Q	R	D
Q	L	S	T	M	U	A	H	S	L	M	Y	M	Z	I
N	Y	E	T	R	S	A	E	L	K	R	A	M	X	A
D	B	M	A	N	A	S	S	E	H	N	K	R	K	N
S	I	H	P	M	E	M	C	M	I	Z	P	A	H	Q

MACEDONIA	MATTHEW	MIDIAN
MACHIR	MEDIA	MIRIAM
MANASSEH	MELCHISEDEC	MIZPAH
MANOAH	MEMPHIS	MOAB
MARA	MERARI	MORDECAI
MARANATHA	MERCURIUS	MORIAH
MARK	MESHACH	MOSES
MARTHA	MESOPOTAMIA	MYRA
MARY	MICAH	
MATHUSALA	MICHAEL	

BIBLE PEOPLE WHO WEPT

V	M	U	A	S	E	R	R	P	E	A	T	M	Y	N
Q	E	H	N	C	H	U	A	L	E	J	R	F	S	J
J	L	P	O	W	T	E	I	C	A	T	N	Z	R	T
K	P	T	S	H	K	S	Z	C	H	A	E	W	E	T
D	O	L	M	H	H	Y	O	E	H	E	N	R	D	B
O	E	K	A	A	A	B	H	T	K	M	L	X	L	H
R	P	B	S	L	T	I	A	T	A	I	N	X	E	K
P	H	N	F	L	B	N	M	H	O	Y	A	R	S	V
A	S	D	O	F	O	E	A	E	B	M	A	H	U	I
H	I	A	E	J	X	R	N	N	R	G	I	L	S	S
J	W	V	F	X	B	B	O	J	A	E	J	T	E	A
K	E	I	I	A	K	N	H	H	A	O	J	J	H	I
P	J	D	W	J	O	S	E	P	H	M	M	F	P	A
K	B	A	B	Y	M	O	S	E	S	K	I	I	E	H
L	U	A	S	V	L	H	A	N	N	A	H	N	V	N

ABRAHAM   HANNAH   NAOMI
BABY MOSES   HEZEKIAH   ORPAH
BENJAMIN   ISAIAH   PETER
DAVID   JACOB   RACHEL
ELISHA   JEREMIAH   RUTH
EPHESUS ELDERS   JEWISH PEOPLE   WIFE OF SAMSON
ESAU   JOB   SAUL
EZRA   JONATHAN   TIMOTHY
HAGAR   JOSEPH

A NAME ABOVE EVERY NAME

PHILIPPIANS 2:9–11

```
N  K  F  C  J  Z  J  L  K  M  T  Z  T  M  B
E  B  R  R  M  F  V  T  O  J  L  P  G  R  R
Y  X  T  V  A  F  S  N  K  R  P  L  L  M  P
F  Y  A  T  R  I  V  K  N  L  D  C  O  T  R
J  R  H  L  R  E  G  K  S  N  H  T  R  A  E
J  E  E  H  T  I  D  U  L  E  E  Z  Y  G  M
R  V  C  V  V  E  S  N  A  F  R  B  V  J  T
W  E  M  E  O  E  D  V  U  K  O  L  O  G  H
H  L  N  H  J  B  E  V  D  V  F  T  N  W  I
M  R  T  V  Y  N  A  O  K  N  E  E  E  L  N
E  M  A  N  R  X  G  H  P  K  R  K  U  D  G
H  I  G  H  L  Y  W  I  H  D  E  N  G  Q  S
N  D  W  M  Q  M  G  M  N  F  H  K  N  H  X
Y  S  S  E  F  N  O  C  X  N  W  R  O  G  C
M  Y  P  D  V  S  H  O  U  L  D  X  T  J  D
```

Wherefore God also hath **highly exalted him**, and **given** him a **name** which is **above every** name: that at the name of **Jesus** every **knee** should **bow**, of **things** in **heaven**, and things in **earth**, and things **under** the earth; and that every **tongue should confess** that Jesus **Christ** is **Lord**, to the **glory** of God the **Father**.

PRAYER FOR SAFEKEEPING
PSALM 141:2-4

```
L  G  N  I  N  E  V  E  W  I  C  K  E  D  M
I  K  I  T  H  E  E  T  F  M  S  P  I  L  L
V  K  C  N  R  K  C  B  E  F  O  R  E  M  F
E  R  T  R  C  T  Q  I  H  P  P  U  T  R  D
P  Y  M  E  W  E  K  M  F  L  T  H  T  J  N
R  Q  Y  Y  D  V  N  S  N  I  W  R  N  H  J
A  N  T  A  H  T  E  S  N  F  R  O  A  L  G
C  G  I  R  R  I  Z  C  E  T  F  C  R  E  F
T  H  U  P  T  I  L  K  W  I  R  T  A  K  H
I  C  Q  N  C  I  E  T  M  N  Q  B  H  S  S
S  T  I  R  N  D  P  H  B  G  H  T  K  G  R
E  A  N  E  R  P  D  V  T  A  R  R  N  K  Y
D  W  I  O  T  O  D  B  N  O  Y  I  Z  E  R
K  P  L  Q  O  Y  T  D  F  D  H  T  M  E  G
L  R  N  R  C  L  S  X  Y  T  X  Q  R  P  J
```

Let my **prayer** be set **forth** before **thee** as **incense**; and the **lifting** up of my **hands** as the **evening sacrifice**. Set a **watch**, O **LORD**, **before** my **mouth**; **keep** the **door** of my **lips**. **Incline** not my **heart** to any **evil thing**, to **practise wicked works** with men **that** work **iniquity**: and let me not eat of **their dainties**.

IN THE WILDERNESS

```
S  N  O  I  T  A  T  I  B  A  H  N  B  S  B
F  Y  R  D  L  Q  F  Y  R  R  A  T  W  T  R
W  J  P  L  A  G  U  E  S  Q  E  O  A  E  W
O  B  A  P  T  I  Z  E  P  Q  R  A  D  R  G
V  W  S  N  V  M  N  U  T  D  V  N  D  R  W
E  T  U  S  N  N  W  O  H  X  A  K  E  I  B
R  E  S  X  L  A  C  Y  C  W  K  A  D  B  P
T  M  T  C  E  A  M  D  R  G  T  I  N  L  Q
H  P  A  R  D  Y  Y  E  A  R  E  L  D  E  R
R  T  I  I  O  A  F  F  M  A  W  W  E  E  K
O  A  N  E  B  W  W  U  Q  C  T  E  G  W  F
W  T  K  T  A  I  D  T  R  E  D  N  A  R  D
N  I  B  H  N  E  I  J  R  Y  A  N  E  R  L
K  O  J  D  L  P  Y  T  S  R  I  H  T  T  Y
R  N  K  F  L  E  E  I  N  G  V  O  I  C  E
```

ABODE
ANGER
BAPTIZE
BREAD
CRIETH
DIE
DRY
DWELT
FED YOU
FLED
FLEEING
FURY

GRACE
GREAT
HABITATIONS
MANNA
MARCH
OVERTHROWN
PIT
PLAGUES
SLAY
SUSTAIN
SWORD
TARRY

TEMPTATION
TENT
TERRIBLE
THIRSTY
VOICE
WANDER
WAY
WEARY
WIND
WRATH

A TIME FOR ALL SEASONS

ECCLESIASTES 3:1-8

```
V  K  D  N  E  R  L  V  C  Q  B  E  X  D  Z
E  C  A  R  B  M  E  Y  G  P  T  P  K  N  T
F  K  T  X  R  X  N  K  Y  A  X  L  W  K  C
B  U  I  L  D  B  N  K  H  N  R  U  Q  M  K
H  T  P  H  G  U  A  L  R  E  T  C  J  R  Y
Y  E  M  D  R  H  K  U  K  N  A  K  K  W  W
R  G  R  I  P  A  O  R  R  D  M  V  E  E  E
B  E  T  E  E  M  E  O  H  N  A  N  E  S  E
G  Y  H  P  Y  F  B  J  T  D  O  N  P  N  P
N  A  S  T  R  T  S  T  O  N  E  S  C  M  Z
E  W  L  A  A  L  R  W  Z  G  P  K  A  E  T
V  A  I  M  B  G  N  E  N  Q  I  L  W  E  Q
O  N  M  C  H  E  A  L  S  L  R  G  A  A  S
L  T  P  E  A  C  E  L  L  O  B  M  K  N  R
E  C  N  E  L  I  S  W  K  N  L  G  H  L  T
```

AWAY	HEAL	PLUCK
BORN	HEAVEN	REFRAIN
BUILD	KEEP	REND
DANCE	KILL	SEASON
DIE	LAUGH	SEW
DOWN	LOSE	SILENCE
EMBRACE	LOVE	SPEAK
GATHER	MOURN	STONES
GET	PEACE	WAR
HATE	PLANT	WEEP

Day 189

HONOR GOD
PROVERBS 3:5-9

E	G	D	E	L	W	O	N	K	C	A	L	W	R	B
R	Z	J	B	W	W	P	Y	J	U	Z	F	E	J	L
G	B	R	A	H	U	L	E	A	N	N	S	H	O	T
H	J	Y	M	O	N	B	G	L	F	I	T	R	Q	F
T	S	H	M	N	D	K	O	R	W	I	D	O	J	I
L	H	C	F	O	E	P	O	N	N	W	L	N	D	R
A	T	T	L	U	R	M	P	C	E	E	E	Y	E	S
E	A	S	W	R	S	T	R	D	V	S	Y	W	P	T
H	P	U	W	N	T	E	C	A	L	I	V	E	A	F
F	R	R	Q	T	A	N	N	E	N	L	K	L	R	R
M	E	T	R	S	N	I	J	R	R	N	A	H	T	U
W	H	A	E	K	D	H	R	J	B	I	D	H	F	I
Y	E	T	R	K	I	T	T	C	T	R	D	K	S	T
H	M	W	I	P	N	M	A	R	R	O	W	L	Q	S
T	Y	V	L	W	G	E	C	N	A	T	S	B	U	S

Trust in the Lord with all thine **heart**; and **lean** not **unto** thine own **understanding**. In all thy **ways acknowledge** him, and he shall **direct** thy **paths**. Be not **wise** in thine own **eyes**: **fear** the Lord, and **depart from** evil. It **shall** be **health** to thy **navel** and **marrow** to thy **bones**. **Honour** the Lord with thy **substance**, and **with** the **firstfruits** of all **thine increase**.

PRAYING BY THE CRYSTAL SEA
REVELATION 15:2-3

```
M  K  H  E  L  N  U  O  H  T  V  N  H  M  K
S  G  N  R  N  U  M  B  E  R  H  A  P  N  B
T  Z  J  E  Y  L  F  I  R  E  V  E  F  S  S
N  L  T  W  T  K  A  V  N  I  C  S  M  U  E
I  T  S  A  E  B  I  M  N  J  E  L  G  O  R
A  R  Z  D  X  C  M  G  B  S  U  C  O  L  V
S  G  R  S  T  D  S  G  O  B  K  S  T  L  A
K  O  F  O  K  A  Y  M  N  D  M  G  T  E  N
L  F  R  V  Y  R  Z  E  E  I  V  L  E  V  T
T  Y  W  I  R  E  O  L  H  Z  K  A  N  R  W
R  M  N  E  Q  F  G  W  M  T  R  S  M  A  G
U  G  V  T  B  N  N  A  N  P  A  S  Y  M  N
E  O  N  Z  I  C  N  A  M  K  M  S  H  V  I
R  M  N  M  K  N  A  L  M  I  G  H  T  Y  S
S  O  N  G  T  A  E  R  G  E  S  P  R  A  H
```

And I saw as it **were** a sea of glass **mingled** with **fire**: and **them** that had **gotten** the **victory** over the **beast**, and over his **image**, and over his **mark**, and **over** the **number** of his **name**, stand on the sea of **glass**, **having** the **harps** of God. And **they sing** the song of **Moses** the **servant** of God, and the **song** of the **Lamb**, **saying**, **Great** and **marvellous** are thy **works**, **Lord** God **Almighty**; **just** and **true** are thy **ways**, **thou King** of **saints**.

AGRICULTURE

```
V  S  O  W  I  N  G  D  N  U  O  R  G  K  M
G  P  D  Y  M  R  E  A  P  I  N  G  G  M  L
L  S  R  E  T  R  F  R  O  S  T  R  J  N  T
E  H  O  L  V  X  K  R  W  R  A  M  N  V  N
A  E  U  R  H  D  F  A  B  I  N  D  I  N  G
N  A  G  A  S  L  T  H  N  N  R  J  L  T  D
I  V  H  B  E  E  Y  Z  C  L  P  X  N  S  E
N  E  T  V  R  I  E  G  D  O  A  R  T  I  W
G  S  O  F  F  F  G  D  N  L  R  J  S  C  O
E  H  W  A  U  N  M  R  F  K  B  N  E  K  N
S  N  N  O  I  R  A  J  G  Y  C  N  V  L  N
R  T  I  W  R  B  R  K  Z  M  Q  C  R  E  I
M  B  O  M  T  R  W  O  L  L  A  F  A  T  W
F  L  Q  W  A  L  A  C  W  T  A  E  H  W  W
P  M  H  T  K  F  T  H  R  E  S  H  I  N  G
```

BARLEY	FROST	SHEAVES
BARN	FURROW	SHOVEL
BINDING	GLEANING	SICKLE
CORN	GRAIN	SOWING
DROUGHT	GROUND	THRESHING
FAN	HARROW	WATER
FALLOW	HARVEST	WHEAT
FAMINE	PLOWING	WINNOWED
FIELD	REAPING	
FLAX	SEED	

GROWING IN LOVE
2 THESSALONIANS 1:3-5

```
E  C  N  E  I  T  A  P  N  Z  J  Z  S  D  E
E  X  C  E  E  D  I  N  G  L  Y  C  U  R  R
F  S  E  H  C  R  U  H  C  M  H  S  O  A  U
G  T  N  E  M  G  D  U  J  A  U  N  E  W  D
X  F  A  L  W  A  Y  S  R  F  T  O  T  O  N
F  R  B  H  W  Q  M  I  F  K  L  I  H  T  E
B  M  Y  E  T  O  T  E  H  Z  N  T  G  S  T
R  F  K  X  C  Y  R  T  R  Y  N  A  I  E  S
E  M  G  D  B  A  E  T  R  C  G  L  R  V  E
T  L  O  G  E  D  U  E  H  R  R  U  G  L  F
H  F  G  D  N  T  V  S  O  Y  K  B  L  E  I
R  D  A  U  G  E  N  W  E  N  R  I  O  S  N
E  D  O  I  T  N  E  U  A  H  K  R  R  R  A
N  B  F  H  T  T  I  H  O  T  T  T  Y  U  M
A  L  W  M  H  H  T  K  W  C  N  E  K  O  T
```

ABOUNDETH	EXCEEDINGLY	RIGHTEOUS
ALWAYS	FAITH	SUFFER
BECAUSE	GLORY	THANK
BRETHREN	GROWETH	TOKEN
CHARITY	JUDGMENT	TOWARD
CHURCHES	KINGDOM	TRIBULATIONS
COUNTED	MANIFEST	WORTHY
ENDURE	OURSELVES	
EVERY	PATIENCE	

CURSINGS AND BLESSINGS

LEVITICUS 26

F	G	G	T	F	S	D	Y	T	C	E	P	S	E	R
Z	J	F	U	B	S	W	N	X	S	B	R	W	C	Z
K	G	R	R	E	U	N	O	A	T	P	O	I	R	K
S	Y	Q	A	U	I	R	E	R	L	N	R	L	A	M
N	E	S	P	A	I	R	N	C	D	Z	R	D	I	C
B	O	I	V	L	C	T	C	I	E	G	E	F	N	H
N	E	K	M	N	A	O	F	U	N	E	T	U	S	A
G	C	R	I	E	N	G	G	U	L	G	L	L	L	S
R	A	M	O	S	N	A	U	F	L	W	Z	L	A	T
O	E	R	U	T	R	E	S	E	Y	D	N	K	I	I
H	P	M	R	P	S	B	E	A	S	T	S	T	N	S
B	E	D	L	E	I	Y	Y	H	T	R	A	E	H	E
A	S	A	F	E	L	Y	E	T	A	L	O	S	E	D
Y	C	D	P	E	S	T	I	L	E	N	C	E	N	T
L	F	S	O	R	R	O	W	F	R	U	I	T	R	L

ABHOR
AGUE
BEASTS
BURNING
CHASTISE
CONSUME
DESOLATE
ENEMIES
EYES
FLEE
FRUIT

FRUITFUL
FULL
FURY
HEART
INCREASE
LAND
PEACE
PESTILENCE
PLAGUES
RAIN
RESPECT

SAFELY
SEASON
SLAIN
SORROW
STORE
SWORD
TERROR
VAIN
WILD
YIELD

PHARAOH'S PROPHETIC DREAM
GENESIS 41

S	N	A	I	C	I	G	A	M	W	I	S	E	L	Z
M	D	J	K	R	Y	T	N	E	L	P	R	R	S	N
Q	G	I	G	O	L	D	B	J	H	D	A	E	E	E
K	D	O	S	K	K	R	L	S	O	T	E	H	V	N
E	T	R	O	C	H	D	I	G	O	Q	Y	T	E	I
R	H	E	K	D	R	R	J	I	T	B	R	A	N	L
O	A	K	P	Z	E	E	R	C	O	R	N	G	F	D
T	N	A	R	P	P	A	E	E	N	B	H	A	X	T
S	G	B	L	U	H	M	R	T	V	D	M	N	B	M
D	E	F	D	C	L	S	B	S	W	I	O	J	H	N
M	D	Y	D	N	T	E	M	R	N	X	R	O	N	H
M	G	N	K	A	A	D	R	E	H	Y	V	B	F	Z
N	I	I	L	Y	X	L	H	P	H	A	R	A	O	H
W	N	K	M	L	Z	T	E	R	P	R	E	T	N	I
E	Q	S	R	A	E	N	I	H	T	Z	Q	P	N	G

BAKER	GOLD	PLENTY
CHARIOT	GOOD EARS	RIVER
CORN	HANGED	RULER
DISCREET	INTERPRET	SEVEN
DREAMS	KINE	STALK
FAMINE	LAND	STORE
FED	LINEN	THIN EARS
FOOD	MAGICIANS	WIND
GATHER	PERISH	WISE
GOD	PHARAOH	YEARS

GOD'S WORD SHALL PROSPER

ISAIAH 55:10-11

```
M  N  V  N  H  T  R  A  E  S  Z  H  B  M  Q
A  C  C  O  M  P  L  I  S  H  O  P  K  L  D
F  F  L  X  T  R  L  L  A  H  S  W  M  J  C
J  N  Y  R  N  E  H  K  D  B  E  W  E  K  F
Z  M  D  Y  J  T  C  U  T  A  A  D  K  R  J
N  S  E  E  D  U  B  H  T  T  I  S  N  O  W
R  P  M  T  T  R  I  E  E  O  K  X  L  L  L
Y  P  X  L  G  N  R  R  V  H  D  N  Y  Y  B
H  R  D  L  G  E  E  H  T  N  E  S  J  W  R
T  O  F  J  R  T  J  T  P  J  G  A  T  V  E
R  S  R  N  H  H  G  U  K  L  K  N  V  M  A
O  P  H  D  N  Z  M  O  N  T  E  Z  I  E  D
F  E  T  W  R  K  K  M  I  N  Q  A  L  R  N
T  R  O  D  Z  O  D  Q  A  D  M  Z  S  H  B
R  D  L  P  C  W  W  M  R  G  P  K  L  E  L
```

For as the **rain** cometh **down**, and the **snow** from **heaven**, and **returneth** not thither, but **watereth** the **earth**, and maketh it **bring forth** and **bud** that it may give **seed** to the **sower**, and **bread** to the **eater**: so **shall** my **word** be that goeth forth out of my **mouth**: it shall not return unto me **void**, but it shall **accomplish** that which I **please**, and it shall **prosper** in the **thing** whereto I **sent** it.

TEST ON MOUNT CARMEL
1 KINGS 18:27, 37

S	M	M	N	M	D	E	K	A	W	A	J	H	F	G
L	K	N	O	O	N	D	D	D	W	K	A	Z	N	R
E	L	Q	M	C	L	Q	E	M	U	S	G	I	K	R
E	L	L	M	K	H	L	M	N	T	O	K	L	E	I
P	J	U	M	E	C	X	A	Y	R	L	L	K	R	E
E	S	O	A	D	N	M	C	T	A	U	N	A	U	H
T	L	R	U	D	L	E	W	T	P	K	T	Z	T	T
H	T	B	S	R	G	O	L	T	L	G	V	K	N	R
G	M	S	P	I	N	T	H	I	D	B	C	P	E	E
Y	A	K	F	K	H	E	H	V	J	A	T	G	V	H
P	T	P	V	J	M	T	Y	A	B	A	L	T	D	T
Z	H	J	E	L	P	O	E	P	T	H	H	K	A	I
Q	O	T	T	C	B	T	N	D	D	I	A	S	R	E
W	U	R	W	A	G	A	I	N	L	O	R	D	E	R
B	Y	X	L	P	U	R	S	U	I	N	G	J	P	C

And it **came** to **pass** at **noon**, that **Elijah mocked them**, and **said**, Cry **aloud**: for he is a god; **either** he is **talking**, or he is **pursuing**, or he is in a **journey**, or **peradventure** he **sleepeth**, and **must** be **awaked**. . . . Hear me, O LORD, hear me, that **this people** may **know** that thou art the LORD God, and **that thou hast turned their heart back again**.

N'S IN THE BIBLE

Y	T	I	V	I	T	A	N	R	M	Z	N	R	Z	N
B	N	A	H	U	M	I	N	Y	R	E	O	P	R	O
V	K	R	Q	D	N	A	B	E	T	H	T	L	N	I
L	L	B	H	E	M	N	T	H	A	W	A	A	I	S
P	N	N	V	E	A	I	I	N	Q	Y	B	B	C	O
Q	H	E	L	T	R	N	N	Y	N	H	L	A	O	M
H	H	B	I	A	I	S	E	S	T	E	E	N	L	E
L	O	O	Z	M	K	L	C	E	M	H	S	G	A	L
N	N	A	D	N	V	I	E	L	N	P	G	T	I	E
S	N	P	O	H	N	R	S	T	H	A	Q	U	T	V
D	X	V	R	Z	A	T	S	T	G	A	M	K	A	A
T	K	K	M	N	P	S	I	E	X	T	O	E	N	N
R	B	Y	I	L	K	O	T	N	K	X	Q	N	E	V
T	N	N	M	I	N	Y	N	O	U	R	I	S	H
N	E	B	A	T	N	R	U	O	B	H	G	I	E	N

NABAL NAZARITE NINEVEH
NAHOR NEBAT NOAH
NAHUM NECESSITY NOBLEMAN
NAME NEIGHBOUR NOISOME
NAPKIN NEST NOSTRILS
NATIONS NETHINIM NOTABLE
NATIVITY NETTLES NOURISH
NAUGHTY NICOLAITANES
NAVEL NIMROD

THE BARREN FIG TREE CURSED

MATTHEW 21:17-22

```
K   M   G   D   W   P   R   E   S   E   N   T   L   Y   R
M   J   R   E   L   M   V   B   N   S   N   O   L   H   E
H   L   O   R   F   I   G   O   E   H   U   O   O   M   M
Q   T   W   E   G   F   T   R   T   T   P   S   D   S   O
Y   B   G   W   N   H   R   I   Z   X   H   D   E   T   V
S   U   L   S   I   R   A   U   D   X   E   A   S   J   E
E   O   M   N   Y   F   F   Z   I   L   P   B   N   E   D
V   D   G   A   A   K   V   R   L   T   M   V   W   Y   A
A   T   T   V   S   C   D   E   R   E   G   N   U   H   C
E   T   K   H   C   E   V   I   E   C   E   R   N   W   A
L   S   L   I   H   R   D   E   R   E   H   T   I   W   S
A   K   T   A   A   B   E   L   I   E   V   I   N   G   T
R   Y   V   M   K   D   E   N   R   U   T   E   R   D   P
R   E   C   S   E   L   P   I   C   S   I   D   J   Z   T
M   O   U   N   T   A   I   N   M   O   R   N   I   N   G
```

ANSWERED	FIG	NOTHING
ASK	FRUIT	PRESENTLY
BELIEVING	GROW	RECEIVE
BETHANY	HAVE	REMOVED
CAST	HUNGERED	RETURNED
CITY	JESUS	SAYING
DISCIPLES	LEAVES	SEA
DONE	MARVELLED	SOON
DOUBT	MORNING	WITHERED
FAITH	MOUNTAIN	

AN UPLIFTED LIFE
JAMES 4:7-10

R	E	S	I	S	T	D	E	D	N	I	M	L	R	D
C	H	R	E	T	H	G	U	A	L	F	K	G	H	E
C	U	E	Q	S	T	D	L	L	A	H	S	Z	E	T
Y	M	S	L	P	I	F	E	R	W	A	R	D	A	C
O	B	N	D	P	U	G	I	V	T	Q	E	T	V	I
U	L	A	F	Q	X	R	H	L	I	R	K	C	I	L
R	E	E	L	P	X	S	I	T	O	L	Y	K	N	F
S	R	L	E	T	D	D	W	F	D	T	M	M	E	F
E	H	C	E	N	E	X	E	O	Y	I	N	X	S	A
L	E	Q	A	N	W	R	U	L	N	M	P	L	S	X
V	A	H	R	I	E	B	K	L	F	B	Y	E	R	M
E	R	U	L	H	L	K	O	L	G	U	H	D	E	N
S	T	L	T	E	G	R	X	N	H	S	P	C	N	W
W	S	Z	Q	V	D	I	S	I	N	N	E	R	S	T
V	R	B	M	O	U	R	N	I	N	G	V	R	N	D

Submit yourselves **therefore** to God. **Resist** the **devil**, and he will **flee** from you. Draw nigh to God, and he **will draw nigh** to you. **Cleanse** your **hands**, ye **sinners**; and **purify** your **hearts**, ye **double minded**. Be **afflicted**, and mourn, and **weep**: let your **laughter** be **turned** to **mourning**, and your joy to **heaviness**. **Humble yourselves** in the **sight** of the **Lord**, and he **shall lift** you up.

MONEY MATTERS

S	T	U	F	F	D	P	A	E	R	N	Z	U	Y	N
N	M	S	A	V	M	N	G	H	O	Y	S	L	L	E
E	E	O	R	A	J	H	E	M	L	U	E	F	G	I
L	L	W	T	N	Z	M	M	L	R	K	C	D	N	G
O	T	E	H	I	N	A	U	Y	E	Y	N	E	I	H
T	T	T	I	T	M	F	H	H	R	T	A	I	R	B
S	I	H	N	Y	I	E	S	U	O	H	D	F	A	O
D	L	B	G	T	L	D	S	C	F	R	N	S	P	U
Z	C	T	N	P	P	A	O	O	N	U	U	I	S	R
T	C	U	Z	O	E	X	U	U	S	G	B	T	Q	N
H	O	Q	O	R	M	N	Y	U	B	M	A	A	K	T
B	C	R	T	T	D	U	R	R	T	L	R	S	B	H
N	L	I	J	I	M	E	C	D	E	F	E	N	C	E
M	F	T	R	O	R	B	H	H	S	I	L	V	E	R
N	K	L	M	N	F	E	I	H	T	M	O	N	E	Y

ABUNDANCE
BOUNTIFULLY
DEFENCE
DOUBLE
FARTHING
FOUND
HOUSE
LEND
LITTLE
MAMMON

MONEY
MUCH
NEIGHBOUR
POOR
PORTION
REAP
RICH
SATISFIED
SHEKEL
SILVER

SOWETH
SPARINGLY
STOLEN
STUFF
THIEF
TREASURY
USURER
USURY
VANITY

A MAN WHO PLEASED GOD

HEBREWS 11:5-6

T	J	F	T	R	A	N	S	L	A	T	I	O	N	T
T	L	D	E	S	A	E	L	P	D	N	H	L	R	E
V	K	H	X	G	D	L	S	L	J	T	D	A	T	L
K	J	R	H	T	G	P	U	I	I	R	N	B	T	B
Y	L	R	N	K	R	O	M	A	H	S	V	E	T	I
T	L	L	N	B	H	Z	F	K	L	T	T	C	R	S
Y	A	M	C	S	Z	D	E	A	T	H	N	A	J	S
N	C	H	Y	B	H	E	T	X	E	N	P	U	M	O
O	F	O	T	K	S	E	L	M	Z	Q	J	S	U	P
M	P	O	M	T	D	J	T	F	L	L	B	E	S	M
I	L	H	U	E	T	U	O	H	T	I	W	N	T	I
T	C	C	X	N	T	L	E	R	O	F	E	B	Z	L
S	G	O	P	Z	D	H	B	E	L	I	E	V	E	L
E	F	N	D	I	L	I	G	E	N	T	L	Y	K	Y
T	G	E	R	R	E	D	R	A	W	E	R	X	B	T

By faith **Enoch** was translated that he **should** not see **death**; and was not **found, because** God had **translated** him: for **before** his **translation** he had **this testimony**, that he **pleased** God. But **without faith** it is **impossible** to please him: for he that **cometh** to God **must believe** that he is, and that he is a **rewarder** of **them that diligently seek** him.

GOD SO LOVED

JOHN 3:13–17

```
R  P  V  T  L  A  N  R  E  T  E  N  N  G  C
B  E  L  I  E  V  E  T  H  T  E  W  Z  N  B
H  R  D  E  T  F  I  L  N  T  N  E  S  I  M
Q  I  D  L  U  O  H  S  T  E  R  A  E  T  M
T  S  L  N  K  C  C  O  Y  E  V  V  H  S  C
T  H  J  F  Z  H  G  N  V  E  A  E  G  A  O
O  A  N  G  D  E  A  E  D  G  D  F  U  L  N
N  N  H  M  B  E  O  V  S  H  E  Y  O  R  D
D  N  L  T  Z  S  V  E  E  E  D  G  R  E  E
Q  L  Y  Y  O  F  S  O  X  A  N  Q  H  V  M
T  Q  R  H  D  O  K  J  L  V  E  C  T  E  N
H  K  W  O  M  Z  Q  I  W  E  C  N  A  C  Z
G  Z  W  V  W  M  F  Q  Q  N  S  V  Q  M  W
I  N  R  N  W  E  H  A  T  H  A  J  H  G  E
M  L  M  U  S  T  Q  T  N  E  P  R  E  S  Z
```

ASCENDED	HATH	PERISH
BEGOTTEN	HAVE	SAVED
BELIEVETH	HEAVEN	SENT
CAME	LIFE	SERPENT
CONDEMN	LIFTED	SHOULD
DOWN	LOVED	THAT
ETERNAL	MIGHT	THROUGH
EVEN	MOSES	WHOSOEVER
EVERLASTING	MUST	WORLD
GAVE	ONLY	

OLD TESTAMENT BOOKS

L	E	H	N	H	A	N	O	J	S	M	L	A	S	P
E	M	X	T	J	G	K	J	S	R	E	B	M	U	N
U	J	I	O	U	E	M	U	A	I	S	A	I	A	H
M	O	K	C	D	R	R	Z	K	U	V	K	Y	P	H
A	B	K	P	A	U	T	E	Y	K	H	H	Q	W	G
S	W	H	M	B	H	S	Y	M	A	A	S	O	C	V
E	S	T	H	E	R	S	B	I	I	L	B	O	R	I
S	T	E	T	F	G	F	M	N	E	A	A	A	J	A
E	K	Z	B	N	L	E	A	I	D	E	H	E	H	G
G	N	E	I	T	H	H	N	I	S	M	Z	T	S	G
D	N	K	P	E	P	A	A	O	J	R	Q	R	O	A
U	A	I	N	E	D	H	H	O	A	K	Y	B	M	H
J	H	E	Z	S	B	R	E	V	O	R	P	P	A	M
K	U	L	B	N	M	L	N	S	I	S	E	N	E	G
W	M	D	R	W	X	N	B	M	A	L	A	C	H	I

AMOS	ISAIAH	NAHUM
DANIEL	JEREMIAH	NEHEMIAH
ESTHER	JOB	NUMBERS
EXODUS	JOEL	OBADIAH
EZEKIEL	JONAH	PROVERBS
EZRA	JOSHUA	PSALMS
GENESIS	JUDGES	RUTH
HABAKKUK	KINGS	SAMUEL
HAGGAI	MALACHI	ZEPHANIAH
HOSEA	MICAH	

NEW TESTAMENT BOOKS

R	W	M	R	M	E	D	M	L	H	V	K	S	M	N
N	N	A	F	T	A	P	K	S	F	M	N	K	N	Y
O	N	T	I	I	S	R	H	C	N	A	X	V	T	Y
I	M	T	R	T	T	M	K	E	I	A	M	J	H	Q
T	P	H	S	U	C	D	T	S	S	P	M	T	Q	Z
A	G	E	T	S	A	T	S	H	E	I	O	O	G	B
L	N	W	N	E	D	O	E	T	I	M	A	K	R	J
E	H	X	D	N	L	B	E	P	I	R	A	N	P	H
V	O	U	O	O	R	R	M	T	V	H	D	J	S	W
E	J	C	C	E	R	X	H	B	Q	B	L	U	K	E
R	E	R	W	C	O	R	I	N	T	H	I	A	N	S
S	Q	S	K	F	D	S	N	A	I	T	A	L	A	G
T	G	Y	X	S	N	A	I	P	P	I	L	I	H	P
C	R	L	Z	L	Q	N	O	M	E	L	I	H	P	C
T	H	E	S	S	A	L	O	N	I	A	N	S	R	L

ACTS
COLOSSIANS
CORINTHIANS
EPHESIANS
FIRST
GALATIANS
HEBREWS
JAMES

JOHN
JUDE
LUKE
MARK
MATTHEW
PETER
PHILEMON
PHILIPPIANS

REVELATION
ROMANS
SECOND
THESSALONIANS
THIRD
TIMOTHY
TITUS

WEAPONS

X	H	A	N	D	S	T	A	V	E	S	C	D	N	T
M	S	S	K	O	O	H	G	N	I	N	U	R	P	W
K	R	E	B	G	R	J	T	N	K	Y	N	Y	S	G
T	A	H	U	P	Y	N	O	N	G	K	M	W	P	P
H	E	C	C	X	M	E	I	D	L	F	O	F	L	B
O	P	R	K	F	G	F	H	B	F	R	Q	I	U	K
O	S	O	L	R	E	L	R	E	R	X	O	R	K	K
K	V	T	E	S	R	B	U	A	L	P	N	W	V	Y
S	D	B	R	T	W	Y	O	Z	S	M	Y	Y	L	E
D	A	B	S	T	B	O	M	W	T	G	E	K	G	M
H	S	E	N	O	T	S	R	A	X	R	N	T	T	A
T	Q	U	I	V	E	R	A	D	K	R	A	I	S	L
Z	Y	T	I	V	I	T	P	A	C	R	K	D	L	F
L	D	S	H	I	E	L	D	S	N	H	Q	G	H	S
D	Z	M	M	N	S	E	R	A	H	S	W	O	L	P

ARMOUR	FLAME	QUIVER
ARROWS	HABERGEON	SHIELDS
AX	HANDSTAVES	SLINGS
BOW	HELMETS	SPEARS
BUCKLERS	HOOKS	SPOIL
BURN	KNIFE	STONES
CAPTIVITY	PLOWSHARES	SWORD
DART	PRUNINGHOOKS	TORCHES

POWER OF PRAYER

JAMES 5:13–16

N	H	C	R	U	H	C	X	P	P	Y	K	V	Q	T
F	E	L	D	E	R	S	S	G	R	S	A	V	E	M
K	A	X	R	T	D	A	L	R	A	M	U	C	H	L
D	C	I	F	A	L	E	E	G	Y	N	K	M	A	S
B	E	I	T	M	N	M	T	L	E	K	A	U	X	U
K	A	L	S	H	R	O	L	T	R	Z	T	M	C	O
D	V	L	A	T	R	A	T	G	I	C	X	R	E	E
E	A	F	F	E	H	J	N	H	E	M	F	D	Z	T
T	I	S	A	S	H	O	C	F	E	E	M	R	G	H
C	L	S	U	T	M	A	F	Z	R	R	Z	O	Z	G
I	E	E	L	A	L	E	S	V	B	T	N	L	C	I
L	T	F	T	L	X	Z	E	I	N	G	N	I	S	R
F	H	N	V	T	A	N	O	I	N	T	I	N	G	K
F	B	O	R	G	T	X	R	K	E	S	I	A	R	D
A	L	C	N	R	T	N	E	V	I	G	R	O	F	B

AFFLICTED	ELDERS	PRAYER
AMONG	FAITH	PSALMS
ANOINTING	FAULT	RAISE
ANOTHER	FERVENT	RIGHTEOUS
AVAILETH	FORGIVEN	SAVE
CALL	HEALED	SHALL
CHURCH	LORD	SICK
COMMITTED	MERRY	SING
CONFESS	MUCH	SINS
EFFECTUAL	NAME	

Day 207

THE ARK OF THE COVENANT

R	K	D	N	P	T	A	E	S	Y	C	R	E	M	T
K	Q	Z	R	H	O	P	H	N	I	R	B	X	W	E
B	S	E	N	I	T	S	I	L	I	H	P	I	D	M
Q	T	E	S	T	I	M	O	N	Y	H	N	E	M	P
Y	N	S	D	O	R	E	M	E	I	G	R	H	S	L
R	S	K	A	P	Q	R	D	N	S	U	D	E	Q	E
O	N	G	M	C	H	G	E	O	T	L	V	H	L	O
L	O	L	N	L	R	A	C	P	O	A	P	I	W	X
G	M	E	J	I	S	I	A	G	T	W	G	Q	E	E
F	O	E	J	K	R	C	F	S	Q	M	V	M	K	N
R	L	L	V	Z	L	R	D	I	M	P	Y	R	R	R
W	O	A	M	N	K	Z	U	A	C	I	E	F	O	K
D	S	Z	W	J	R	R	Y	O	V	I	C	E	N	L
C	H	E	R	U	B	I	M	S	F	I	N	E	H	B
K	Q	B	N	O	V	E	R	L	A	I	D	G	H	S

BEZALEEL
CAPTURED
CHERUBIMS
DAVID
EKRON
ELI
EMERODS
FOUR RINGS
GLORY

GOLD
HOPHNI
MERCY SEAT
MICE
OVERLAID
OXEN
PHILISTINES
PHINEAS
SACRIFICING

SHEEP
SOLOMON
STAVES
TEMPLE
TESTIMONY
WINGS
WOOD

SONS OF THUNDER

MARK 1:19-20, 3:17

```
B  N  F  A  T  H  E  R  O  N  C  T  N  R  R
D  R  H  T  K  M  R  S  N  E  R  E  T  F  A
E  E  J  O  E  M  L  L  R  H  B  C  G  M  V
M  H  W  H  J  A  Y  R  K  W  E  R  E  Q  L
A  T  T  H  Y  A  W  T  H  G  I  A  R  T  S
N  O  T  S  I  M  F  Q  R  E  D  N  U  H  T
R  R  F  J  T  C  E  T  L  I  T  T  L  E  W
U  B  F  A  T  N  H  N  H  K  R  T  E  E  F
S  S  T  J  R  E  A  N  D  R  W  N  N  J  W
S  T  H  R  Y  T  W  V  I  I  O  T  A  D  D
O  H  E  I  N  N  H  E  R  G  N  M  F  T  E
N  I  N  N  P  L  H  E  K  E  E  G  B  E  L
S  R  C  E  T  T  X  V  R  S  S  X  G  X  L
Z  E  E  T  E  E  D  E  B  E  Z  T  T  J  A
F  D  Q  S  B  O  A  N  E  R  G  E  S  T  C
```

And **when** he had **gone** a **little farther thence**, he saw **James** the son of **Zebedee,** and **John** his **brother** who **also were** in the ship **mending** their **nets**. And **straightway** he **called** them: and **they left their father** Zebedee in the **ship** with the **hired servants,** and **went after** him. . . . And James the son of Zebedee, and John the brother of James; and he **surnamed them Boanerges, which** is, The **Sons** of **Thunder.**

Day 209

THE RIGHT SPIRIT

2 TIMOTHY 1:7-9

```
G  N  I  D  R  O  C  C  A  L  H  J  X  D  N
Y  N  A  G  E  B  Q  W  W  Y  O  M  E  H  R
P  N  Z  G  K  C  O  T  N  D  I  V  J  D  S
A  P  O  W  E  R  A  I  L  N  A  E  E  E  N
R  H  L  M  K  R  R  R  D  S  S  G  W  M  O
T  T  O  S  I  J  Y  I  G  U  O  T  Y  A  I
A  B  H  L  H  T  F  P  S  S  S  T  K  H  T
K  R  J  O  Y  T  S  S  P  I  O  B  T  S  C
E  M  V  D  U  P  A  E  R  M  U  E  C  A  I
R  H  R  T  L  R  L  H  T  R  N  F  A  N  L
W  O  R  L  D  G  C  L  T  T  D  O  L  E  F
L  T  E  R  O  F  E  R  E  H  T  R  L  V  F
C  A  L  L  E  D  W  F  J  N  A  E  I  I  A
T  P  R  I  S  O  N  E  R  E  W  X  N  G  H
Z  E  S  O  P  R  U  P  F  T  M  T  G  X  X
```

For God hath not given us the **spirit** of **fear**; but of **power**, and of **love**, and of a **sound mind**. Be not thou **therefore ashamed** of the **testimony** of our **Lord**, nor of me his **prisoner**: but be **thou partaker** of the **afflictions** of the **gospel according** to the power of God; who **hath saved** us, and **called** us with an **holy calling**, not according to our **works**, but according to his own **purpose** and **grace**, which was **given** us in **Christ Jesus before** the **world began**.

WALK IN TRUTH

3 JOHN 1:3-5

Q	Y	R	B	Y	N	E	V	E	Y	R	L	F	V	M
R	M	G	G	D	E	V	O	L	E	B	E	A	R	B
X	J	L	G	H	C	B	T	T	N	T	V	I	T	R
R	T	H	A	N	Z	A	A	G	Q	B	A	T	V	Y
T	W	H	E	N	E	E	M	B	Y	C	H	H	R	B
Y	S	M	F	R	R	T	T	E	H	J	D	F	E	R
M	X	E	G	G	R	B	E	H	J	F	E	U	V	E
Y	V	V	K	U	T	K	S	M	T	C	C	L	E	T
L	C	M	T	L	F	T	T	Q	H	H	I	L	O	H
Y	C	H	T	R	A	J	I	X	A	I	O	Y	S	R
R	M	G	U	T	T	W	F	F	T	L	J	K	T	E
H	K	H	S	O	T	N	I	Q	F	D	E	X	A	N
F	E	E	B	H	H	M	E	N	K	R	R	F	H	K
L	O	A	E	R	N	T	D	P	T	E	M	M	W	M
D	M	E	R	T	L	S	T	R	A	N	G	E	R	S

For I **rejoiced greatly, when** the brethren **came** and **testified** of the truth that is in **thee, even** as thou **walkest** in the truth. I **have** no **greater** joy **than** to **hear that** my **children** walk in **truth. Beloved,** thou doest **faithfully whatsoever thou doest** to the **brethren,** and to **strangers**.

O'S IN THE BIBLE

N	O	S	C	R	O	Y	X	C	N	Z	P	D	L	Y
L	K	B	U	Y	L	P	C	F	R	A	N	J	O	S
O	L	M	L	O	O	Z	H	L	G	E	N	B	O	S
P	T	R	M	A	I	L	Z	I	F	M	S	O	F	E
P	S	U	C	V	T	D	Y	F	R	E	X	B	F	R
O	U	O	D	J	D	I	O	M	R	R	R	S	S	P
S	R	D	R	E	V	O	O	V	P	K	N	C	P	P
I	O	O	N	X	M	N	A	N	K	A	G	U	R	O
T	H	E	V	E	T	T	N	Q	S	O	S	R	I	J
I	P	N	G	L	I	O	F	F	I	C	E	E	N	O
O	I	A	N	O	N	O	I	N	I	P	O	R	G	N
N	S	N	N	H	O	B	E	D	I	E	N	C	E	I
S	E	G	T	O	P	E	R	A	T	I	O	N	R	O
W	N	A	T	N	E	T	O	P	I	N	M	O	L	N
L	O	R	S	N	O	I	S	A	C	C	O	Z	L	S

OAK
OATH
OBEDIENCE
OBLATIONS
OBSCURE
OBSERVATION
OCCASIONS
ODIOUS

ODOUR
OFFEND
OFFICE
OFFSPRING
OLYMPAS
OMEGA
OMNIPOTENT
ONAN

ONESIPHORUS
ONIONS
OPENED
OPERATION
OPHIR
OPINION
OPPOSITIONS
OPPRESS

JOB'S TRIALS

```
N  A  K  E  D  R  T  D  E  G  D  E  H  T  H
U  N  D  D  E  I  F  I  T  C  N  A  S  L  A
P  K  R  D  N  I  W  P  E  R  F  E  C  T  N
R  E  O  D  A  U  G  H  T  E  R  S  G  T  D
I  C  L  T  E  N  S  Y  F  N  F  E  L  L  M
G  N  T  A  T  N  O  E  G  N  I  T  A  E  Z
H  A  R  S  J  D  N  N  S  N  R  L  K  X  U
T  T  D  N  T  Z  E  I  E  U  L  L  L  Z  G
H  S  R  A  N  O  S  A  S  G  O  D  I  N  R
F  B  I  E  A  F  Z  A  D  M  E  H  I  V  D
E  U  N  D  V  F  Z  Y  T  S  E  N  S  R  E
C  S  K  L  R  E  F  R  R  A  R  O  O  H  X
A  R  V  A  E  R  A  U  R  O  N  W  G  N  G
F  D  Z  H  S  E  C  T  M  S  S  D  L  O  J
B  K  K  C  F  D  S  S  N  A  E  B  A  S  D
```

CHALDEANS	GOD	SABEANS
CURSED	HAND	SANCTIFIED
DAUGHTERS	HEARTS	SATAN
DEAD	HEDGE	SERVANT
DRINK	HOUSES	SINNED
EARTH	LORD	SONS
EATING	MORNING	SUBSTANCE
EVIL	NAKED	SWORD
FACE	NONE	UPRIGHT
FEAR	OFFERED	UZ
FELL	PERFECT	WIND

Day 213

ASK, SEEK, KNOCK

LUKE 11:9-13

```
T  T  K  R  O  F  F  E  R  P  W  R  Z  P  S
J  Z  H  T  E  K  C  O  N  K  V  O  H  G  E
S  K  L  M  T  N  E  P  R  E  S  C  N  W  E
Y  C  S  P  I  R  I  T  X  L  U  I  I  K  K
Y  M  O  P  G  I  V  E  N  M  E  L  N  H  E
R  C  B  R  E  A  D  K  Y  B  L  V  H  E  T
H  M  H  C  P  M  R  E  H  T  A  F  T  A  H
E  T  E  I  M  I  D  N  E  N  M  M  E  V  D
N  N  E  H  L  S  O  V  G  L  R  O  K  E  K
O  Y  H  D  T  D  I  N  J  O  P  G  S  N  K
T  Y  D  F  N  L  R  N  T  E  O  W  A  L  E
S  T  I  H  W  I  E  E  N  R  H  D  R  Y  V
C  G  O  V  Y  H  F  E  N  O  S  R  U  N  E
F  L  N  D  T  L  D  B  J  M  I  L  O  P  R
Y  R  E  C  E  I  V  E  T  H  F  P  Y  M  Y
```

ASKETH	GIVEN	RECEIVETH
BEING	GOOD	SCORPION
BREAD	HEAVENLY	SEEKETH
CHILDREN	HOLY	SERPENT
EVERY	KNOCKETH	SPIRIT
EVIL	KNOW	STONE
FATHER	MORE	THEM
FINDETH	MUCH	THEN
FISH	OFFER	WILL
GIFTS	OPENED	YOUR

THE RICH YOUNG RULER

LUKE 18:18-23

```
T  L  T  M  R  M  R  C  S  N  K  E  P  T  Y
R  B  X  A  R  E  M  O  T  S  E  W  O  N  K
E  N  E  I  H  A  R  M  L  A  E  T  S  V  P
A  B  C  T  S  R  N  M  Y  N  E  V  A  E  H
S  H  A  T  O  C  L  A  L  H  T  U  O  Y  Q
U  F  E  W  O  L  B  N  C  A  L  L  E  S  T
R  R  F  M  E  I  Y  D  E  J  N  P  O  O  R
E  U  M  S  S  F  R  M  S  T  Z  R  R  J  T
L  I  O  U  R  E  E  E  L  G  H  L  E  C  I
T  G  S  N  X  R  T  N  A  G  O  B  H  T  R
C  E  K  M  O  H  L  T  F  O  N  D  T  R  E
J  O  V  I  E  H  U  S  X  O  P  K  O  U  H
C  N  M  A  L  J  D  N  M  D  V  Y  M  L  N
Z  V  R  E  S  L  A  F  O  L  L  O  W  E  I
L  D  X  E  T  U  B  I  R  T  S  I  D  R  M
```

ADULTERY	GOD	MASTER
BEAR	GOOD	MOTHER
CALLEST	HEARD	POOR
COME	HEAVEN	RICH
COMMANDMENTS	HONOUR	RULER
COMMIT	INHERIT	SAVE
DISTRIBUTE	JESUS	SELL
ETERNAL	KEPT	SORROWFUL
FALSE	KILL	STEAL
FATHER	KNOWEST	TREASURE
FOLLOW	LIFE	YOUTH

VANITY OF VANITIES
ECCLESIASTES 2–11

G	N	Z	R	U	O	B	H	G	I	E	N	E	R	H
T	T	I	R	I	P	S	M	R	N	G	R	G	I	Y
L	T	Z	E	F	M	O	N	Q	U	W	E	D	G	L
O	F	K	O	S	D	O	H	G	S	F	N	E	H	L
V	C	O	N	S	I	D	E	R	E	D	V	L	T	U
E	L	Q	I	T	V	W	U	C	H	P	I	W	E	F
T	T	W	A	A	P	O	N	W	T	W	E	O	O	Y
H	F	X	N	E	B	A	C	Q	R	D	D	N	U	O
L	E	I	O	A	D	N	F	N	E	R	R	K	S	J
V	T	P	L	N	M	E	M	Z	D	A	E	K	P	S
Y	L	F	U	I	B	T	N	D	N	W	J	T	Y	I
E	G	B	R	R	F	R	R	J	U	E	O	J	O	L
L	A	U	G	H	T	E	R	A	O	R	I	R	U	V
D	O	G	F	O	D	N	A	H	E	Y	C	Y	T	E
H	J	Y	R	I	C	H	E	S	G	H	E	N	H	R

ABUNDANCE	LABOUR	RIGHTEOUS
CONSIDERED	LAUGHTER	SILVER
ENJOY	LIFE	SPIRIT
ENVIED	LOVETH	UNDER THE SUN
FOOL	NEIGHBOUR	VANITY
HAND OF GOD	PEOPLE	VEXATION
HEART	REJOICE	WISDOM
JOYFULLY	REWARD	WISE
KNOWLEDGE	RICHES	YOUTH

DAVID PRAYS FOR REFUGE

PSALM 142:5-7

```
D  K  W  T  L  A  H  S  M  L  T  T  D  R  S
Y  N  V  R  G  O  W  P  U  R  U  E  E  T  P
R  N  A  Y  N  V  R  O  H  O  I  F  R  E  D
Z  R  M  L  B  A  S  D  B  R  U  O  R  N  C
L  L  F  L  M  D  H  A  C  G  N  S  E  C  Z
K  Z  F  U  Y  E  H  T  E  G  E  T  H  E  E
K  N  P  F  M  A  F  R  E  C  T  S  D  C  S
G  L  R  I  L  L  H  R  U  A  Y  A  E  O  U
N  G  A  T  N  O  I  T  R  O  P  I  L  M  O
I  N  I  N  L  L  O  T  H  L  V  D  I  P  E
V  I  S  U  J  R  L  Y  H  N  F  G  V  A  T
I  R  E  O  S  J  P  A  R  A  V  V  E  S  H
L  B  H  B  R  O  U  G  H  T  T  E  R  S  G
X  K  N  P  R  I  S  O  N  S  P  Z  R  L  I
H  W  T  H  O  U  K  M  E  M  A  N  P  Y  R
```

I **cried** unto **thee**, O LORD: I **said**, Thou art my **refuge** and my **portion** in the **land** of the **living**. **Attend** unto my cry; for I am **brought** **very** low: **deliver** me from my **persecutors**; for **they** are **stronger** **than** I. **Bring** my **soul** out of **prison**, **that** I may **praise** thy **name**: the **righteous** **shall** **compass** me **about**; for **thou** **shalt** **deal** **bountifully** with me.

THE KING IS COMING

ZECHARIAH 9:9-10

```
M  E  L  R  F  C  L  E  E  P  H  R  A  I  M
E  J  N  L  T  E  M  C  A  M  H  G  N  I  K
L  N  S  D  A  E  X  I  R  R  I  V  E  R  B
A  R  R  H  S  H  J  O  T  M  R  S  Y  R  A
S  H  H  L  O  T  S  J  H  C  P  Y  I  V  T
U  S  O  T  A  U  K  E  R  E  L  D  T  O  T
R  D  A  R  E  O  T  R  A  T  I  Z  I  S  L
E  A  D  L  S  M  F  K  A  N  N  R  U  N  E
J  U  O  N  V  E  O  E  G  B  A  J  E  L  L
T  G  M  E  K  A  R  C  E  H  M  V  L  J  O
L  H  I  H  Z  G  T  H  C  W  E  M  R  T  W
L  T  N  T  K  H  O  I  H  A  V  I  N  G  L
I  E  I  A  T  L  Z  I  O  N  P  K  K  B  Y
W  R  O  E  D  Y  B  N  G  N  D  Z  V  P  Y
W  Y  N  H  T  L  O  C  T  E  C  A  E  P  Z
```

Rejoice greatly, O daughter of **Zion**; **shout**, O **daughter** of Jerusalem: **behold**, thy **King cometh** unto **thee**: he is **just**, and **having salvation**; **lowly**, and **riding** upon an ass, and upon a **colt** the **foal** of an ass. And I **will** cut off the **chariot** from **Ephraim**, and the **horse** from **Jerusalem,** and the **battle** bow shall be cut off: and he shall **speak peace** unto the **heathen**: and his **dominion shall** be from sea even to sea, and from the **river even** to the **ends** of the **earth**.

JOHN THE BAPTIST

```
P  B  M  Y  M  Y  P  H  T  E  H  P  O  R  P
F  L  S  A  I  D  O  R  E  H  T  N  G  R  M
H  T  T  W  P  B  E  H  E  A  D  E  D  Y  X
J  R  S  E  C  N  A  T  N  E  P  E  R  B  D
E  E  S  H  P  B  S  G  Y  B  W  H  P  O  W
L  V  E  T  R  W  U  R  V  E  E  V  G  Q  W
I  I  N  E  E  I  S  H  D  R  N  F  G  P  M
S  R  R  Y  A  T  E  L  O  A  O  O  R  M  D
A  N  E  E  C  N  J  D  O  B  M  I  H  E  X
B  A  D  R  H  E  L  L  M  A  S  S  Z  Z  Y
E  D  L  A  I  S  B  A  R  O  T  I  E  G  X
T  R  I  P  N  S  L  F  N  M  T  H  X  L  H
H  O  W  E  G  C  J  T  N  P  R  M  J  J  L
M  J  K  R  S  A  I  R  A  H  C  A  Z  J  W
X  H  Q  P  R  Z  Q  B  L  O  C  U  S  T  S
```

BAPTIZED	JESUS	PRISON
BEHEADED	JORDAN RIVER	PROPHET
DAMSEL	LAMB OF GOD	REPENTANCE
ELISABETH	LOCUSTS	WILDERNESS
HEROD	OATH	WITNESS
HERODIAS	PREACHING	ZACHARIAS
HONEY	PREPARE YE THE WAY	

Day 219

HOW TO LIVE FOREVER

1 JOHN 2:14–15, 17

L	F	L	E	L	L	Y	L	P	Y	B	R	R	N	W
M	H	V	X	S	A	H	D	T	D	O	E	T	H	I
B	F	Q	M	W	U	R	T	M	P	S	H	B	W	C
H	E	Z	A	T	O	A	T	R	F	R	T	H	R	K
H	L	G	N	W	T	H	C	H	K	E	I	T	I	E
D	F	O	I	N	I	C	P	E	A	H	E	E	T	D
H	L	M	V	N	R	E	V	E	B	T	N	D	T	T
T	W	R	G	E	N	F	R	O	M	A	M	I	E	H
E	P	S	O	K	R	I	N	M	N	F	G	B	N	E
S	P	G	M	W	U	C	N	W	X	M	N	A	N	R
S	N	R	I	N	T	Z	O	G	E	V	O	L	P	E
A	G	L	T	Q	X	N	J	M	F	Z	R	K	W	O
P	L	O	M	R	K	N	H	F	E	L	T	W	W	F
J	N	L	U	S	T	T	M	T	W	B	S	H	K	P
R	G	N	U	O	Y	J	D	H	A	V	E	H	C	T

I have written unto you, **fathers**, because ye have **known** him that is **from** the **beginning**. I have **written unto** you, **young** men, **because** ye are **strong**, and the **word** of God abideth in you, and ye **have overcome** the **wicked** one. Love not the world, **neither** the **things** that are in the world. If any man love the world, the **love** of the Father is not in him. . . . And the **world passeth away**, and the **lust thereof**: but he **that doeth** the **will** of God **abideth** for **ever**.

ROUTE OF THE EXODUS

```
W N M O U N T S I N A I D P K
R I O K N A H A L I E L C T L
O S L B A B N M I D I H P E R
H F R N H D E I H J A H A Z N
T O P H B S E E Z B A M O T H
N S G A Z A E S R D R M M M H
U S M M R R O H H E A I L A M
O E A R F A T M D S R G R N E
M N R O N O N S S A O E O D R
Z R A H B P E A B S B N P H I
A E H O P A H A H A R Y B F B
R D M P E W E E T A L K H N A
E L L N L J N H T O R E Z A H
D I Z N I V M W K J K X R R J
Z W L T M H A N A T T A M Q R
```

ARNON	KADESH	PARAN
BAMOTH	MARAH	RED SEA
BEER	MASSAH	REPHIDIM
ELIM	MATTANAH	TABERAH
GOSHEN	MERIBAH	WILDERNESS OF
HAZEROTH	MOAB	SIN
HESHBON	MOUNT HOR	ZARED
HORMAH	MOUNT SINAI	ZIN
IJEABARIM	NAHALIEL	
JAHAZ	OBOTH	

AARON'S GOLDEN CALF

EXODUS 32

L	S	D	O	G	W	S	E	L	F	G	L	R	X	B
M	G	V	B	R	A	K	E	D	W	Q	A	S	G	M
G	N	I	C	N	A	D	Y	G	L	T	G	Q	I	N
P	I	W	S	T	L	K	A	A	L	O	C	N	D	N
M	R	R	G	B	T	V	N	A	L	O	G	M	E	B
F	E	A	N	B	E	I	M	I	R	P	O	C	C	Y
G	F	T	I	L	R	R	S	R	R	S	Z	O	I	D
G	F	H	R	A	V	E	U	R	E	D	D	N	F	X
N	O	F	R	N	G	P	A	S	A	Y	P	S	I	L
I	E	O	A	D	T	L	T	K	D	E	F	E	R	D
V	L	R	E	E	O	P	B	E	T	H	L	C	C	R
A	P	G	D	O	Y	F	E	A	S	T	K	R	A	O
R	O	I	T	G	D	S	I	H	A	N	D	A	S	L
G	E	V	E	C	A	E	P	R	Q	D	G	T	Y	F
P	P	E	D	E	T	N	E	P	E	R	Y	E	P	W

ALTAR	FORGIVE	PEACE
BRAKE	GAVE	PEOPLE
BREAK	GODS	PLAY
CONSECRATE	GOLD	REPENTED
CORRUPTED	GRAVING	SACRIFICED
DANCING	HAND	SEED
DRINK	ISRAEL	SELF
EARRINGS	LAND	SIN
EGYPT	LORD	TOOL
FEAST	MOSES	WRATH
FIRE	OFFERINGS	

CALL ON GOD
JOEL 2:32, 3:1

```
C  A  P  T  I  V  I  T  Y  R  X  S  W  T  S
E  C  N  A  R  E  V  I  L  E  D  H  V  D  Y
W  B  L  M  T  I  M  E  M  N  X  A  H  E  A
V  H  W  H  O  S  O  E  V  E  R  L  Z  L  D
T  T  E  W  C  H  T  T  L  P  N  L  F  I  H
N  H  G  N  R  A  T  H  A  D  U  J  L  V  Y
G  A  R  X  H  H  K  A  K  T  B  F  V  E  M
D  N  M  T  V  D  L  L  H  E  T  D  B  R  E
L  M  I  E  X  I  P  W  H  N  S  M  C  E  L
C  O  G  R  A  A  Q  O  A  K  O  O  C  D  A
A  N  R  G  B  S  L  N  G  U  E  C  H  M  S
L  K  A  D  T  D  M  R  N  S  M  L  K  T  U
L  I  P  X  Y  E  H  T  S  F  O  B  G  R  R
N  K  J  M  R  L  J  A  Q  W  C  H  Q  P  E
W  H  O  M  P  J  P  N  O  I  Z  Y  N  K  J
```

And it shall **come** to **pass**, that **whosoever** shall call on the **name** of the LORD shall be **delivered**: for in **mount Zion** and in Jerusalem shall be **deliverance**, as the LORD **hath said**, and in the **remnant whom** the LORD shall **call**. . . . For, **behold**, in **those days**, and in **that time**, **when** I **shall bring again** the **captivity** of **Judah** and **Jerusalem**.

Day 223

THE PROMISE
GENESIS 9:8–10, 13

Y	E	M	T	Q	R	L	J	C	N	B	K	L	C	F
L	D	A	Q	S	L	U	P	N	E	F	L	A	T	C
B	U	P	R	A	A	K	O	H	T	T	B	K	Y
C	O	C	H	T	W	E	O	Y	B	T	D	M	B	Z
X	L	S	R	R	H	L	B	K	L	F	E	S	N	P
M	C	W	X	E	D	Y	R	E	V	E	E	A	M	G
H	S	I	L	B	A	T	S	E	F	G	S	Y	Z	O
K	N	F	Q	C	L	T	T	T	O	F	L	I	T	N
T	T	O	K	E	N	M	U	X	W	F	V	N	N	E
W	V	P	T	V	X	K	E	R	L	J	U	G	K	E
Q	N	O	A	H	C	L	K	C	E	L	R	M	G	W
X	K	C	O	V	E	N	A	N	T	E	S	T	L	T
V	K	X	M	K	K	K	P	R	T	J	K	O	W	E
L	I	V	I	N	G	X	S	F	W	B	M	Z	N	B
K	D	R	X	D	C	F	A	N	D	R	J	L	T	S

And God **spake unto Noah**, and to his **sons** with him, **saying**, And I, **behold**, I **establish** my covenant with you, and with **your seed after** you; and with every **living creature** that is with you of the **fowl**, of the **cattle**, and of **every beast** of the earth. . . . I do set my bow in the **cloud**, and it **shall** be for a **token** of a **covenant between** me and the **earth**.

Day 224

NOAH'S GREAT-GRANDSONS

```
Z  H  N  N  F  D  L  S  A  B  T  A  H  D  T
U  T  V  K  T  U  O  N  L  L  T  T  R  O  X
N  E  D  G  H  H  Z  R  Z  P  A  S  M  D  X
H  H  L  M  R  Y  A  A  M  H  Y  A  V  A  M
L  C  D  L  N  H  N  L  P  I  S  L  L  N  I
S  V  A  H  E  E  M  I  I  H  N  A  M  I  S
C  A  H  S  K  H  R  Y  E  V  K  H  I  M  U
K  X  B  H  L  Q  A  L  D  K  A  G  M  L  R
G  N  S  T  S  U  I  B  H  N  V  H  A  K  H
X  A  O  E  E  S  H  A  I  B  F  N  N  P  T
L  C  B  D  H  C  M  I  L  M  R  H  A  C  A
U  A  N  A  I  A  H  A  M  R  A  G  O  T  P
D  Y  H  K  A  S  C  A  P  H  T  O  R  I  M
I  T  A  R  S  H  I  S  H  K  I  T  T  I  M
M  I  H  U  T  H  P  A  N  R  E  H  T  E  G
```

ANAMIM	HUL	RIPHATH
ASHKENAZ	KITTIM	SABTAH
CAPHTORIM	LEHABIM	SABTECHAH
CASLUHIM	LUDIM	SALAH
DODANIM	MASH	SEBA
ELISHAH	NAPHTUHIM	SIDON
GETHER	NIMROD	TARSHISH
HAVILAH	PATHRUSIM	TOGARMAH
HETH	RAAMAH	UZ

P'S IN THE BIBLE

M	Y	L	P	E	L	E	T	H	I	T	E	S	G	M
J	R	S	H	C	R	A	I	R	T	A	P	R	R	A
P	E	N	T	E	C	O	S	T	J	H	L	E	I	B
H	N	R	R	R	E	T	T	O	P	J	T	L	P	D
A	P	A	R	A	B	L	E	M	K	A	Y	R	Y	P
R	L	E	P	L	P	R	N	Q	L	H	A	S	A	P
I	O	C	A	A	A	Y	F	I	P	Y	T	R	U	Z
S	W	N	L	P	R	T	P	M	E	S	T	B	M	E
E	S	E	L	R	T	A	A	R	E	I	L	Z	S	C
E	H	L	I	O	I	P	D	I	T	I	G	L	L	A
S	A	I	C	P	C	N	R	I	C	J	J	X	R	L
X	R	T	S	H	U	P	O	A	S	M	C	Z	A	A
V	E	S	I	E	L	N	N	B	N	E	B	G	E	P
R	S	E	R	C	A	S	E	U	G	A	L	P	P	P
N	N	P	P	Y	R	Y	N	O	M	I	R	T	A	P

PALACE
PAMPHYLIA
PARABLE
PARADISE
PARTICULAR
PARTITION
PATRIARCHS
PATRIMONY

PEARLS
PELETHITES
PENTECOST
PESTILENCE
PHARISEES
PILATE
PLAGUES
PLOWSHARES

POTTER
PRAYER
PRIESTS
PRISCILLA
PROPHECY
PUBLICANS

HAGAR
GENESIS 16:8, 10–11

```
A F F L I C T I O N S K R B F
M U L T I T U D E N Z A N N P
W L Y L P I T L U M G R R E M
L H L E A M H S I A T X C A H
L Y E G N M M J H H R A K M I
A L W N M K R B O K F T E E L
C G M H C X N U K Q L M Q E D
K N U M B E R E D M A I D L T
R I G C L X D D S N Z X O F P
C D A A N T I H E F Y H C X R
H E N M P O A Z L E E R A E B
I E G E K L S O X B S T W M L
L C E S T R R H E A R D L F X
D X L T G D R E H T I H W I C
J E M M I S T R E S S B N T W
```

And he **said, Hagar,** Sarai's **maid, whence camest thou?** and **whither wilt** thou go? And she said, I **flee** from the **face** of my **mistress Sarai.** . . . And the **angel** of the LORD said unto her, I will **multiply** thy **seed exceedingly,** that it shall not be **numbered** for **multitude.** And the angel of the LORD said unto her, **Behold,** thou **art** with **child,** and **shalt bear** a **son,** and shalt **call** his **name Ishmael;** because the LORD hath **heard** thy **affliction.**

QUESTIONS AT NIGHT

JOHN 3:4-7

T	G	T	T	V	R	N	G	C	Y	R	S	E	T	T
V	K	I	H	P	X	L	C	P	L	Z	U	N	K	I
V	M	M	E	C	J	K	P	G	I	L	M	T	N	R
T	L	E	E	M	I	Z	G	V	R	K	E	E	Y	I
T	Y	D	U	C	W	H	K	J	E	M	D	R	K	P
N	S	S	E	O	A	I	W	L	V	L	O	N	R	S
H	T	E	M	R	N	N	T	R	E	R	C	K	V	K
F	T	B	C	G	E	P	N	V	Z	H	I	G	N	X
C	C	S	D	O	E	W	R	O	T	H	N	Z	D	L
F	M	O	A	C	N	A	S	I	T	P	J	Y	H	W
A	M	N	X	I	M	D	A	N	S	U	S	E	J	D
G	R	E	M	P	D	S	L	Y	A	T	T	H	A	T
A	H	K	T	W	H	E	N	N	B	W	A	T	E	R
I	X	K	L	K	K	N	H	H	S	E	L	F	G	L
N	N	R	O	B	C	R	T	Y	P	W	H	Y	N	X

Nicodemus saith unto him, How can a man be born **when** he is old? can he enter the **second time** into his mother's **womb**, and be born? **Jesus answered**, Verily, **verily**, I say unto thee, **Except** a man be born of **water** and of the Spirit, he **cannot enter** into the **kingdom** of God. That which is born of the flesh is **flesh**; and that **which** is born of the **Spirit** is spirit. **Marvel** not **that I said** unto **thee**, Ye **must** be **born again**.

WHOM WILL YOU SERVE?

JOSHUA 24:15

```
T  D  A  M  O  R  I  T  E  S  K  W  R  L  H
H  R  D  V  H  R  K  W  Q  R  H  N  L  Y  W
A  O  K  T  C  L  G  R  X  O  M  W  K  T  R
T  L  L  Z  I  K  V  T  M  N  E  F  M  U  L
U  N  T  O  H  L  Z  H  Z  R  E  K  O  J  A
H  T  W  C  W  P  H  I  E  J  S  Y  B  H  N
V  R  H  H  Q  R  D  S  K  V  K  M  L  N  D
L  L  I  W  O  W  E  B  S  Z  R  H  L  C  T
M  M  R  P  E  S  Z  H  C  E  R  E  H  T  O
K  M  M  L  H  Y  E  L  T  H  R  C  S  D  N
W  D  L  L  L  T  I  X  N  E  O  V  N  W  N
K  O  E  G  N  V  E  S  U  O  H  O  E  J  H
L  O  H  D  E  W  D  L  R  M  Q  W  S  D  M
N  L  T  X  I  O  F  A  T  H  E  R  S  E  X
M  F  B  V  G  S  N  Q  N  Z  D  W  H  T  R
```

And if it **seem evil unto** you to serve the LORD, **choose** you **this** day **whom** ye **will** serve; **whether** the gods **which your fathers served that were** on the **other side** of the **flood**, or the **gods** of the **Amorites**, in **whose land** ye **dwell**: but as for me and my **house**, we will **serve** the LORD.

Day 229

VIRTUOUS WOMAN

PROVERBS 31:10-31

```
C  H  T  E  K  R  O  W  S  R  D  O  O  G  N
O  B  S  L  M  F  L  T  V  P  N  J  N  D  W
N  E  I  C  O  Y  R  I  E  L  L  M  L  R  V
S  S  C  O  A  E  T  R  N  M  P  O  M  M  Y
I  M  D  I  N  R  C  R  H  E  H  M  E  R  M
D  K  O  G  O  E  L  T  A  E  N  A  R  M  H
E  E  T  D  I  J  E  E  S  E  C  K  C  B  R
R  H  X  V  S  Y  E  U  T  Q  H  E  H  D  U
E  T  E  C  U  I  O  R  M  S  X  T  A  E  O
T  T  N  B  E  H  W  D  Z  E  H  H  N  S  N
H  J  Y  N  C  L  O  T  H  I  N  G  D  S  O
R  S  P  I  N  D  L  E  Q  B  P  M  I  E  H
H  T  E  L  L  E  S  E  C  U  J  N  S  L  Z
C  K  I  N  D  N  E  S  S  R  D  G  E  B  D
H  T  E  T  N  A  L  P  C  T  N  P  V  C  L
```

BLESSED	HOUSEHOLD	SCARLET
BUYETH	KINDNESS	SELLETH
CLOTHING	LINEN	SILK
CONSIDERETH	MAKETH	SPINDLE
EXCELLEST	MERCHANDISE	STRENGTH
FOOD	PERCEIVETH	WISDOM
GOOD	PLANTETH	WORKETH
HEART	REJOICE	
HONOUR	RUBIES	

1 CORINTHIANS 13

```
S  U  F  F  E  R  E  T  H  L  O  N  G  D  P
H  T  E  L  I  A  F  R  E  V  E  N  R  T  M
M  T  E  D  T  S  E  T  A  E  R  G  H  Y  R
R  A  E  N  K  R  M  X  N  M  M  I  T  T  R
H  S  N  P  V  K  Y  N  G  Y  N  I  B  I  Y
E  E  M  K  O  I  Q  C  S  K  R  K  L  U  F
V  U  E  B  Z  H  E  T  E  A  H  R  N  Q  A
A  G  N  V  F  C  E  T  H  H  X  K  D  I  C
H  N  J  A  H  R  H  C  H  D  P  D  R  N  E
E  O  I  T  I  N  M  J  N  N  G  O  Y  I  T
B  T  U  E  O  Q  C  I  N  L  O  H  R  L  O
H  R  S  E  L  Q  K  C  Q  D  R  T  Z  P  F
T  L  V  N  E  N  D  U  R  E  T  H  Y  R  A
R  I  P  U  D  E  F  F  U  P  T  O  N  H  C
L  T  R  K  N  O  W  L  E  D  G  E  H  L  E
```

BEHAVE	HOPETH	NEVER FAILETH
CHARITY	INIQUITY	NOT PUFFED UP
ENDURETH	KIND	PROPHECY
ENVIETH NOT	KNOWLEDGE	SUFFERETH LONG
FACE TO FACE	MAN	THINKETH NO EVIL
FAITH	MEN	TONGUES
GREATEST	MYSTERIES	TRUTH

SONG OF DEBORAH

JUDGES 5:2-31

B	D	T	N	B	T	M	Z	B	R	N	P	Y	L	S
X	H	D	S	R	R	O	R	A	E	P	S	Z	P	K
Y	N	O	A	E	R	E	N	Y	M	N	N	E	E	N
W	S	E	R	E	T	R	A	D	M	X	A	K	E	S
S	H	S	M	S	X	A	I	C	A	K	A	D	S	N
R	I	Q	E	C	E	S	G	V	H	W	S	E	I	I
E	E	Y	N	V	H	H	H	K	A	E	I	B	A	A
H	L	I	A	N	I	S	O	A	F	C	S	O	R	T
C	D	R	K	V	M	L	M	O	M	P	E	R	P	N
R	B	E	N	J	A	M	I	N	F	G	R	A	Y	U
A	J	N	M	S	K	C	O	L	F	S	A	H	D	O
W	A	L	M	I	G	H	T	Y	L	R	Y	R	R	M
K	E	B	N	Y	Y	T	N	O	H	S	I	K	O	S
V	L	G	R	R	E	U	B	E	N	Q	C	N	L	U
C	S	L	R	R	H	E	B	E	R	C	P	H	Y	N

ARCHERS
AWAKE
BENJAMIN
BREACHES
DEBORAH
DISH
FLOCKS
GATES
HAMMER
HEART

HEBER
HORSEHOOFS
JAEL
KINGS
KISHON
LIVES
LORD
MEROZ
MIGHTY
MOUNTAINS

PRAISE
REUBEN
SHAMGAR
SHIELD
SINAI
SISERA
SPEAK
SPEAR
SUN

FAITHFUL CENTURION

MATTHEW 8:8-10

```
D  L  K  C  A  U  T  H  O  R  I  T  Y  M  Q
H  E  S  N  E  H  W  H  K  L  D  R  A  E  H
A  S  W  R  G  R  E  A  T  K  A  E  P  S  W
V  J  H  O  E  A  P  K  R  L  C  W  G  U  O
I  J  F  A  L  I  T  N  E  M  O  O  K  S  R
N  D  M  E  L  L  D  D  H  K  M  R  L  E  D
G  M  D  C  D  L  O  L  T  M  E  T  M  J  D
X  C  A  R  E  E  L  F  O  T  T  H  G  E  Q
X  M  O  R  T  N  M  E  N  S  H  Y  R  D  S
Y  L  H  H  V  H  T  I  A  F  W  E  L  N  E
L  R  R  A  X  E  Z  U  H  R  W  H  S  U  R
I  O  E  M  V  M  L  T  R  S  S  A  H  O  V
R  O  D  E  N  E  E  L  N  I  I  I  K  F  A
E  F  N  H  P  O  R  A  E  D  O  M  T  K  N
V  L  U  T  G  Y  J  P  Y  D  O  N  L  Y  T
```

ANOTHER	HAVE	SERVANT
ANSWERED	HAVING	SHALL
AUTHORITY	HEALED	SOLDIERS
CENTURION	HEARD	SPEAK
COMETH	ISRAEL	THEM
DOETH	JESUS	UNDER
FAITH	LORD	VERILY
FOLLOWED	MARVELLED	WHEN
FOUND	ONLY	WORD
GOETH	ROOF	WORTHY
GREAT	SAID	

THE EARLY CHURCH

K	B	E	R	E	A	D	J	X	A	P	S	H	I	C
D	M	V	N	K	P	K	O	Q	C	K	E	Y	N	D
F	A	I	T	H	C	C	H	K	I	G	U	B	T	K
Y	B	M	P	Q	O	E	N	X	N	J	G	N	E	H
M	C	A	A	R	D	O	P	I	O	R	N	M	R	C
H	U	E	I	S	W	L	N	H	L	F	O	E	P	O
L	E	N	H	L	C	R	M	S	A	D	T	L	R	I
V	T	A	E	P	E	U	R	S	S	A	A	E	T	
H	F	D	L	C	O	E	S	I	S	A	E	S	T	N
V	G	Q	S	I	H	R	W	V	E	M	R	U	A	A
E	N	I	K	T	N	S	P	D	H	A	A	R	T	V
V	D	R	A	N	M	G	A	R	T	R	S	E	I	R
L	A	P	O	L	L	O	S	L	Q	I	E	J	O	F
X	R	E	T	E	P	R	X	T	I	A	A	K	N	N
C	C	S	E	L	C	A	R	I	M	S	C	Y	F	P

SPIRITUAL GIFTS:
DISCERNING
FAITH
HEALING
INTERPRETATION
KNOWLEDGE
MIRACLES
PROPHECY
TONGUES
WISDOM

LEADERS:
APOLLOS
CEPHAS
JOHN
PAUL
PETER
SILAS

LOCATIONS:
ANTIOCH
ATHENS
BEREA
CAESAREA
CORINTH
DAMASCUS
JERUSALEM
SAMARIA
THESSALONICA

HANNAH'S PRAYER FOR A CHILD

1 SAMUEL 1:11

```
B  G  D  L  R  T  T  L  N  N  X  J  T  C  H
E  D  V  C  Q  E  V  H  D  O  K  B  H  B  K
K  M  I  R  H  Q  B  I  O  P  N  K  E  P  V
T  T  O  A  V  I  A  M  D  U  T  R  N  O  Y
H  E  K  C  M  S  L  D  E  D  A  Y  S  T  T
E  G  D  M  P  D  M  D  W  M  L  L  X  N  W
R  R  R  C  L  T  N  G  O  Z  E  D  M  U  T
E  O  Q  H  L  I  P  A  V  Z  T  R  N  W  Q
D  F  C  I  L  N  F  W  H  M  B  S  I  B  M
K  W  W  J  X  D  T  E  R  L  H  L  D  W  D
R  O  Z  A  R  E  R  V  O  A  L  R  L  A  R
F  E  V  I  G  E  K  O  L  Y  O  Z  E  K  M
N  M  Q  R  T  D  K  L  T  L  T  H  I  N  E
N  O  I  T  C  I  L  F  F  A  V  Y  P  N  J
L  K  L  Y  V  H  O  S  T  S  W  J  K  Q  M
```

And she **vowed** a vow, and **said**, O L ord of **hosts**, if **thou** wilt **indeed look** on the **affliction** of thine handmaid, and **remember** me, and not **forget** thine handmaid, but **wilt** give unto **thine handmaid** a man **child**, **then** I **will give** him **unto** the L ord all the **days** of his **life**, and **there shall** no **razor come upon** his **head**.

HANNAH'S PRAYER OF THANKS

1 SAMUEL 2:1-3

```
H  Q  F  M  S  A  L  V  A  T  I  O  N  J  N
O  K  D  E  G  R  A  L  N  E  Y  V  O  T  G
R  E  B  R  C  D  H  A  C  T  I  O  N  S  H
N  X  N  K  E  T  R  O  E  E  H  T  E  E  E
Y  C  E  C  J  B  O  L  K  M  Y  S  X  G
K  E  I  E  O  O  O  N  L  Y  Z  U  A  N  D
P  E  T  K  S  M  R  I  K  Y  A  L  B  M  E
R  D  H  I  E  D  E  L  C  C  T  E  O  H  L
O  I  E  L  I  M  H  N  E  E  S  U  V  A  W
U  N  R  G  M  D  T  B  D  I  T  H  L  N  O
D  G  T  K  E  R  Z  M  D  H  M  H  N  N  N
L  Y  L  Y  N  M  D  E  H  G  I  E  W  A  K
Y  A  A  X  E  Z  R  C  N  L  H  K  T  H  Y
T  R  N  N  H  E  A  R  T  I  M  O  R  E  W
P  Y  C  N  A  G  O  R  R  A  M  L  R  T  R
```

And **Hannah prayed**, and said, My **heart rejoiceth** in the LORD, mine **horn** is **exalted** in the LORD: my mouth is **enlarged** over **mine enemies; because** I rejoice in thy **salvation**. There is none **holy** as the LORD: for there is **none beside thee: neither** is there any **rock like** our God. **Talk** no **more** so **exceeding proudly;** let not **arrogancy come** out of your **mouth**: for the LORD is a God of **knowledge,** and by him **actions** are **weighed**.

MEASUREMENTS, WEIGHTS, MONEY

```
M  E  A  S  U  R  E  F  T  H  V  H  L  R  T
B  G  E  C  A  P  Z  G  A  T  A  R  K  E  N
T  C  R  L  R  P  L  K  O  E  T  H  L  C  E
R  C  I  R  A  D  E  E  S  L  A  I  U  J  L
R  E  M  O  H  B  S  M  K  H  M  B  T  H  A
B  U  S  H  E  L  N  P  P  E  I  K  N  J  T
A  W  H  T  N  R  W  E  A  T  H  G  K  P  F
M  S  Z  F  A  R  T  H  I  N  G  S  M  U  F
H  D  U  H  M  F  K  D  C  K  R  N  R  M  I
C  E  H  I  D  I  A  N  O  M  C  L  T  I  R
A  E  X  N  R  N  N  T  R  V  O  A  O  T  K
R  R  M  H  H  A  U  A  H  N  J  M  B  E  I
D  M  V  D  T  T  N  O  G  O  E  D  K  T  N
M  C  G  B  A  G  N  E  P  R  M  C  X  R  F
M  M  X  N  B  Q  U  A  D  R  A  N  S  L  J
```

BATH
BEKAH
BUSHEL
CAB
COR
CUBIT
DARIC
DENARIUS
DRACHMA
EPHAH

FARTHING
FATHOM
FIRKIN
FURLONG
HOMER
LOG
MANEH
MEASURE
MILE
MINA

MITE
OMER
PACE
POUND
QUADRANS
REED
SEAH
SHEKEL
SPAN
TALENT

Day 237

FARMING TOOLS

H	G	U	O	L	P	T	M	N	W	A	G	O	N	Z
S	S	R	H	P	N	H	R	M	A	T	T	O	C	K
I	L	K	K	A	B	V	D	W	H	F	T	M	R	X
C	E	X	C	H	V	V	O	A	N	M	G	I	N	C
K	V	Q	P	A	K	R	O	F	O	C	P	L	A	O
L	O	J	R	P	R	F	G	M	T	G	L	L	F	U
E	H	M	T	A	I	T	I	I	M	Z	O	L	G	L
M	S	M	H	L	E	L	B	N	T	K	W	L	N	T
Z	F	T	E	L	L	H	G	L	K	V	S	P	I	E
K	M	C	J	S	V	M	S	K	K	D	H	K	W	R
G	X	T	T	R	Y	E	A	C	G	L	A	L	O	Z
N	J	O	W	P	V	O	K	U	T	E	R	C	N	T
L	N	W	L	E	P	W	K	R	L	X	E	Y	N	W
E	X	M	I	J	H	H	K	E	B	A	S	H	I	M
R	G	S	R	H	B	R	I	D	L	E	Q	N	W	Q

AXE
BIT
BRIDLE
CART
COULTER
FILE
FORK
GOAD

HAP
HARROW
MATTOCK
MAUL
MILL
MILLSTONE
PLOUGH
PLOWSHARES

SHEAR
SHOVELS
SICKLE
SIEVE
WAGON
WINNOWING FAN
YOKE

I WILL COME AGAIN
JOHN 14:1-4

```
K R T L O Y L B D W T K B P R
V L N T N H Q C E J O X Z L E
K B N M G O K R R L H N M A V
Z U T R O U B L E D I A K C I
T O L D T S M V R F N E T E E
N C T R T E H F J Y N H V H C
F N A T D J W H E K E I F E E
L E C F L E M O C R E R A N R
H P V H U J Q E V E X T G W
Q T R T O O S L A M T W R I A
F R W E W Q K H F R Z R L Y V
T U H T P B B Q T L F L R N L
N O E T H A S N O I S N A M R
N Y R N C A R M Y S E L F M N
L L E J M N T E W H I T H E R
```

Let not **your heart** be **troubled**: ye believe in God, **believe** also in me. In my Father's **house** are **many mansions**: if it **were** not so, I **would have told** you. I go to prepare a place for you. And if I go and **prepare** a **place** for you, I **will come again**, and **receive** you **unto myself**; **that where** I am, **there** ye may be **also**. And **whither** I go ye **know**, and the way ye know.

Day 239

Q'S IN THE BIBLE

Q	H	Q	U	E	S	T	I	O	N	S	T	W	Y	T
U	U	G	Z	D	M	E	S	U	T	R	A	U	Q	T
I	D	I	C	J	K	N	G	D	Q	M	P	H	R	J
C	L	L	V	A	G	Z	K	U	S	D	B	Y	H	Y
K	Q	J	U	E	M	T	I	L	L	Z	Q	C	Z	C
E	N	Q	R	Y	R	C	E	S	I	U	N	G	T	Q
N	X	O	T	F	K	E	S	I	A	E	Y	P	I	U
E	Q	T	I	L	L	E	D	R	U	N	M	W	U	A
T	J	U	Y	N	N	R	T	Q	Q	Q	Q	K	Q	R
H	N	N	A	T	R	E	Y	L	Q	U	U	T	N	R
P	E	X	E	R	R	E	Q	U	A	K	I	N	G	I
X	E	I	T	S	R	M	T	L	V	X	E	C	J	E
Y	U	Z	Y	Q	L	E	L	A	M	R	T	K	K	S
Q	Q	U	I	V	E	R	L	M	U	V	L	T	D	B
S	D	N	A	S	K	C	I	U	Q	Q	Y	B	G	N

QUAILS
QUAKE
QUAKING
QUARREL
QUARRIES
QUARTERS
QUARTUS

QUATERNION
QUEEN
QUENCH
QUESTIONS
QUICK
QUICKENETH
QUICKLY

QUICKSANDS
QUIET
QUIETLY
QUIETNESS
QUIT
QUIVER
QUIVERED

CROWNS

```
J  N  E  V  I  G  Y  L  R  N  N  R  G  N  L
T  K  E  G  R  E  A  T  L  E  L  E  O  X  S
X  H  S  G  N  I  K  U  M  M  I  J  L  C  S
P  R  I  D  E  R  F  D  F  O  O  O  D  V  E
D  R  W  H  T  I  L  N  Q  W  G  I  E  Q  N
T  H  O  Y  T  O  E  C  F  S  N  C  N  F  S
Z  L  E  U  R  D  W  L  L  U  I  I  P  A  U
Y  E  A  A  L  O  O  Z  Y  O  T  N  L  L  O
V  E  N  O  D  U  L  V  N  U  N  G  A  L  E
B  E  G  D  R  J  K  G  A  T  I  R  T  E  T
R  K  F  I  U  C  J  P  M  R  O  O  E  N  H
L  J  S  I  T  R  W  F  R  I  N  Y  T  R  G
Z  H  F  D  L  J  E  W  H  V  A  A  V  L  I
C  O  R  R  U  P  T  I  B  L  E  L  Q  Y  R
```

<u>ANOINTING OIL</u>	GOLDEN	<u>OLD MEN</u>
BEAUTIFUL	<u>GOLDEN PLATE</u>	PRIDE
CORRUPTIBLE	GREAT	REJOICING
ENDURE	HEAD	RIGHTEOUSNESS
FALLEN	HOLY	ROYAL
FLOURISH	KINGS	<u>VIRTUOUS</u>
GIVEN	LIFE	<u>WOMEN</u>
GLORY	MANY	WISE

INTERRUPTED PRAYER

ACTS 11:5-7

S	G	N	I	H	T	D	S	P	R	A	Y	I	N	G
E	H	C	G	C	J	M	N	L	A	R	I	S	E	C
Y	Y	O	W	I	L	D	B	E	W	G	L	Y	C	O
E	D	N	W	T	H	G	G	E	C	O	P	T	L	R
L	E	S	S	E	V	Q	C	T	A	S	F	I	Z	N
V	T	I	X	Z	K	I	E	P	K	S	E	C	Q	E
I	O	D	T	M	O	E	P	M	F	E	T	D	T	R
S	O	E	A	V	H	O	T	A	H	G	N	S	J	S
I	F	R	E	S	J	L	S	R	N	E	C	I	N	Z
O	R	E	R	T	P	T	G	I	A	E	A	N	M	H
N	U	D	G	G	E	N	P	P	R	N	J	V	T	M
H	O	J	C	N	I	E	E	T	L	W	C	R	E	C
N	F	A	E	Y	E	T	A	L	E	T	A	E	C	N
L	M	D	A	R	E	I	T	L	H	E	A	R	D	Q
E	Z	S	C	R	N	E	V	E	Y	S	L	A	Y	K

I was in the **city** of **Joppa praying**: and in a **trance** I saw a **vision**: A **certain vessel descend**, as it had been a **great sheet**, **let** down from **heaven** by four **corners**; and it **came even** to me: upon the which when I had **fastened mine eyes**, I **considered**, and saw **fourfooted** beasts of the **earth**, and **wild beasts**, and **creeping things**, and **fowls** of the air. And I **heard** a **voice saying** unto me, **Arise**, **Peter**; **slay** and eat.

PERFECT THROUGH SUFFERINGS

HEBREWS 2:9-10

```
D  C  A  H  S  H  C  T  H  R  O  U  G  H  S
O  W  N  N  I  O  J  P  E  R  F  E  C  T  G
G  N  C  M  G  Y  N  E  P  F  Y  V  J  N  N
K  M  G  K  R  E  T  S  H  K  W  L  I  T  I
D  E  A  T  H  S  L  O  W  E  R  G  G  G  H
S  S  L  Y  A  H  C  S  D  M  N  T  L  S  T
U  A  G  T  C  C  N  G  M  I  X  O  H  U  J
F  L  V  G  R  C  Y  L  R  A  R  N  E  S  Y
F  V  B  V  O  C  A  B  L  Y  N  D  M  E  R
E  A  E  L  W  E  R  P  T  A  A  K  F  J  L
R  T  C  M  N  C  C  Q  T  M  F  Z  Y  K  U
I  I  A  C  E  T  T  A  K  A  M  O  H  W  N
N  O  M  L  D  B  N  G  R  J  I  G  P  F  T
G  N  E  M  A  N  Y  V  R  G  B  N  B  L  O
S  J  M  H  W  P  R  U  O  N  O  H  C  Z  Z
```

But we see **Jesus**, who was **made** a little **lower** than the **angels** for the suffering of death, **crowned** with **glory** and **honour**; that he by the **grace** of **God** should **taste death** for every **man**. For it **became him**, for **whom** are **all things**, and by whom are all things, in **bringing many sons unto** glory, to make the **captain** of their **salvation perfect through sufferings**.

ELISHA

Z	B	Y	S	S	E	N	K	C	I	S	H	I	Q	T
D	R	S	R	S	A	M	A	R	I	A	S	J	H	P
T	E	O	E	N	D	O	H	C	I	R	E	J	E	E
E	A	R	T	B	B	E	Z	S	A	H	H	Z	A	W
H	D	P	A	T	L	Y	Z	E	Y	K	C	N	L	Y
P	V	E	W	T	B	I	L	E	M	R	A	C	E	D
O	Z	L	N	U	N	X	N	N	E	P	I	L	D	C
R	K	A	R	N	F	A	O	D	E	N	R	A	N	E
P	M	I	R	R	A	S	A	A	N	A	S	N	O	L
B	E	T	H	E	L	D	C	M	B	E	H	C	I	B
D	F	A	M	I	N	E	R	B	A	A	S	F	L	U
T	K	R	R	G	L	R	L	O	J	N	Y	S	L	O
C	M	O	A	B	O	Z	O	I	J	D	F	A	R	D
W	O	D	I	W	R	D	L	C	L	M	Z	D	R	T
S	P	I	R	I	T	E	R	G	N	I	W	O	L	P

AX	HEALED	PROPHET
BARLEY	ISRAEL	SAMARIA
BETHEL	JERICHO	SICKNESS
BLINDNESS	JORDAN	SNEEZED
BREAD	LEPROSY	SON
BURIED	MANTLE	SPIRIT
CARMEL	MOAB	SYRIA
CORN	NAAMAN	WATER
DOUBLE	OIL	WEPT
ELIJAH	PEACE	WIDOW
FAMINE	PLOWING	
GOD	PRAY	

PRAYER FOR MERCY

PSALM 86:1-5

H	D	A	I	L	Y	L	U	O	S	T	H	G	B	W
N	N	N	V	Q	F	R	U	E	V	I	G	R	O	F
R	N	E	N	K	Z	R	G	O	E	R	C	S	G	M
E	D	E	C	K	Y	B	P	N	H	V	J	E	B	F
E	R	D	P	T	X	B	I	S	B	T	N	R	K	Z
H	O	Y	L	O	H	H	U	P	N	H	W	V	T	H
T	L	Y	Y	Q	T	O	R	L	R	L	O	A	Q	T
R	E	A	D	Y	E	E	U	E	I	T	D	N	T	E
M	N	X	D	T	S	F	T	F	J	C	D	T	H	T
R	L	O	N	E	I	B	T	G	R	O	V	T	E	S
K	O	E	R	C	V	K	M	M	E	D	I	V	M	U
G	L	V	R	T	G	P	L	L	E	V	M	C	B	R
P	E	E	H	N	X	P	O	L	Y	R	A	J	E	T
F	M	A	F	N	Y	J	P	O	A	L	C	S	D	W
V	T	H	E	A	R	X	D	F	R	C	D	Y	T	Q

Bow **down thine** ear, O LORD, **hear** me: for I am **poor** and **needy**. **Preserve** my soul; for I am **holy**: O thou my God, **save** thy servant that **trusteth** in thee. Be **merciful** unto me, O Lord: for I cry unto thee **daily**. **Rejoice** the soul of thy **servant**: for unto thee, O Lord, do I **lift** up my **soul**. For **thou, Lord**, art **good**, and **ready** to **forgive**; and **plenteous** in **mercy** unto all **them that call** upon **thee**.

Day 245

ABOUT BROTHERS

H	S	L	A	Y	O	E	H	M	N	E	V	I	G	E
C	E	F	V	F	M	Y	L	O	P	Z	D	E	F	L
A	B	U	F	A	E	O	I	D	B	V	N	G	A	I
E	P	E	S	G	N	N	T	E	E	B	A	D	I	C
T	N	G	D	R	A	G	L	E	H	S	H	E	T	N
D	T	U	N	P	U	O	R	S	M	N	T	L	H	O
S	J	R	M	I	V	P	I	Y	E	E	Z	P	F	C
B	P	O	U	E	R	N	D	V	G	I	R	M	U	E
A	C	E	D	S	O	B	R	A	H	G	E	O	L	R
R	E	M	A	M	T	E	I	L	N	H	S	U	C	K
E	R	V	D	K	S	N	M	X	G	B	O	R	Y	T
L	T	A	E	K	E	E	P	E	R	O	L	N	A	K
D	E	A	D	I	Q	R	O	O	P	U	C	L	K	X
R	A	D	V	E	R	S	I	T	Y	R	K	T	L	Y
V	S	P	O	I	L	G	K	M	Y	A	R	T	E	B

ADMONISH
ADVERSITY
ANGRY
BARE
BELOVED
BETRAY
BRING
CLOSER
COMPANION
DEAD
ELDEST

FAITHFUL
GAIN
GIVEN
GRIEVE
HAND
JUDGE
KEEPER
MOTE
MOURN
NEIGHBOUR
OFFEND

PLEDGE
POOR
PURSUE
RECONCILE
SERVE
SLAY
SPEAK
SPOIL
TALK
TEACH
TRUST

Day 246

WHEN YE FAST

```
N Q A N O I N T R T W Q B D H
S H S A W F G E N T S I V Z E
A X Y A N Q H R C Q A A P M A
N L A G S T S I E C C R E H R
C E S D S H L O E A O N T L D
T L S E L F E D L C T O L H C
I B E N F Z R S L E L E I R B
F A M A I O M A T C M G S B S
Y T B S M N I N K H H N O T N
P P L Y D M E C E D R W H E E
E E Y A E J A V N S D E K C D
O C N D K S W J E O O C E I I
P C M N I G H T W H R H M O A
L A F A S T G N I K J Y C V M
E K O Y Y R E V E K A E R B Y
```

ACCEPTABLE
AFFLICT
ANOINT
ASHES
ASSEMBLY
BOW DOWN
BREAK EVERY YOKE
CHOSEN
DAYS
ESTHER

FAST
GREATEST
HEARD
HIGH
KING
LEAST
MAIDENS
MORDECAI
NIGHT
NINEVEH

PEOPLE
PROCLAIMED
SACKCLOTH
SANCTIFY
SOLEMN
THREE
VOICE
WASH

WHEN YE FEAST

M	B	N	L	Y	N	S	M	N	D	R	A	G	E	R
T	N	G	T	W	O	M	H	M	N	T	B	X	M	P
C	L	L	N	M	I	J	K	T	F	Q	T	M	W	Q
R	Q	A	D	R	N	N	T	R	A	E	P	R	A	H
T	N	D	K	L	A	P	E	D	P	B	A	D	W	B
E	P	N	L	H	R	D	D	R	H	Y	B	S	Z	J
R	I	E	T	A	I	X	N	O	L	T	L	A	T	J
B	P	S	I	S	L	R	A	L	P	V	T	P	S	S
A	E	S	N	T	U	R	T	E	V	E	R	Y	G	S
T	E	O	Q	Y	F	Z	S	V	N	M	A	N	B	G
Q	C	T	G	N	R	T	T	M	N	R	I	C	V	N
T	K	O	G	N	E	W	M	O	O	N	S	I	E	I
Q	O	J	H	T	E	Q	Q	W	R	T	O	R	G	D
D	N	Y	X	T	H	Z	Z	O	C	L	T	K	N	I
T	R	U	T	H	C	Z	M	M	H	V	N	V	F	T

CHEERFUL	LORD	STAND
CONSIDER	MORNING	TABRET
EVERY	NEW MOONS	THANK
FEASTS	PEACE	TIDINGS
GLADNESS	PIPE	TRUTH
GOOD	PRAISE	VIOL
HARP	REGARD	WINE
JOY	SABBATHS	

COURAGE BEFORE THE COUNCIL
ACTS 4:10–12

```
D  E  V  A  S  Y  H  E  A  V  E  N  M  B  Z
S  K  E  G  N  E  I  T  H  E  R  T  T  E  Y
N  T  H  M  Y  C  O  R  N  E  R  N  L  F  W
P  O  A  N  O  D  F  E  J  N  E  O  N  O  N
T  Q  N  N  A  C  L  V  A  V  T  I  D  R  F
D  H  J  E  D  P  E  Z  E  T  P  T  A  E  L
P  E  H  E  O  R  A  B  I  S  R  A  E  L  W
T  C  S  E  S  R  F  W  M  G  T  V  D  C  H
H  T  P  I  E  U  H  M  I  L  N  L  G  H  E
G  P  J  T  A  O  S  V  N  W  W  A  T  R  R
U  J  H  T  L  R  E  W  A  D  O  S  K  I  E
O  B  S  E  F  N  M  V  M  E  N  O  T  S  B
N  U  J  X  D  O  T  H  E  L  K  M  F  T  Y
M  M  R  D  E  I  F  I  C  U  R  C  N  P  H
T  S  R  E  D  L  I  U  B  Y  Y  J  M  M  R
```

Be it **known** unto you all, and to all the **people** of **Israel**, that by the name of **Jesus Christ** of **Nazareth**, whom ye **crucified**, whom God **raised** from the **dead**, **even** by him **doth** this man **stand** here **before** you **whole**. This is the **stone** which was set at **nought** of you **builders**, which is **become** the **head** of the **corner**. **Neither** is there **salvation** in any other; for there is **none** other **name** under **heaven given** among men, **whereby** we **must** be **saved**.

PRISON SONG
ACTS 16:25-26

K	L	T	S	N	O	I	T	A	D	N	U	O	F	T
L	T	P	S	R	E	N	O	S	I	R	P	R	H	B
V	X	N	L	H	K	O	P	E	N	E	D	A	F	D
D	R	U	D	R	N	G	G	F	K	T	T	G	P	T
D	A	Y	L	R	F	M	V	R	D	E	S	O	O	L
P	T	L	E	M	A	L	Z	Y	E	S	I	L	A	S
N	Q	E	A	T	H	E	R	E	D	A	P	T	Y	Y
K	T	T	R	T	P	N	H	K	L	R	T	L	N	S
B	X	A	T	H	T	R	B	H	A	J	N	T	R	N
A	S	I	H	G	T	R	P	I	N	E	L	O	V	M
N	A	D	Q	I	L	E	S	R	D	E	O	Y	Q	E
D	N	E	U	N	B	E	V	D	A	D	K	W	T	H
S	G	M	A	D	S	W	U	E	D	Y	E	A	X	T
X	R	M	K	I	D	S	K	H	R	R	E	M	H	K
L	Q	I	E	M	Y	T	R	X	E	Y	M	D	Q	S

And at **midnight Paul** and **Silas prayed**, and **sang praises** unto God: and the **prisoners heard them**. And **suddenly there** was a **great earthquake**, so **that** the **foundations** of the prison were **shaken**: and **immediately** all the **doors** were **opened**, and **every** one's **bands were loosed**.

ON MARS' HILL

ACTS 17:22-23

```
T Z Z S N E H T A G N W H O M
A S U P E R S T I T I O U S N
H U K H N S N O I T O V E D B
T N N H I D J E J D I Z D S E
N T K H O L Y X V G N E V A H
O O G O S P L M N I C U N I E
I N T I P P P O P L E W O D L
T S H H J A R N A I O C Y F D
P T R R E A S R C N H O R P Z
I M D A N R E S K W U S S E M
R T L T P M E N E R V G R N P
C D L L K T U F X D N R L O G
S Y T A M W K F O I N T U T W
N C X E N Y N J H R M R A M D
I R N M I D S T H T E L P Y C
```

Then **Paul stood** in the **midst** of Mars' **hill**, and **said**, Ye **men** of **Athens**, I **perceive that** in all **things** ye are too **superstitious**. For as I **passed** by, and **beheld your devotions**, I **found** an **altar** with **this inscription**, To The Unknown God. **Whom therefore** ye **ignorantly worship**, him **declare** I **unto** you.

PAUL'S TRIALS BEFORE FELIX AND FESTUS

ACTS 23:29-25:8

```
R  Y  T  R  E  B  I  L  L  I  C  N  U  O  C
N  T  C  H  I  G  H  P  R  I  E  S  T  K  L
F  O  W  A  C  A  E  S  A  R  E  A  D  V  C
R  N  I  S  P  T  E  M  P  L  E  M  T  H  G
S  O  J  T  R  T  Q  W  P  I  H  S  R  O  W
Y  I  R  E  A  E  A  R  Q  T  J  I  L  X  Y
N  T  S  C  R  N  D  I  B  L  S  U  N  S  L
A  C  E  H  X  U  H  L  N  T  A  T  A  L  I
G  E  N  A  G  L  S  B  E  P  X  I  X  C  V
O  R  E  R  K  E  Z  A  L  I  N  N  T  Y  E
G  R  R  G  D  S  J  A  L  A  Z  X  M  R  W
U  U  A  E  J  U  W  E  N  E  K  G  M  T  L
E  S  Z  M  E  C  F  A  M  P  M  B  Q  T  W
S  E  A  R  W  C  X  P  R  O  P  H  E  T  S
F  R  N  Y  S  A  F  C  L  M  Z  R  V  N  V
```

ACCUSE	EVIL	NAZARENES
ANANIAS	FELIX	PAUL
CAESAREA	HIGH PRIEST	PROPHETS
CAPTAIN	JERUSALEM	RESURRECTION
CHARGE	JEWS	SYNAGOGUES
CHRIST	LAW	TEMPLE
COUNCIL	LIBERTY	WORSHIP
ELDERS	NATION	

PAUL'S TESTIMONY BEFORE KING AGRIPPA

ACTS 25:12-26:31

```
G  S  S  S  E  N  E  V  I  G  R  O  F  L  T
M  O  M  A  P  P  E  A  L  E  D  P  J  K  H
W  C  D  O  J  Y  F  I  T  S  E  T  R  P  H
M  B  A  E  T  R  S  R  B  R  Q  S  K  S  O
W  O  S  U  E  S  E  W  S  H  E  D  M  U  P
T  U  S  W  T  N  U  E  E  L  G  E  B  C  E
S  N  S  E  O  H  C  C  I  J  N  S  L  S  K
L  N  E  S  S  U  O  T  L  B  I  U  A  A  N
A  R  I  P  T  M  N  R  O  Y  K  C  S  M  A
R  R  V  E  E  E  P  N  I  Y  R  C  P  A  Z
P  R  D  D  G  R  D  W  X  T  K  A  H  D  A
Z  N  A  I  T  S  I  R  H  C  Y  L  E  W  R
L  E  K  X  G  Z  F  E  S  T  U  S  M  G  E
D  L  L  J  N  J  E  R  U  S  A  L  E  M  T
S  T  S  E  I  R  P  P  R  O  M  I  S  E  H
```

ACCUSED	DEAD	KING
ANSWER	FESTUS	MOSES
APPEALED	FORGIVENESS	NAZARETH
AUTHORITY	GENTILES	PERSECUTED
BLASPHEME	GOD	PRIESTS
BONDS	HOPE	PRISONER
CHRISTIAN	JERUSALEM	PROMISE
CUSTOMS	JESUS	REPENT
DAMASCUS	JEWS	TESTIFY

Day 253

R'S IN THE BIBLE

```
T M E C N A R B M E M E R V M
R T Y B M R E D A E L G N I R
H A E C N E P M O C E R T R R
R M M R A F T E R S K R E E E
E Q I O C N D R L J Z R G S B
G N B K T M O E E R C R U P E
E O B E D H U I E P E L F E K
N I A K R E G B T R R R E C A
E G R R R O E I E P E O R T H
R I J T I L T W L D M C A L H
A L K H L C A S N E Z E E C K
T E Q I T R H E E F A H D B H
I R O L D J R C P R C D N E W
O N C R E P E N T A N C E J R
N T R R E S U R R E C T I O N
```

RABBI
RACHEL
RAFTERS
RAMOTHGILEAD
REBEKAH
REBELLION
RECOMPENCE
REDEMPTION

REFUGE
REGENERATION
RELIGION
REMEMBRANCE
RENDER
REPENTANCE
REPROACH
REREWARD

RESPECT
RESTORE
RESURRECTION
REUEL
RICH
RINGLEADER

GODLY ADDITION
2 PETER 1:5-8

N	S	T	X	D	N	G	O	D	L	I	N	E	S	S
J	U	E	R	J	I	E	E	U	T	R	I	V	T	U
M	S	C	J	D	F	L	I	W	M	L	P	H	T	N
N	E	N	L	K	N	E	I	T	N	L	E	K	G	F
J	J	A	Q	Z	K	U	L	G	H	S	L	I	Y	R
N	E	R	R	A	B	O	O	M	E	E	Y	N	J	U
W	R	E	M	E	R	R	S	B	J	N	R	D	L	I
P	Y	P	C	D	G	I	O	E	A	T	C	N	E	T
Y	E	M	H	N	H	D	C	T	Y	Y	G	E	D	F
O	H	E	A	T	T	N	E	F	H	M	C	S	I	U
U	T	T	R	S	E	C	A	L	S	E	F	S	S	L
R	R	M	I	I	V	I	X	Q	W	H	R	N	E	Z
W	T	R	T	P	T	T	H	A	T	O	A	L	B	N
P	H	A	Y	H	G	I	V	I	N	G	N	L	Y	G
C	P	Z	W	Y	S	G	N	I	H	T	D	K	L	F

And **beside this**, **giving** all **diligence**, add to **your faith** virtue; and to **virtue knowledge**; and to knowledge temperance; and to **temperance** patience; and to **patience** godliness; and to **godliness** brotherly kindness; and to **brotherly kindness charity**. For if **these things** be in you, and **abound, they make** you **that** ye **shall neither** be **barren** nor **unfruitful** in the knowledge of our **Lord Jesus Christ**.

HEZEKIAH'S PRAYER FOR HEALING

2 KINGS 20:2-3

L	G	J	T	Y	N	N	G	W	G	N	I	Y	A	S
T	D	O	N	E	T	E	G	X	A	T	H	T	I	W
B	X	P	K	R	B	H	Y	F	P	L	P	W	M	D
T	N	T	U	W	X	T	H	G	I	S	L	H	P	V
B	H	T	T	G	T	U	L	J	R	L	D	I	R	B
L	H	A	O	Z	N	D	H	E	R	Q	V	C	A	M
N	L	O	T	T	Y	V	B	C	H	T	D	H	Y	T
M	D	E	O	T	K	M	H	A	E	E	P	J	E	T
C	K	R	J	B	E	D	I	T	N	E	J	E	D	R
X	L	O	T	M	E	K	G	R	C	N	S	T	W	A
T	R	S	E	E	E	F	U	L	D	E	F	E	R	E
H	R	R	V	Z	C	T	O	T	M	D	F	Y	B	H
E	T	A	E	F	A	C	E	R	L	R	R	R	Z	L
E	H	H	B	T	Y	L	W	Z	E	O	G	P	E	B
W	A	L	K	E	D	Z	K	B	Q	L	L	F	J	P

Then he **turned** his **face** to the **wall**, and **prayed unto** the LORD, **saying**, I **beseech** thee, O **LORD**, **remember** now how I have **walked before thee** in **truth** and **with** a **perfect heart**, and **have done that which** is **good** in thy **sight**. And **Hezekiah wept sore**.

ANGER

K	B	T	D	I	S	P	L	E	A	S	U	R	E	Y
Y	K	S	E	T	M	Y	S	S	U	O	I	R	U	F
T	W	N	S	X	O	J	V	L	Z	H	B	Q	R	Q
N	O	I	R	Q	K	C	B	R	O	T	H	E	R	S
E	M	A	U	U	E	F	T	L	Z	W	V	K	P	K
M	A	G	C	A	L	I	P	A	C	I	F	Y	R	F
G	N	A	S	C	M	E	X	X	L	T	T	Y	O	S
D	B	E	L	E	V	R	R	E	Y	R	A	R	V	D
U	P	U	T	E	C	C	D	W	U	W	E	C	O	R
J	O	Y	R	T	U	E	D	O	A	V	M	A	K	O
B	W	K	T	N	Z	R	P	I	E	N	R	I	E	W
P	E	M	U	S	N	O	C	R	V	N	S	N	K	T
W	R	A	T	H	A	E	L	D	N	I	K	X	W	O
E	F	I	R	T	S	H	K	W	N	D	D	L	F	H
W	N	O	I	T	A	N	G	I	D	N	I	E	G	T

AGAINST
AWAY
BROTHERS
BURN
CAIN
CEASE
CONSUME
CRUEL
CURSE
DELIVER
DISPLEASURE

DIVIDE
FIERCE
FOREVER
FURIOUS
HASTY
HOT
INDIGNATION
JUDGMENT
KINDLE
PACIFY
POUR

POWER
PROVOKE
RULE
SIN
SLOW
SMOKE
STRIFE
TIME
WOMAN
WORDS
WRATH

Day 257

LIMITLESS MERCY

LAMENTATIONS 3:22-26

```
K  R  M  C  G  K  J  S  H  O  U  L  D  T  C
H  L  N  N  O  I  T  A  V  L  A  S  H  L  W
M  L  M  Z  B  M  J  Q  W  Z  N  E  B  L  I
Y  R  E  V  E  O  P  M  Q  F  Y  T  M  S  L
R  T  L  U  O  S  T  A  K  M  X  L  S  M  L
T  S  T  T  Y  T  E  H  S  T  V  E  R  D  S
A  K  A  G  L  L  K  R  H  S  N  D  D  M  E
E  G  H  I  N  K  T  E  O  L  I  E  L  K  I
R  G  T  H  T  I  M  E  U  F  M  O  G  N  C
G  J  E  O  L  H  N  F  I  U  E  D  N  D  R
L  N  K  P  N  G  H  R  S  U  N  R  O  S  E
F  F  E  E  P  T  W  N  O  L  Q  O  E  N  M
K  A  E  T  I  A  O  H  H  M  G  L  Y  H  W
G  I  S  A  I  C  X  B  E  C  A  U  S  E  T
N  L  F  T  P  O  R  T  I  O  N  K  T  K  Z
```

It is of the LORD's **mercies** that we are not **consumed**, **because** his **compassions fail** not. **They** are new **every morning**: **great** is thy **faithfulness**. The LORD is my **portion**, **saith** my soul; **therefore will** I hope in him. The LORD is good unto **them** that wait for him, to the **soul** that **seeketh** him. It is **good** that a man **should both hope** and **quietly wait** for the **salvation** of the LORD.

SWORDS INTO PLOWSHARES

MICAH 4:2-3

```
Y E S R A W M B D E K U B E R
Y R P L O W S H A R E S M R N
D O E Z I O N G O D F M E J P
H M A K Y M Y S E L W H F E P
B R R V J H D S T C T H N R R
P R S U T R U E J I R M J U U
N L D B O O A S E A C K K S N
N G O W H C R N N P C L T A I
E K S R H T X I Y O L O R L N
M P X K D M K A C T I F B E G
S K N T L Q L T L S N T S M H
Y Y H E W R A N F L H H A T O
X N A J I A W U L P T A W N O
V R A W L F P O V A X N L N K
N K M C L A X M P S I H F L S
```

Come, and let us go up to the **mountain** of the LORD, and to the **house** of the **God** of **Jacob**; and he **will teach** us of **his ways,** and we will **walk** in his **paths**: for the law shall go forth of **Zion,** and the word of the LORD from **Jerusalem.** And he shall **judge** among many people, and **rebuke** strong **nations afar** off; and they shall beat their **swords** into **plowshares,** and their **spears** into **pruninghooks**: nation shall not lift up a sword against nation, **neither shall** they **learn war any more.**

TWELVES OF THE BIBLE

S	H	C	R	A	I	R	T	A	P	R	C	Y	R	C
Y	O	F	F	I	C	E	R	S	L	S	S	X	P	W
S	S	C	Y	S	L	L	C	M	E	O	L	H	N	E
N	N	A	N	J	E	M	D	L	N	R	T	P	F	L
O	O	K	J	B	C	T	T	S	D	L	M	I	O	L
I	O	E	V	I	R	S	A	N	Q	V	N	L	U	S
G	P	S	T	M	O	E	A	G	B	W	K	L	N	F
E	S	I	K	P	N	S	T	I	B	U	C	A	D	O
L	E	K	A	E	U	R	X	H	V	R	N	R	A	U
S	B	N	X	O	S	Z	H	P	R	X	S	S	T	N
R	J	O	H	Q	L	B	A	S	K	E	T	S	I	T
T	O	T	K	X	E	K	P	T	B	W	N	Q	O	A
T	N	D	L	L	G	V	G	I	N	X	G	P	N	I
B	G	R	S	K	N	D	R	S	T	A	R	S	S	N
S	R	A	E	Y	A	T	C	S	E	N	O	T	S	S

ANGELS · APOSTLES · BASKETS · BRETHREN · CAKES · CITIES · CUBITS · FOUNDATIONS · FOUNTAINS · GATES · LEGIONS · OFFICERS · OXEN · PATRIARCHS · PILLARS · RODS · SONS · SPOONS · STARS · STONES · THOUSAND · TRIBES · WELLS · YEARS

PRAYER FOR DELIVERANCE

PSALM 3:1-4

```
R  M  L  J  T  M  L  T  T  D  H  E  A  R  D
P  R  H  A  I  M  I  P  G  R  Z  M  Z  M  G
N  G  H  N  Y  A  F  L  U  O  S  L  H  T  L
V  T  E  G  E  N  T  Q  V  L  F  A  I  Y  F
D  A  E  H  H  Y  E  D  M  K  R  S  L  P  H
W  H  E  N  T  M  R  D  R  V  O  P  L  L  A
G  S  H  I  E  L  D  T  V  V  M  D  X  E  L
L  A  K  D  E  S  A  E  R  C  N  I  D  H  E
H  W  G  T  C  W  J  N  L  A  E  I  P  C  S
G  T  M  A  H  Y  G  D  B  B  V  R  I  W  U
G  F  H  I  I  T  W  S  E  A  U  O  E  O  R
M  L  C  O  F  N  A  H  D  I  V  O  H  H  V
L  H  O  F  L  L  S  D  D  L  R  T  R  H  T
T  W  T  R  O  Y  E  T  W  M  Z  C  P  T  X
W  R  B  M  Y  G  R  D  R  I  S  E  Y  L  B
```

A *Psalm* of *David when* he *fled from Absalom* his son.

LORD, how are they **increased** that **trouble** me! many are **they that rise** up **against** me. **Many** there be **which** say of my **soul, There** is no **help** for him in God. Selah. But **thou**, O LORD, art a **shield** for me; my **glory**, and the **lifter** up of **mine head**. I **cried** unto the LORD with my **voice**, and he **heard** me out of his **holy hill. Selah.**

THE OCCULT

```
R  T  A  J  E  Z  E  B  E  L  B  S  J  K  C
E  S  S  R  S  A  M  Y  L  E  S  R  R  E  X
C  O  T  R  Y  B  B  W  B  R  I  O  P  N  J
N  O  R  P  O  X  T  N  L  B  M  T  D  C  C
A  T  O  D  H  D  L  G  Z  J  O  A  L  H  U
M  H  L  W  M  A  N  T  Q  K  N  C  N  A  R
O  S  O  I  C  M  R  E  M  E  O  I  O  N  I
R  A  G  Z  T  H  F  A  G  H  F  T  I  T  O
C  Y  E  A  Y  T  A  Y  O  N  S  S  T  M  U
E  E  R  R  Z  L  P  R  M  H  A  O  A  E  S
N  R  S  D  A  T  H  C  M  Z  M  N  N  N  A
L  P  R  B  L  R  Q  W  K  E  A  G  I  T  R
M  A  G  I  C  I  A  N  S  M  R  O  V  B  T
Q  B  A  R  J  E  S  U  S  B  I  R  I  R  S
T  F  A  R  C  H  C  T  I  W  A  P  D  X  L
```

ASTROLOGERS	ELYMAS	PROGNOSTICATORS
BALAAM	ENCHANTMENT	SIMON OF SAMARIA
BARJESUS	ENDOR	SOOTHSAYER
CHARMER	JEZEBEL	WITCHCRAFT
CURIOUS ARTS	MAGICIANS	WIZARD
DIVINATION	NECROMANCER	
EGYPT	PHARAOH	

I STAND AT THE DOOR
REVELATION 3:19-20

```
B  E  C  I  O  V  Y  T  N  L  Y  R  B  Z  D
V  E  R  O  F  E  R  E  H  T  N  R  J  M  N
D  N  T  G  R  T  N  M  N  Z  A  W  W  X  A
T  L  N  O  D  L  K  J  X  S  M  D  I  N  T
N  T  O  E  R  E  B  U  K  E  U  L  T  M  S
B  D  D  H  P  L  K  P  P  F  F  P  H  A  R
Y  C  K  G  E  O  M  M  Z  L  Y  R  T  N  E
G  V  H  T  M  B  K  R  E  L  M  T  Z  V  L
N  R  Z  A  N  W  E  N  A  I  G  M  O  M  Y
W  L  R  T  S  P  R  J  L  W  Q  L  E  P  D
D  L  V  E  E  T  H  N  O  L  L  R  J  V  M
G  M  M  N  T  E  E  R  U  L  K  N  O  C  K
W  O  T  L  A  D  C  N  S  Z  K  A  X  V  G
C  B  M  R  M  M  L  W  T  J  F  H  N  W  V
H  L  Y  K  V  K  L  L  N  H  I  M  R  Y  Y
```

As **many** as I **love**, I **rebuke** and **chasten**: be **zealous therefore**, and **repent. Behold**, I **stand** at the **door**, and **knock**: if **any man hear** my **voice**, and **open** the door, I **will come** in to **him**, and will **sup** with him, and he **with me**.

HOW TO KNOW GOD

1 JOHN 2:1-3

```
J  E  S  U  S  C  M  J  K  R  T  P  P  S  R
T  W  O  N  K  E  V  A  H  H  T  N  R  T  I
L  P  Z  O  W  G  U  E  A  G  E  R  O  N  G
Y  Y  U  K  H  N  L  T  Y  R  E  W  P  E  H
M  R  S  N  T  O  N  L  D  H  D  R  I  M  T
S  K  N  O  H  R  T  L  T  T  Z  I  T  D  E
Z  W  I  W  C  V  I  A  R  I  E  T  I  N  O
T  H  S  V  E  H  F  K  Q  W  L  E  A  A  U
G  H  E  R  C  T  R  K  K  K  T  N  T  M  S
M  P  I  R  H  L  A  I  Y  F  T  D  I  M  B
K  X  E  N  E  R  Q  C  S  C  I  W  O  O  G
K  O  X  E  G  B  N  J  O  T  L  M  N  C  P
K  W  S  C  K  S  Y  J  P  V  K  K  M  M  L
N  L  M  L  F  T  H  E  S  E  D  Y  L  N  O
Z  N  M  J  A  P  W  O  R  L  D  A  P  G  L
```

My **little children**, **these things write** I **unto** you, that ye sin not. And if any man sin, we **have** an **advocate with** the **Father, Jesus Christ** the **righteous**: and he is the **propitiation** for our sins: and not for **ours only**, but **also** for the **sins** of the **whole world**. And **hereby** we do know **that** we **know** him, if we **keep** his **commandments**.

GOD IS (MY). . .

R	J	O	Y	R	R	I	G	H	T	E	O	U	S	G
J	H	K	O	Y	T	S	E	J	A	M	K	W	Q	L
M	P	C	R	G	C	P	H	N	Y	L	O	H	R	O
K	K	Y	J	R	L	T	U	L	O	P	J	D	K	R
E	D	A	L	U	H	A	I	R	Y	I	R	V	E	Y
C	Y	W	E	E	D	G	D	T	E	R	T	L	Z	T
N	R	C	L	P	H	G	I	N	E	K	K	R	J	K
A	E	P	R	T	O	R	M	W	E	C	H	E	O	R
T	F	M	V	E	G	H	O	E	U	S	M	C	J	P
I	U	L	Y	E	M	P	P	B	N	T	S	A	Q	G
R	G	N	T	H	T	G	N	E	R	T	S	E	D	H
E	E	N	U	F	A	I	T	H	F	U	L	P	T	L
H	I	C	A	M	A	R	V	E	L	L	O	U	S	I
N	W	L	E	N	E	S	I	A	R	P	R	Z	P	F
I	K	M	B	F	S	A	L	V	A	T	I	O	N	E

BEAUTY	JOY	PRAISE
BUCKLER	JUDGMENT	PURE
FAITHFUL	LIFE	REFUGE
GLADNESS	LIGHT	RIGHTEOUS
GLORY	MAJESTY	ROCK
HELP	MARVELLOUS	SALVATION
HOLY	MERCY	STRENGTH
HOPE	PEACE	TRUTH
INHERITANCE	PORTION	WAY
INTEGRITY	POWER	

SPEAKING FROM THE CROSS

JOHN 19:26–28

```
D  N  R  T  M  R  W  N  Y  N  E  H  T  V  Z
E  Z  E  F  W  T  L  E  T  H  I  R  S  T  M
L  V  H  R  D  L  N  H  R  S  N  T  T  G  F
L  J  T  X  C  I  Q  W  U  E  T  V  W  M  W
I  B  O  H  R  N  S  S  T  H  O  U  R  O  Q
F  G  M  R  U  D  E  C  I  H  E  G  M  N  K
L  M  W  N  E  J  L  N  I  R  G  A  N  D  S
U  Y  T  H  L  T  G  O  O  P  N  I  Y  T  I
F  O  H  Y  O  S  F  F  H  Y  L  E  M  O  H
R  G  A  X  V  M  E  A  X  E  C  E  K  O  T
L  T  T  T  O  R  D  Q  X  P  B  M  J  K  D
O  L  M  R  E  L  Y  S  T  A  N  D  I  N  G
V  R  F  H  G  E  R  U  T  P  I  R  C  S  R
E  N  T  A  C  C  O  M  P  L  I  S  H  E  D
D  P  L  S  A  I  T  H  K  N  O  W  I  N  G
```

When Jesus **therefore** saw his mother, and the disciple **standing** by, **whom** he **loved**, he saith unto his mother, **Woman**, behold thy son! **Then** saith he to the disciple, **Behold** thy **mother!** And **from** that **hour** that **disciple took** her **unto** his own **home. After this,** Jesus **knowing** that all **things were** now **accomplished, that** the **scripture might** be **fulfilled, saith,** I **thirst**.

HELP YOUR BROTHER

GALATIANS 6:1-3

```
S  R  N  R  D  E  T  P  M  E  T  M  J  H  G
O  A  H  M  M  T  V  C  H  R  I  S  T  H  N
M  L  M  T  D  B  T  G  N  I  H  T  O  N  I
E  S  S  Y  L  E  S  T  V  F  A  U  L  T  R
T  O  P  N  R  W  W  T  D  H  R  D  T  G  E
H  V  I  B  E  H  H  B  H  C  U  S  M  H  D
I  F  R  S  E  D  E  I  N  Y  X  K  F  T  I
N  L  I  N  S  A  R  E  C  G  W  L  N  E  S
G  E  T  Q  R  E  K  U  R  H  E  I  E  V  N
K  S  U  L  T  A  N  E  B  S  T  F  R  I  O
N  M  A  T  T  H  S  K  Y  N  N  L  H  E  C
F  I  L  R  H  T  O  H  E  Q  L  U  T  C  B
T  H  E  X  O  I  T  U  K  E  W  F  E  E  H
M  V  Y  R  G  H  N  K  L  A  M  K  R  D  N
O  D  E  V  B  M  V  K  L  Y  K  L  B  K  X
```

Brethren, if a man be **overtaken** in a **fault**, ye **which** are **spiritual, restore such** an one in the spirit of **meekness; considering thyself, lest thou also** be **tempted. Bear** ye one another's **burdens,** and so **fulfil** the **law** of **Christ.** For if a man **think** himself to be **something, when** he is **nothing,** he **deceiveth himself.**

Day 267

S'S IN THE BIBLE

S	N	R	N	O	I	T	C	A	F	S	I	T	A	S
N	A	S	M	I	H	P	A	R	E	S	J	Z	C	B
Q	T	L	W	Q	S	H	I	B	B	O	L	E	T	H
S	R	D	V	E	E	U	G	O	G	A	N	Y	S	E
C	L	F	L	A	S	A	C	R	I	F	I	C	E	S
R	F	A	S	W	T	Q	F	T	N	W	L	S	T	U
I	H	V	L	C	W	I	E	P	H	X	E	A	A	O
P	H	G	R	Y	R	L	O	T	X	S	H	N	O	H
T	T	A	Q	U	R	I	O	N	A	R	C	C	G	E
U	A	K	R	A	O	L	B	P	W	X	Y	T	E	R
R	B	T	C	E	C	I	P	E	C	M	T	U	P	O
E	B	S	Z	K	S	H	V	Q	S	W	N	A	A	T
M	A	L	C	D	I	I	W	A	P	T	Y	R	C	S
R	S	A	F	R	J	K	S	C	S	R	S	Y	S	J
M	S	L	A	M	N	S	C	O	R	P	I	O	N	S

SABBATH
SACKCLOTH
SACRIFICES
SALVATION
SANCTUARY
SAPPHIRA
SATISFACTION

SAVIOUR
SCAPEGOAT
SCARLET
SCORPIONS
SCRIBES
SCRIPTURE
SELAH

SERAPHIMS
SHIBBOLETH
SISERA
STOREHOUSE
SYNAGOGUE
SYNTYCHE

GIVE THANKS TO THE LORD
PSALM 105:1–5

```
Y  R  O  L  G  F  R  E  M  E  M  B  E  R  S
F  L  T  N  L  S  T  R  E  N  G  T  H  K  Z
H  A  C  A  R  T  Z  E  L  M  P  D  N  F  K
E  G  C  M  L  J  F  J  P  M  O  A  G  F  K
V  W  S  E  Q  K  M  O  O  N  H  N  W  E  M
E  O  T  R  L  X  L  I  E  T  I  Y  E  W  O
R  N  N  W  O  N  K  C  P  S  R  S  L  N  U
M  D  E  M  A  R  V  E  L  L  O  U  S  O  T
O  R  M  E  M  M  S  Z  N  V  T  W  G  R  H
R  O  G  V  H  V  X  D  M  L  O  R  D  T  G
E  U  D  I  T  R  Q  A  E  R  C  J  J  B  J
N  S  U  G  R  C  K  H  K  E  M  Z  K  N  J
N  G  J  F  A  E  A  S  R  E  D  N  O  W  M
T  N  P  K  E  K  T  L  P  S  A  L  M  S  F
M  P  C  F  H  K  T  M  L  T  H  W  B  Z  J
```

O **give thanks** unto the Lord; **call** upon his **name: make known** his **deeds** among the **people. Sing** unto him, sing **psalms** unto him: **talk** ye of all his **wondrous works. Glory** ye in his **holy** name: let the **heart** of them **rejoice** that **seek** the Lord. Seek the Lord, and his **strength**: seek his **face evermore. Remember** his **marvellous** works that he hath **done**; his **wonders**, and the **judgments** of his **mouth.**

CHARACTERISTICS OF CHRIST

K	R	I	G	H	T	E	O	U	S	D	T	R	U	E
M	E	L	T	N	E	G	M	Z	K	C	S	N	R	V
X	H	E	A	L	S	L	R	Q	E	I	P	T	M	I
C	O	M	P	A	S	S	I	O	N	A	T	E	T	L
T	E	A	C	H	E	S	S	L	G	S	L	N	Q	A
J	T	D	M	H	F	S	E	S	S	N	E	O	F	T
L	K	S	I	R	E	S	E	E	E	L	I	O	U	H
U	E	S	F	S	S	L	L	R	O	L	R	V	U	S
F	E	E	A	Q	C	M	P	V	V	G	T	M	O	K
I	M	L	I	D	R	E	E	I	I	E	B	O	V	L
C	H	E	T	A	O	N	R	V	N	L	S	R	P	R
R	O	L	H	C	E	O	I	N	E	G	E	W	W	S
E	L	I	F	B	R	N	G	V	I	W	T	I	H	V
M	Y	U	U	H	G	N	W	B	O	N	T	S	U	J
M	R	G	L	L	R	P	C	P	L	Z	G	E	W	L

ALIVE	HARMLESS	POWER
BENEVOLENT	HEALS	RIGHTEOUS
COMPASSIONATE	HELPING	SERVES
DISCERNING	HOLY	SINLESS
FAITHFUL	HUMBLE	SPOTLESS
FORGIVING	JUST	TEACHES
GENTLE	LOVING	TRUE
GOOD	MEEK	WISE
GUILELESS	MERCIFUL	ZEALOUS

TITLES AND NAMES OF CHRIST

```
D  X  B  N  A  Z  A  R  E  N  E  H  N  M  H
R  T  K  R  K  R  E  L  U  R  A  H  E  I  R
O  W  B  M  A  L  D  D  Y  I  D  A  J  D  N
L  Z  A  M  E  N  A  Q  S  V  H  G  U  E  O
Z  L  S  W  X  E  C  S  D  P  D  R  D  L  S
E  U  A  D  H  W  E  H  L  R  D  D  G  I  R
R  F  V  N  A  M  Y  A  T  R  O  O  E  V  P
E  R  I  Y  Q  K  T  E  T  O  F  W  G  E  R
D  E  O  L  I  B  H  W  R  N  M  G  N  R  I
E  D  R  N  J  P  G  I  J  R  A  E  H  E  N
E  N  G  M  O  R  I  S  G  E  V  V  G  R  C
M  O  F  R  O  J  M  D  N  V  S  I  R  A  E
E  W  P  C  R  X  L  O  T  O  P  U  N  E  F
R  H  K  J  P  T  A  M  V  G  F  K  S  E  S
L  E  U  N  A  M  M  E  F  T  R  U  T  H  H
```

ALMIGHTY	JUDGE	RULER
ALPHA	KING	SAVIOR
AMEN	LAMB	SERVANT
BRANCH	LIFE	SON
DELIVERER	LORD	TRUTH
DOOR	MESSIAH	VINE
EMMANUEL	NAZARENE	WAY
GOD	OMEGA	WISDOM
GOVERNOR	PRINCE	WONDERFUL
HEAD	PROPHET	WORD
HEIR	REDEEMER	
JESUS	ROCK	

PARABLES OF JESUS

T	T	V	M	L	N	A	C	I	L	B	U	P	W	N
R	A	S	S	R	E	R	U	O	B	A	L	L	K	R
E	L	V	O	B	H	R	P	H	A	R	I	S	E	E
A	E	Y	D	L	I	D	K	J	N	Y	C	L	K	D
S	N	W	M	C	D	T	O	S	T	E	W	A	R	D
U	T	H	H	D	W	U	A	D	K	X	F	O	O	L
R	S	M	K	O	R	L	P	R	M	V	C	T	S	G
E	A	P	S	N	R	R	R	V	E	F	P	T	R	N
N	C	O	E	A	X	E	I	P	N	S	N	R	O	I
P	N	Y	E	E	H	W	C	Z	R	A	M	R	T	D
S	G	P	J	T	H	O	E	J	V	A	P	P	B	D
E	C	R	I	K	R	S	T	R	H	Z	Y	K	E	E
L	S	A	E	W	W	H	E	A	T	Z	N	R	D	W
B	F	I	N	A	L	S	N	S	N	I	G	R	I	V
W	F	V	W	F	T	F	D	R	A	Y	E	N	I	V

DEBTORS
FAITH
FOOL
GREAT
HID
JOURNEY
LABOURERS
LOST
NET
PEARL

PHARISEE
PRAY
PRICE
PUBLICAN
RICH MAN
SERVANTS
SHEEP
SOWER
STEWARD
TALENTS

TARES
TREASURE
TWO SONS
VINEYARD
VIRGINS
WEDDING
WHEAT
WISE

BELOVED
MATTHEW 3:16–17

```
G  K  L  D  W  C  X  N  W  S  W  H  T  G  C
N  D  N  E  L  R  K  A  T  H  A  T  M  Q  W
I  E  V  V  N  J  T  G  O  B  R  Y  M  Y  L
D  N  S  O  K  E  E  M  S  P  I  R  I  T  T
N  E  T  L  R  Z  O  R  M  W  F  X  M  N  N
E  P  R  E  K  T  M  O  E  M  E  N  Z  N  G
C  O  A  B  N  W  R  B  Q  W  E  C  D  C  U
S  T  I  U  W  F  E  X  L  H  R  F  I  P  M
E  Z  G  D  M  I  H  N  W  I  P  J  O  O  K
D  T  H  E  L  L  E  W  T  M  K  N  C  M  V
X  D  T  S  S  N  E  V  A  E  H  E  S  T  T
M  O  W  A  K  Z  J  K  Q  K  D  N  U  H  H
T  V  A  E  M  Z  M  Q  L  X  K  L  S  I  V
T  E  Y  L  L  I  G  H  T  I  N  G  E  S  Y
J  T  R  P  B  A  P  T  I  Z  E  D  J  N  T
```

And **Jesus, when** he was **baptized**, **went** up **straightway** out of the **water**: and, lo, the **heavens were opened unto** him, and he saw the **Spirit** of God **descending like** a **dove**, and **lighting upon him**: and lo a **voice from** heaven, **saying, This** is my **beloved** Son, in **whom** I am **well pleased**.

SENDING THE TWELVE DISCIPLES

LUKE 9:1-6

```
L  R  T  T  Y  E  N  R  U  O  J  N  M  Y  K
M  T  S  V  E  R  Y  C  Q  H  Q  O  H  N  C
Q  O  U  C  J  K  U  B  H  C  P  T  E  O  O
R  T  D  M  N  R  L  O  T  A  D  H  A  M  A
G  O  D  G  E  T  U  S  P  E  T  I  L  I  T
Y  G  H  S  N  S  N  S  E  R  L  N  I  T  S
J  V  O  K  E  I  S  F  E  P  B  G  N  S  J
K  C  I  S  A  V  K  C  Y  S  E  R  G  E  L
Y  R  F  G  P  S  A  R  R  K  A  B  E  T  R
E  D  A  T  H  E  Z  T  A  I  L  E  G  A  J
N  N  N  A  R  D  L  T  S  W  P  B  S  L  D
O  C  K  D  F  I  D  Z  P  O  W  E  R  I  F
M  E  W  F  L  B  P  N  G  S  L  I  V  E  D
R  D  O  V  W  A  Q  T  R  M  Y  L  F  W  N
T  O  W  N  S  A  U  T  H  O  R  I  T  Y  L
```

ABIDE	GOD	PREACH
AGAINST	GOSPEL	SCRIP
AUTHORITY	HEALING	SHAKE
BREAD	HOUSE	SICK
COATS	JOURNEY	STAVES
CURE	KINGDOM	TAKE
DEVILS	MONEY	TESTIMONY
DISEASES	NOTHING	TOWNS
DUST	OFF	VERY
FEED	POWER	

MIRACLES, FOR AND BY

```
L  N  I  A  N  M  A  G  D  A  L  A  P  N  N
S  N  O  I  R  U  T  N  E  C  T  P  S  I  A
U  T  L  C  N  R  S  S  K  P  K  X  I  Z  T
E  B  P  Q  J  E  U  U  I  L  D  P  M  A  I
A  E  A  Z  C  R  R  L  R  G  U  U  O  R  R
B  T  B  R  I  M  I  D  W  A  L  A  N  O  A
B  H  J  A  T  H  A  E  L  T  Z  N  P  H  M
E  S  J  O  P  I  R  L  I  I  O  A  R  C  A
L  A  R  R  A  D  M  T  C  I  H  J  L  J  S
M  I  V  W  N  N  U  A  G  H  U  C  K  O  T
A  D  W  A  L  D  N  E  E  D  U  Y  W  H  R
R  A  D  X  E  A  L  A  A  U  M  S  C  N  E
Y  Y  J  A  M  E  S  S  B  M  S  N  L  T  T
B  A  R  T  H  O  L  O  M  E  W  T  K  Q  E
T  N  A  V  R  E  S  T  A  E  D  U  J  N  P
```

ANDREW	JOANNA	MULTITUDE
BARTHOLOMEW	JOHN	NAIN
BARTIMAEUS	JUDAS	PAUL
BETHSAIDA	JUDEA	PETER
CANA	LAZARUS	PHILIP
CENTURION	LEBBAEUS	SAMARITAN
CHILDREN	LEGION	SERVANT
CHORAZIN	MAGDALA	SIMON
JAIRUS	MALCHUS	
JAMES	MARY	

WHOM DO YOU TRUST?

1 TIMOTHY 6:17-19

```
L  T  Y  E  M  I  T  Y  S  E  H  C  I  R  S
E  T  U  B  I  R  T  S  I  D  K  R  M  I  P
G  G  T  H  E  M  S  E  L  V  E  S  H  P  K
E  N  O  K  L  N  W  T  Y  Q  S  T  O  R  E
T  N  I  O  W  O  R  L  D  T  H  I  N  G  S
A  H  G  L  D  E  H  Q  G  L  U  W  Y  F  R
C  T  I  N  L  C  N  N  T  N  T  O  Z  O  Y
I  R  N  G  I  I  I  J  C  W  R  R  E  U  M
N  U  G  R  H  Y  W  E  O  E  H  K  G  N  L
U  S  V  N  A  M  R  H  A  Y  T  S  R  D  T
M  T  Y  L  I  T  I  D  N  H  E  Y  A  A  D
M  H  L  E  A  V  Y  N  A  L  V  C  H  T  L
O  R  M  I  H  V  I  T  D  W  I  W  C  I  O
C  O  N  Z  T  T  X  L  R  E  G  F  D  O  H
C  F  L  A  N  R  E  T  E  L  D  P  E  N  R
```

Charge them that are rich in **this world**, that they be not **highminded**, nor **trust** in **uncertain riches**, but in the **living** God, who **giveth** us **richly** all **things** to **enjoy**; that they do good, that they be rich in good **works**, **ready** to **distribute**, **willing** to **communicate**; **laying** up in **store** for **themselves** a **good foundation** against the **time** to **come**, **that they** may lay **hold** on **eternal life**.

TRUE SALTY SPEECH

COLOSSIANS 4:3-6

T	T	R	E	D	E	E	M	I	N	G	S	V	L	K
D	T	I	W	S	G	C	N	C	J	P	F	O	Q	W
E	T	M	M	P	B	L	Y	R	E	T	S	Y	M	V
N	H	A	E	E	N	A	K	A	Y	L	L	D	J	B
O	G	N	H	E	J	H	K	B	A	E	C	A	R	G
S	U	I	T	C	P	T	W	O	U	L	D	K	J	L
A	O	F	L	H	W	I	B	O	N	D	S	C	U	Y
E	D	E	O	L	M	W	X	T	T	G	B	T	K	R
S	O	S	K	P	T	A	U	D	G	S	T	L	H	E
Q	O	T	M	B	E	O	K	N	T	E	I	R	C	V
V	R	P	L	O	H	N	I	E	R	L	A	R	I	E
M	C	F	W	T	D	Y	T	A	G	L	A	M	H	B
Q	Q	O	I	N	A	S	N	D	W	J	H	S	W	C
Y	N	W	T	R	K	C	I	A	T	K	L	A	W	L
K	Y	R	P	D	E	N	Y	W	A	N	S	W	E	R

Withal praying also for us, that God **would open** unto us a **door** of **utterance**, to speak the **mystery** of **Christ**, for **which** I am **also** in **bonds**: that I may **make** it **manifest**, as I ought to **speak**. **Walk** in **wisdom** toward **them** that are **without, redeeming** the **time.** Let your **speech** be **alway** with **grace, seasoned** with **salt,** that ye may **know** how ye **ought** to **answer every** man.

FATHERS AND SONS IN EXODUS AND NUMBERS

```
R U E D E H S K L Y B A I L E
O M N H B N D E H U N A T M J
R O A L E Y I P H E U H H Q M
H S R E Z L C I T H B L E R L
T E C I A Z B H S R E R L M Y
E S O M L A A O P L A H O Z H
J V A U E N J R E A O H N N Y
B G L L E J A A A B S Z A C B
X R R E L U Z I A M M A B Z Z
R U L H Z A C B R N R U I T I
E Z N S R R N R R U T A S L K
U I O A M M I N A D A B M H E
E L R P R P B W K O H A T H I
L E A G I D E O N I L P N U N
N X A P E D A H Z U R W R U H
```

AARON	GIDEONI	MUSHI
ABIHU	HEBRON	NETHANEEL
AMMINADAB	HELON	NUN
AMRAM	HOBAB	OCRAN
BEZALEEL	HUR	PEDAHZUR
ELEAZAR	IZAHAR	REUEL
ELIAB	JETHRO	SHEDEUR
ELIASAPH	JOSHUA	SHELUMIEL
ELIZUR	KOHATH	URI
GAMALIEL	MOSES	ZUAR

SEVEN CHURCHES

REVELATION 1:4-6

```
Y  M  N  B  S  E  K  C  P  R  I  N  C  E  E
N  N  H  X  E  N  C  S  P  I  R  I  T  S  N
O  L  D  F  T  G  I  A  W  K  I  N  G  S  O
I  W  N  A  F  K  O  S  R  P  T  E  V  E  R
N  M  E  T  E  A  T  T  E  G  E  M  O  C  H
I  A  M  H  H  D  I  A  T  H  X  D  B  R  T
M  D  A  E  M  C  C  T  T  E  E  V  L  L  N
O  E  T  R  H  E  I  R  H  H  N  H  O  H  Q
D  M  L  R  V  K  A  H  S  F  P  R  O  M  T
P  F  I  B  N  E  F  A  W  T  U  J  D  B  Z
L  S  J  S  X  I  W  K  A  R  T  L  L  R  K
T  O  N  U  R  M  J  I  Q  B  E  F  O  R  E
B  L  V  S  S  T  S  E  I  R  P  H  C  T  M
X  M  T  E  F  A  B  R  W  I  T  N  E  S  S
D  C  J  J  D  Z  V  N  W  Y  R  O  L  G  Y
```

AMEN	EVER	MADE
ASIA	FAITHFUL	PEACE
BEFORE	FATHER	PRIESTS
BEGOTTEN	FIRST	PRINCE
BLOOD	GLORY	SINS
CHRIST	GRACE	SPIRITS
COME	JESUS	THRONE
DEAD	JOHN	WASHED
DOMINION	KINGS	WHICH
EARTH	LOVED	WITNESS

BIBLICAL OCCUPATIONS AND TITLES

```
T  K  K  S  H  E  P  H  E  R  D  R  R  S  T
R  S  X  D  F  Y  Q  N  R  R  Q  E  F  C  Q
E  P  E  N  A  R  W  O  T  T  K  R  Q  R  Y
G  R  X  I  O  U  L  R  E  A  S  A  Z  I  R
N  T  E  L  R  I  G  H  B  M  T  E  M  B  D
I  C  I  T  A  P  P  H  F  N  E  B  I  E  N
S  A  L  S  N  O  K  I  T  H  W  R  N  F  A
J  E  A  S  R  U  S  I  M  E  A  U  I  A  B
E  C  W  P  O  H  H  A  N  M  R  O  S  T  S
F  N  Y  K  E  N  S  Z  Q  G  D  M  T  H  U
I  I  E  R  T  O  H  V  P  L  J  R  E  E  H
W  R  R  G  N  V  L  M  N  M  T  A  R  R  H
B  P  D  C  O  M  M  A  N  D  E  R  Z  T  Z
M  T  O  L  R  A  H  P  U  B  L  I  C  A  N
R  E  G  N  E  S  S  E  M  L  J  U  D  G  E
```

ARMOURBEARER	JAILOR	PROPHET
BAKER	JUDGE	PUBLICAN
COMMANDER	KING	SAILOR
DAUGHTER	LAWYER	SCRIBE
FATHER	MASON	SHEPHERD
FISHER	MESSENGER	SINGER
HARLOT	MINISTER	SON
HUNTER	PRIEST	STEWARD
HUSBANDRY	PRINCE	WIFE

VICTORY IN JESUS

1 CORINTHIANS 15:55-58

T	T	W	O	R	K	F	O	R	A	S	M	U	C	H
H	V	T	V	L	Q	G	N	W	R	R	X	K	Q	M
E	T	M	B	J	E	S	U	S	H	B	Q	J	L	S
R	X	X	G	R	A	V	E	T	E	E	H	O	T	A
E	H	R	H	G	T	Y	P	L	G	G	R	R	E	B
F	T	R	T	K	C	S	O	H	U	D	E	E	L	O
O	A	V	E	H	N	V	A	O	J	N	D	S	B	U
R	E	I	V	R	E	O	R	F	G	Q	Y	X	A	N
E	D	C	I	D	C	H	W	T	D	A	R	G	E	D
N	R	T	G	R	T	H	H	H	W	E	N	B	V	I
I	T	O	Z	G	U	M	R	L	C	I	T	B	O	N
A	H	R	P	R	K	O	A	I	T	I	T	S	M	G
V	X	Y	R	U	O	Y	B	S	S	H	H	Y	N	N
N	E	R	H	T	E	R	B	A	A	T	F	W	U	K
J	X	X	S	K	N	A	H	T	L	N	J	N	G	B

O **death**, where is thy **sting**? O **grave**, **where** is thy **victory**? The sting of death is sin; and the **strength** of sin is the law. But **thanks** be to God, **which giveth** us the victory **through** our Lord **Jesus Christ**. **Therefore**, my **beloved brethren**, be ye **stedfast**, **unmoveable**, **always abounding** in the **work** of the Lord, **forasmuch** as ye **know that your labour** is not in **vain** in the **Lord**.

Day 281

"S" NAMES

```
C  M  S  J  A  J  N  G  F  M  O  D  O  S  N
A  K  M  I  E  K  S  N  O  M  O  L  O  S  W
R  I  W  N  M  S  I  L  V  A  N  U  S  X  K
A  S  R  R  I  E  M  M  E  H  C  E  H  S  T
H  V  A  Y  H  J  O  S  H  A  P  H  A  T  S
A  S  A  M  S  O  N  N  H  D  B  M  B  S  E
H  R  R  F  U  H  L  X  T  T  U  R  N  A  E
S  K  J  J  S  E  A  C  Z  L  E  A  R  P  C
N  A  T  A  S  H  L  L  L  R  T  S  S  P  U
B  T  L  N  S  A  A  E  I  T  H  H  H  D
W  L  T  H  A  R  H  R  R  H  I  G  A  I  D
M  Y  E  R  U  S  L  A  O  L  S  K  U  R  A
T  B  A  H  N  C  M  T  O  N  B  W  L  A  S
A  H  S  P  V  A  R  H  T  J  C  G  M  W  K
P  Y  B  X  S  H  G  S  T  E  P  H  E  N  J
```

SADDUCEES	SHALLUM	SHUR
SAMARITAN	SHAPHAT	SILVANUS
SAMSON	SHARON	SIMEON
SAMUEL	SHAUL	SIMON
SAPPHIRA	SHEBA	SODOM
SARAH	SHECHEM	SOLOMON
SATAN	SHELAH	STEPHEN
SETH	SHILOH	SYRIA
SHAHAR	SHIMEA	

FOUR MEN WALKING

DANIEL 3:25-26

H	F	L	M	R	O	F	H	C	A	R	D	A	H	S
M	T	Y	J	E	Y	R	P	T	P	W	H	T	R	D
M	B	R	R	T	K	E	H	N	H	T	L	Y	L	E
I	M	E	U	X	S	A	F	I	R	E	R	T	K	R
D	O	K	M	O	P	C	P	O	K	A	Y	S	M	E
S	G	I	O	A	F	O	F	S	E	H	T	T	E	W
T	E	L	P	K	C	M	B	N	U	N	D	H	S	S
N	N	L	F	M	F	E	K	R	A	T	I	B	H	N
H	D	H	T	M	O	S	T	V	N	T	A	U	A	A
A	E	M	R	W	F	U	R	P	H	M	S	R	C	K
V	B	L	F	I	N	E	T	E	T	X	H	N	H	Z
E	A	T	E	F	S	W	R	H	K	G	R	I	R	D
N	C	R	W	A	L	K	I	N	G	R	P	N	G	B
L	Y	L	G	F	E	C	A	N	R	U	F	G	J	H
N	E	B	U	C	H	A	D	N	E	Z	Z	A	R	Q

He **answered** and said, Lo, I see four men **loose**, **walking** in the midst of the fire, and **they have** no **hurt**; and the **form** of the **fourth** is **like** the Son of God. Then **Nebuchadnezzar** came **near** to the **mouth** of the **burning fiery furnace**, and **spake**, and **said**, Shadrach, Meshach, and Abednego, ye **servants** of the **most high** God, come forth, and **come hither**. Then **Shadrach, Meshach**, and **Abednego, came forth** of the **midst** of the **fire**.

RUTH

```
B  E  T  H  L  E  H  E  M  M  Q  R  B  K  A
C  K  M  R  L  L  B  C  Z  G  O  A  M  W  R
V  I  Z  Z  N  A  O  M  I  V  O  B  Y  A  A
N  N  F  Q  H  L  A  R  A  M  Q  C  T  L  M
S  S  E  N  B  C  Z  F  T  O  H  T  L  N  F
U  M  N  G  G  L  E  A  N  I  B  T  G  I  F
O  A  I  B  R  L  Y  L  L  E  D  E  F  S  N
U  N  M  T  L  E  M  I  E  G  F  P  D  R  T
T  R  A  S  L  E  O  J  S  M  L  I  R  E  W
R  W  F  R  N  N  S  E  U  O  I  U  W  T  O
I  K  A  T  W  E  V  S  V  D  T  L  N  H  R
V  B  C  J  K  I  D  E  E  H  A  R  E  G  P
C  T  D  R  W  D  E  I  D  D  T  H  W  U  A
L  N  N  O  L  H  A  M  A  P  M  G  R  A  H
S  N  O  S  R  J  W  K  C  M  X  M  B  D  R
```

BARLEY	FAMINE	MOAB
BETHLEHEM	FAVOR	NAOMI
BLESSED	GLEAN	OBED
BOAZ	JUDAH	ORPAH
CHILION	KINSMAN	RUTH
DAUGHTERS IN	LOVE	SONS
LAW	MAHLON	VIRTUOUS
DIED	MAIDENS	WIFE
ELIMELECH	MARA	WIVES

Day 284

TOGETHER
RUTH 1:16–17

```
M  L  O  D  G  E  S  T  N  W  T  M  N  M  K
B  L  M  P  R  T  G  N  I  W  O  L  L  O  F
N  X  T  E  E  E  Y  L  K  M  H  Y  N  R  W
B  T  R  O  T  R  G  K  O  R  K  T  K  E  D
K  C  A  P  U  E  D  T  T  R  E  Z  A  V  K
H  L  P  L  R  H  F  M  E  S  D  T  P  E  L
T  M  E  E  N  T  M  E  L  I  E  G  F  L  D
U  Q  Y  A  V  S  H  Z  A  V  N  I  I  A  R
R  L  K  K  V  T  H  S  J  R  V  W  D  B  E
K  P  J  Y  P  E  Q  A  Y  P  L  Z  C  W  H
I  N  T  R  E  A  T  F  L  T  A  F  H  M  T
R  C  B  U  R  I  E  D  G  L  R  E  J  S  I
K  U  O  H  T  R  Z  J  S  O  R  F  E  T  H
V  T  H  G  U  O  Q  O  M  E  D  O  C  Q  W
R  G  D  N  N  L  G  R  F  Z  G  W  X  M  M
```

And **Ruth said, Intreat** me not to **leave** thee, or to **return from following after** thee: for **whither** thou **goest** I will go; and where thou **lodgest**, I will lodge: thy people **shall** be my **people**, and thy God my God: **where thou diest**, will I die, and **there will** I be **buried**: the LORD do so to me, and **more also**, if **ought** but **death part thee** and me.

PRESS TOWARD THE MARK
PHILIPPIANS 3:13-14

T	G	L	N	K	S	G	N	I	L	L	A	C	G	N
T	H	I	N	G	S	U	N	G	K	N	G	G	N	R
H	B	M	K	K	M	Q	S	R	N	A	B	R	I	E
D	I	V	Z	D	G	Y	A	E	P	I	V	J	T	A
R	F	G	T	H	O	M	S	P	J	W	H	L	T	C
A	N	N	H	A	D	S	R	E	Z	M	J	T	E	H
W	T	N	P	V	B	E	S	N	L	B	N	E	G	I
O	C	T	G	E	H	P	B	E	P	F	S	G	R	N
T	R	T	C	E	Q	E	M	R	R	O	J	Q	O	G
K	K	E	N	O	F	C	N	H	H	P	N	Z	F	H
X	T	D	R	O	H	W	Q	T	P	F	H	J	T	R
D	E	Z	R	R	Q	T	F	E	B	D	O	N	C	F
D	D	E	I	W	P	J	L	R	B	H	U	R	M	V
F	B	S	P	R	I	Z	E	B	M	O	N	O	T	B
H	T	W	D	N	I	H	E	B	C	F	J	K	T	H

Brethren, I **count not myself** to **have apprehended**: but this **one thing** I do, **forgetting those things** which are **behind,** and **reaching forth** unto those things which are **before,** I **press toward** the **mark** for the **prize** of the **high calling** of **God** in **Christ Jesus.**

SALVATION

```
P  R  E  D  E  S  T  I  N  A  T  E  K  W  R
J  N  R  U  T  D  E  Y  O  R  T  S  E  D  R
H  P  K  O  O  L  R  K  C  J  R  W  T  N  R
P  L  R  K  H  C  T  E  H  R  X  J  H  H  G
B  L  O  O  D  T  C  S  P  S  E  J  F  E  J
R  C  W  R  H  F  I  O  T  E  L  M  D  A  R
E  O  Z  M  N  R  K  A  M  K  N  A  R  R  H
P  R  Y  D  E  W  B  W  F  E  R  T  E  T  S
R  R  X  P  T  L  O  R  E  K  L  Z  W  R  E
O  U  K  Z  I  N  S  V  N  R  J  E  S  F  L
V  P  N  S  K  A  E  E  R  U  N  C  N  C  F
E  T  H  E  V  I  S  R  D  J  Y  A  A  M  Q
N  E  R  E  L  S  W  G  R  A  C  E  B  R  K
D  O  D  E  A  Q  E  X  Z  F  V  P  C  Q  C
F  V  B  K  R  R  Z  F  L  U  O  S  R  K  K
```

ANSWER	FOREKNOW	PREDESTINATE
BELIEVE	GRACE	REPENT
BLOOD	HEAR	REPROVE
COME	HEART	SAVED
CORRUPT	JUDGE	SOUL
DARKNESS	LOOK	STABLISHED
DESTROYED	MERCY	TURN
FAITH	PEACE	
FLESH	PERISH	

Day 287

TRUST IN GOD

PSALM 34:18-22

R	E	D	E	E	M	E	T	H	M	S	E	H	T	W
V	Y	T	T	H	K	Y	S	L	R	U	T	R	K	H
R	G	T	S	A	V	E	T	H	N	O	A	K	C	T
S	Y	E	H	T	R	E	T	P	W	E	L	L	O	E
F	N	J	F	V	C	E	T	I	H	T	O	Z	N	R
M	N	O	A	B	P	P	C	A	Q	H	S	N	T	E
Z	T	N	I	E	C	K	L	C	H	G	E	O	R	V
J	T	S	E	T	E	Y	N	A	M	I	D	N	I	I
S	S	K	U	D	C	L	L	F	N	R	N	E	T	L
B	M	O	Q	R	S	I	L	H	K	K	Q	P	E	E
F	R	K	U	P	T	M	L	B	O	N	E	S	S	D
S	P	O	I	L	D	W	A	F	V	F	R	L	L	H
N	U	R	K	R	Y	N	H	K	F	Z	K	K	A	G
P	I	C	O	E	Q	J	S	Y	D	A	D	B	Y	I
T	Q	L	H	F	N	M	K	D	M	E	H	T	Z	N

The LORD is **nigh** unto them that are of a broken **heart**; and **saveth such** as be of a **contrite spirit**. **Many** are the **afflictions** of the righteous: but the LORD **delivereth** him out of them all. He **keepeth** all his **bones**: not one of them is **broken**. Evil shall **slay** the **wicked**: and **they** that **hate** the **righteous** shall be desolate. The **LORD redeemeth** the **soul** of his **servants**: and **none** of **them** that **trust** in him **shall** be **desolate**.

Day 288

KING DAVID'S KINGDOM

1 CHRONICLES 27

```
Y S S E S U O H E R O T S H R
K R E F C A M E L S S V N T S
L A Y E J L I L Q Y V A Q E D
N L W F R A L E E L N Y T V R
I L Y K N T Z L M A J R M A A
A E K R B T L I H I E K G M Y
R C W O F A O L Z A H Y H Z E
T E J W V B A N S T O S E A N
I N F D I A L U W Y N N R F I
H I Y L B K R T I V A F D N V
S W B E O E H D Y R T R S F R
D K D I S C B M P X H K T C F
T R R F C A K K M H A K C H X
E Z R I Z K R S G F N Q Q F N
G Y R N N G Y T A H P A H S H
```

OVERSEERS:
AZMAVETH
BAALHANAN
EZRI
JAZIZ
JEHONATHAN
OBIL
SHAPHAT

SHIMEI
SHITRAI
ZABDI

DOMAINS:
CAMELS
FIELD WORK
FLOCKS

HERDS
STOREHOUSES
TREASURES
TREES
VALLEYS
VINEYARDS
WINE CELLARS

LAW IN SUMMARY
MATTHEW 7:12–14

C	D	E	W	H	I	C	H	K	N	W	L	N	B	R
M	W	N	T	C	Z	K	J	S	S	E	W	O	R	K
Z	E	J	I	A	G	S	H	T	A	O	L	I	O	L
T	X	H	L	F	G	O	E	D	R	W	K	T	A	K
I	K	F	T	N	U	H	E	R	T	E	O	C	D	L
A	J	T	I	L	P	T	A	S	H	R	L	U	Z	K
R	C	H	D	O	H	N	X	I	A	O	C	R	L	K
T	T	T	R	B	L	C	R	H	T	F	Y	T	F	D
S	H	P	M	R	Z	I	C	T	L	E	P	S	K	N
J	J	E	N	T	E	R	F	M	N	R	M	E	D	M
W	H	A	T	S	O	E	V	E	R	E	E	D	A	D
F	T	A	E	R	E	H	T	W	R	H	N	N	F	C
N	E	V	E	K	T	V	K	B	I	T	Y	L	H	B
H	C	K	L	P	K	R	H	Y	J	D	R	K	W	M
E	S	U	A	C	E	B	L	K	G	F	E	R	L	H

Therefore all **things whatsoever** ye **would** that **men should** do to you, do ye **even** so to **them**: for **this** is the law and the **prophets**. **Enter** ye in at the strait gate: for **wide** is the gate, and **broad** is the way, that leadeth to **destruction**, and **many** there be which go in **thereat**: **because strait** is the **gate**, and **narrow** is the way, **which leadeth** unto **life**, and few there be **that find** it.

Day 290

FEASTS

H	N	L	T	V	D	M	O	U	R	N	I	N	G	P
T	T	T	L	R	C	E	L	E	B	R	A	T	E	A
A	Z	R	E	T	R	T	S	E	V	R	A	H	T	S
B	D	Z	U	M	A	P	O	I	N	M	E	L	O	S
B	V	E	H	M	P	B	E	F	M	Y	R	Q	Q	O
A	E	E	L	H	P	L	E	N	F	O	L	K	W	V
S	C	S	Y	I	B	E	E	R	T	E	R	O	K	E
S	N	T	N	Q	V	D	T	L	N	E	R	P	H	R
T	E	H	M	H	A	E	A	S	E	A	C	I	R	M
H	T	E	K	E	Y	I	R	E	M	W	C	O	N	Q
G	I	R	R	B	R	P	X	A	E	J	M	L	S	G
I	N	B	T	O	U	O	R	E	N	V	M	V	E	T
L	E	X	M	R	D	Q	K	Q	O	C	L	B	K	S
V	P	E	I	U	K	S	Y	C	T	D	E	J	K	L
R	M	M	S	R	U	N	L	E	A	V	E	N	E	D

ATONEMENT   LIGHTS   PURIM
BREAD   MEMORIAL   SABBATH
CELEBRATE   MOURNING   SOLEMN
DELIVERANCE   OFFERING   TABERNACLES
ESTHER   PASSOVER   TEMPLE
EXODUS   PENITENCE   TRUMPETS
HARVEST   PENTECOST   UNLEAVENED
HOLY   PROMISED   WEEKS

BREAD OF LIFE

JOHN 6:26-27

G	E	Y	R	P	S	H	T	E	R	U	D	N	E	P
M	N	S	G	T	E	A	S	E	L	C	A	R	I	M
K	E	I	U	F	W	R	I	K	D	E	L	A	E	S
T	F	N	T	A	A	X	I	D	Q	J	D	A	B	U
V	I	C	P	S	C	T	M	S	N	G	T	T	C	S
E	L	M	F	Q	A	E	H	G	H	P	D	M	J	E
R	R	W	X	L	P	L	B	E	Z	E	Q	T	K	J
I	Y	T	H	E	M	N	R	Z	R	D	T	L	J	P
L	A	B	O	U	R	L	L	E	E	G	R	H	M	V
Y	S	L	R	J	H	Q	W	L	V	L	I	R	R	U
F	E	K	F	A	M	S	L	K	B	E	H	V	G	N
W	V	R	T	C	N	I	V	F	M	C	S	N	E	T
X	A	H	H	A	F	M	T	C	I	E	Z	K	Q	O
V	O	M	A	N	H	R	G	H	E	G	R	W	V	T
R	L	L	T	F	V	F	W	K	S	H	A	L	L	Q

Jesus answered them and **said**, Verily, **verily**, I say unto you, Ye **seek** me, not because ye saw the **miracles**, but **because** ye did eat of the **loaves**, and were **filled**. **Labour** not for the meat which **perisheth**, but for **that meat** which **endureth** unto **everlasting life**, **which** the Son of man **shall give unto** you: for him **hath** God the **Father sealed**.

A BLESSED PEOPLE

NUMBERS 6:23–27

```
P  E  E  K  M  K  K  R  F  H  D  K  F  H  L
Z  X  K  G  R  A  C  I  O  U  S  A  K  C  I
K  K  T  M  Y  H  R  E  P  T  F  E  D  E  F
K  Z  E  E  T  J  T  L  K  Q  L  P  N  C  T
T  H  H  S  O  N  S  H  O  A  F  S  M  N  S
T  T  L  L  I  W  T  H  I  R  M  X  D  A  N
E  E  H  T  R  C  I  E  Q  S  D  J  Y  N  E
E  F  M  C  J  S  N  C  M  L  M  I  O  E  R
S  C  Z  L  R  U  P  A  L  K  N  R  W  T  D
R  S  A  A  Y  P  K  F  K  G  A  P  V  N  L
P  Z  E  E  H  O  Z  W  G  A  T  E  N  U  I
N  L  K  L  P  N  F  I  V  W  N  Q  L  O  H
Q  A  T  N  B  G  V  S  V  I  R  M  M  C  C
N  R  M  K  K  E  T  E  H  T  B  Q  M  K  J
L  T  T  E  B  Q  Z  S  C  K  S  H  A  L  L
```

Speak unto **Aaron** and unto his **sons**, saying, On **this wise** ye shall bless the children of Israel, **saying** unto them, The LORD bless thee, and **keep** thee: the LORD **make** his **face shine** upon thee, and be **gracious** unto thee: the LORD **lift** up his **countenance** upon thee, and **give thee peace**. And **they shall** put my **name upon** the **children** of **Israel**, and I **will bless them**.

BIBLICAL ALPHABET

T	N	E	T	O	P	I	N	M	O	R	B	T	C	C
E	K	I	N	S	M	A	N	M	T	B	N	M	N	Y
Z	T	X	Y	L	D	O	G	N	D	R	O	V	O	G
C	E	I	M	O	D	S	I	W	E	Z	R	R	I	T
C	F	A	R	M	M	L	M	L	U	C	A	E	T	R
R	Y	C	L	C	E	A	T	C	U	P	A	A	C	Y
N	E	T	D	V	O	U	M	N	M	F	E	S	E	T
L	S	V	A	A	B	P	A	M	A	D	U	T	R	I
A	T	J	I	Q	M	T	Y	T	O	R	G	W	R	U
N	E	F	W	U	I	A	H	H	R	N	O	A	U	Q
G	R	R	R	V	Q	E	S	V	C	T	G	R	S	I
U	D	L	I	R	R	G	K	C	N	L	A	D	E	N
A	A	T	V	A	S	H	T	I	U	H	N	D	R	I
G	Y	S	K	N	A	H	T	Y	P	S	Y	R	K	G
E	C	N	E	L	I	T	S	E	P	Q	S	T	Y	Q

AARON
BUTLER
CUP
DAMASCUS
EASTWARD
FATHER
GODLY
HYPOCRITE
INIQUITY

JAVELIN
KINSMAN
LANGUAGE
MAMMON
NATIVITY
OMNIPOTENT
PESTILENCE
QUIVER
RESURRECTION

SYNAGOGUE
THANKS
UZ
VASHTI
WISDOM
YESTERDAY
ZEAL

JESUS AND THE CHILDREN

LUKE 18:15-17

```
I  N  F  A  N  T  S  W  D  L  E  H  Q  W  V
R  B  L  H  C  F  Y  Z  K  V  L  K  I  D  R
C  E  K  W  O  H  D  L  I  N  O  S  D  E  E
H  V  T  R  O  I  I  E  I  S  E  I  T  L  V
I  P  B  N  A  U  C  L  L  R  S  N  D  L  E
L  I  R  S  E  E  L  A  D  C  E  Z  D  A  O
D  J  C  D  R  B  R  D  I  R  S  V  V  C  S
K  X  L  T  L  K  R  P  G  K  E  U  H  B  O
T  Y  L  H  K  W  L  C  T  O  L  N  S  V  H
H  A  A  G  G  E  T  Q  B  T  D  F  T  E  W
E  S  H  U  S  C  O  D  E  K  U  B  E  R  J
R  F  S  O  K  O  U  K  I  N  G  D  O  M  C
E  R  P  R  N  M  C  J  T  E  L  T  T  I  L
I  Q  W  B  T  E  H  H  P  Y  N  X  X  L  L
N  M  L  R  H  C  U  S  B  S  U  F  F  E  R
```

And they **brought** unto him **also infants**, that he **would touch** them: but when his **disciples** saw it, they **rebuked** them. But **Jesus called** them unto him, and **said, Suffer** little **children** to **come** unto me, and **forbid** them not: for of **such** is the kingdom of God. **Verily** I **say** unto you, **Whosoever shall** not **receive** the **kingdom** of **God** as a **little child** shall in no **wise enter therein**.

JESUS AND HIS DISCIPLES
MATTHEW 10

```
M  R  K  G  K  G  N  A  E  L  C  N  U  M  Z
M  S  E  V  L  O  W  V  D  T  Q  J  A  H  S
E  C  J  T  Y  K  H  P  I  R  U  T  C  P  P
H  S  L  A  S  L  X  C  B  D  T  W  R  R  I
Q  T  I  E  M  A  J  F  A  H  E  J  O  E  R
T  T  E  W  A  E  M  S  E  R  C  O  S  A  I
P  Y  H  R  N  N  S  W  D  L  N  H  S  C  T
E  N  K  O  U  N  S  N  D  O  K  N  G  H  S
E  O  S  F  M  D  A  E  M  O  D  G  N  I  K
H  M  E  N  Y  A  N  I  L  E  S  P  E  A  K
S  I  O  R  H  Y  S  E  T  P  I  L  I  H  P
T  T  F  K  K  K  T  A  L  K  H  E  A  L  L
S  S  B  A  R  T  H  O  L  O  M  E  W  Z  D
O  E  V  I  E  C  E  R  E  S  A  E  S  I  D
L  T  H  F  F  P  D  R  E  T  E  P  Z  K  B
```

ABIDE	HEAL	PREACH
ANDREW	JAMES	RECEIVE
BARTHOLOMEW	JOHN	SIMON
CLEANSE	JUDAS	SPEAK
CROSS	KINGDOM	SPIRITS
DENY	LOST SHEEP	TESTIMONY
DISEASE	MASTER	THOMAS
ENDURETH	MATTHEW	UNCLEAN
FOES	PETER	WISE
HATED	PHILIP	WOLVES

T'S IN THE BIBLE

G	N	I	H	S	E	R	H	T	T	Q	E	S	H	T
R	M	T	O	O	T	H	W	X	L	R	U	T	E	L
T	A	T	T	L	E	R	S	S	T	S	R	M	M	L
G	T	H	I	G	H	R	E	A	R	U	P	R	E	L
M	N	D	J	D	L	U	E	A	T	T	T	T	V	G
Y	C	I	G	G	H	T	H	A	R	H	R	L	T
Z	G	R	V	N	T	L	T	T	P	R	O	E	E	E
T	N	T	O	I	R	O	I	E	E	D	R	A	W	M
S	B	T	H	P	G	O	R	E	K	F	N	S	T	P
T	N	Y	J	I	N	S	S	M	X	E	S	U	E	E
E	E	L	D	L	S	C	K	E	E	P	L	R	H	R
L	K	K	M	M	O	T	Y	N	H	N	T	E	T	A
B	O	K	L	R	M	K	L	B	A	T	T	S	Q	N
A	T	N	E	M	A	T	S	E	T	H	I	E	D	C
T	R	E	S	P	A	S	S	X	S	X	T	T	D	E

TABLETS	<u>THE TWELVE</u>	TOKEN
TARSUS	THEATRE	TONGUES
TATTLERS	THIGH	TOOTH
TEKEL	THISTLES	TORMENTED
TEMPERANCE	THORNS	TREASURES
TEMPTATION	THREESCORE	TRESPASS
TESTAMENT	THRESHING	TRUTH
THANKSGIVING	TITHES	

A SELLER OF PURPLE

ACTS 16:13-15

E	N	A	M	O	W	N	I	A	T	R	E	C	H	P
D	L	L	E	K	D	J	N	B	D	H	Y	T	U	C
I	R	Y	R	K	F	T	T	E	L	L	H	R	I	V
S	B	X	D	G	A	R	W	S	O	K	P	T	G	E
R	P	A	T	I	F	P	B	O	H	L	Y	B	D	N
E	N	O	P	R	A	K	S	U	E	P	M	I	E	D
V	R	P	K	T	A	W	R	G	S	R	B	M	E	E
I	H	K	K	E	I	E	H	H	U	A	O	G	Z	P
R	T	D	R	P	N	Z	H	T	O	W	D	G	N	P
C	A	T	T	E	N	D	E	D	H	U	M	P	R	I
G	B	S	E	L	L	E	R	D	J	W	R	B	E	H
P	B	C	O	N	S	T	R	A	I	N	E	D	Y	S
A	A	F	A	I	T	H	F	U	L	Z	Q	Q	A	R
U	S	L	G	A	R	I	T	A	Y	H	T	G	R	O
L	L	D	E	T	R	O	S	E	R	R	R	R	P	W

ABIDE	HEART	RIVER SIDE
ATTENDED	HOUSEHOLD	SABBATH
BAPTIZED	JUDGED	SELLER
BESOUGHT	LYDIA	SPAKE
CERTAIN WOMAN	PAUL	SPOKEN
CITY	PRAYER	THYATIRA
CONSTRAINED	PURPLE	WOMEN
FAITHFUL	RESORTED	WORSHIPPED

THE SEA

N	M	T	L	M	C	A	L	M	G	F	N	W	R	C
V	T	E	D	B	S	X	G	N	W	E	V	D	H	H
R	T	M	E	N	K	H	I	L	T	I	N	G	T	A
Z	N	P	N	X	A	G	T	L	A	E	D	R	G	N
S	B	E	W	X	A	S	O	P	S	S	F	E	N	N
E	J	S	O	R	R	M	L	A	E	Z	S	A	E	E
L	E	T	R	B	E	E	R	H	E	D	W	T	R	L
S	C	N	D	K	R	B	D	G	O	O	R	C	T	S
I	N	R	E	V	O	C	D	V	R	H	O	Z	S	R
W	A	R	C	K	H	E	E	R	A	A	S	I	D	E
A	D	G	E	N	S	R	O	V	S	R	H	Q	R	S
T	N	C	T	D	F	S	E	T	R	A	E	H	O	E
E	U	T	A	L	N	N	L	F	I	S	H	J	A	V
R	B	Z	O	S	N	I	M	R	N	E	T	M	R	A
S	A	W	Z	K	T	J	H	H	T	L	A	S	H	W

ABUNDANCE	GLASS	ROAR
BRASEN	GREAT	SALT
CALM	HAVEN	SAND
CAST	HEART	SHORE
CHANNELS	HINDER	SIDE
COAST	ISLES	SORROW
COVER	MOLTEN	STRENGTH
DEPTHS	NET	TEMPEST
DROWNED	OVERFLOW	WATERS
EDGE	RAGING	WAVES
FISH	RED	WIDE

PEOPLE IN CANAAN
GENESIS 36

I	X	M	M	N	H	T	A	H	A	N	A	M	L	L
P	R	M	A	T	R	E	D	P	H	D	L	L	P	N
X	D	O	M	E	H	E	T	A	B	E	L	J	E	K
M	P	R	H	A	T	T	D	D	N	K	M	Z	K	B
A	D	A	D	E	B	A	F	M	D	N	A	O	B	H
H	E	A	H	O	L	I	B	A	M	A	H	A	A	H
S	D	S	S	H	E	P	H	O	V	G	A	K	A	B
U	Z	Z	A	Q	L	M	R	A	K	L	E	B	R	R
H	I	A	V	U	R	A	N	M	H	R	A	C	O	E
W	B	L	L	T	O	K	K	A	S	H	A	M	B	H
Q	E	V	T	A	E	X	N	A	N	E	N	B	H	O
J	O	A	K	T	B	A	M	I	N	Z	M	O	C	B
J	N	N	V	K	N	O	D	D	R	E	I	N	A	O
K	S	A	M	L	A	H	H	K	Q	R	T	A	C	T
M	A	M	E	H	T	D	I	S	H	O	N	M	Y	H

ACHBOR	DISHON	MEHETABEL
ADAH	ESAU	MOAB
AHOLIBAMAH	EZER	ONAM
AKAN	HADAD	SAMLAH
ALVAN	HEMAM	REHOBOTH
BAALHANAN	HORI	SHEPHO
BEDAD	HUSHAM	SHOBAL
BELA	MANAHATH	TIMNA
BEOR	MASREKAH	ZAAVAN
DINHABAH	MATRED	ZIBEON

ISRAELITES' OFFERINGS TO CONSTRUCT THE TABERNACLE

```
V  S  R  E  V  L  I  S  B  A  K  E  R  S  N
Q  T  Y  G  B  S  P  I  C  E  S  T  T  D  Y
X  O  P  O  B  L  I  O  X  T  X  S  H  L  C
S  N  T  L  X  E  H  X  S  Y  R  R  C  A  S
P  E  M  D  S  R  R  I  M  E  N  A  E  R  G
I  S  K  N  Z  L  T  Y  V  D  R  O  T  E  N
N  E  W  K  S  R  L  A  L  B  B  N  A  M  I
N  R  J  O  A  G  R  I  U  Z  R  J  G  E  R
E  I  E  L  O  G  N  N  K  R  A  F  A  K  N
R  H  W  H  N  L  C  I  J  S  S  P  L  N  B
S  P  E  E  T  L  S  A  R  C  S  X  O  A  M
M  P  L  W  E  N  S  R  K  R  R  T  D  T  X
H  A  E  J  I  P  S  R  E  V  A  E  W  B  N
P  S  R  K  E  H  T  O  L  C  X  E  M  D  Q
T  B  S  R  F  I  N  E  L  I  N  E  N  H  L
```

AGATE	FINE LINEN	SKILLS
ARTIST	FLAX	SKINS
BAKERS	GOLD	SPICES
BERYL	JASPER	SPINNERS
BRASS	JEWELERS	STONES
CARBUNCLE	OIL	TOPAZ
CLOTH	ONYX	WEAVERS
EARRINGS	RINGS	WOOL
EMERALDS	SAPPHIRE	
ENGRAVERS	SILVER	

OFFERINGS

P	T	R	S	T	M	L	L	A	I	R	O	M	E	M
A	S	K	E	N	L	L	I	W	E	E	R	F	N	S
S	H	Y	L	E	C	R	E	V	L	I	S	W	O	S
S	E	K	P	M	Z	D	R	D	K	Q	Q	A	E	A
O	E	V	O	E	L	L	Z	R	T	B	Z	V	G	P
V	P	P	E	N	D	O	L	I	E	H	U	E	I	S
E	N	P	P	O	K	G	Y	N	T	C	A	R	P	E
R	T	R	O	T	L	F	N	K	K	A	A	N	N	R
H	M	L	H	A	I	I	E	C	C	W	O	E	K	T
T	B	B	A	R	S	V	Y	H	R	L	R	G	P	J
M	T	X	E	M	A	B	U	L	L	O	C	K	B	N
E	N	N	J	E	B	T	M	H	B	Y	C	N	B	M
A	W	V	H	H	J	E	A	L	O	U	S	Y	E	M
L	C	T	U	R	T	L	E	D	O	V	E	A	X	D
P	S	A	C	R	I	F	I	C	E	V	T	P	R	H

ATONEMENT
BLOOD
BULLOCK
BURNT
DRINK
FIRE
FREEWILL
GOAT
GOLD

HEAVE
JEALOUSY
LAMB
MEAL
MEAT
MEMORIAL
PASSOVER
PEACE
PEOPLES

PIGEON
SACRIFICE
SHEEP
SILVER
SIN
THANK
TRESPASS
TURTLEDOVE
WAVE

FOOD FOR A WIDOW

1 KINGS 17:13-14

```
L  H  Y  K  J  R  L  O  R  D  N  L  L  B  T
I  Z  A  C  W  T  H  O  U  C  E  Q  E  T  E
T  T  N  S  R  M  S  Z  R  R  T  B  A  A  W
N  S  K  H  T  H  W  A  R  D  T  H  R  T  X
U  R  M  D  A  M  E  A  F  L  T  T  S  R  M
M  I  V  L  G  F  B  T  S  T  H  W  I  H  A
Y  F  L  N  Y  L  H  N  L  T  E  D  W  A  K
M  T  I  T  L  E  E  R  Z  T  E  R  N  J  E
K  R  H  J  R  I  T  K  A  B  Q  U  E  I  L
B  E  Y  E  R  Y  A  H  A  I  C  P  I  L  F
E  L  O  J  L  P  T  F  T  C  N  O  T  E  G
N  F  S  U  H  T  Y  M  K  I  F  N  H  S  N
V  T  M  E  L  T  T  I  L  M  A  M  E  A  L
G  H  T  E  D  N  E  S  M  M  T  S  R  I  Z
W  U  N  T  O  B  R  E  S  U  R  C  N  D  R
```

And **Elijah** said unto her, **Fear** not; go and do as **thou hast said**: but make me **thereof** a **little cake first**, and **bring** it **unto** me, and **after make** for **thee** and for thy son. For **thus saith** the LORD God of **Israel**, The **barrel** of **meal** shall not **waste, neither shall** the **cruse** of oil **fail, until** the day **that** the LORD **sendeth** rain **upon** the **earth.**

ENDLESS RULE
1 CHRONICLES 17:12-15

```
V  X  V  D  O  P  A  C  C  O  R  D  I  N  G
Y  F  R  L  T  N  H  J  Z  K  O  O  T  L  M
F  L  T  I  N  M  Y  B  H  Y  G  N  W  N  E
M  L  V  U  U  P  E  S  U  O  H  K  O  P  R
B  O  C  B  N  O  I  S  I  V  K  E  R  S  C
R  K  D  A  T  L  B  K  Q  K  K  N  D  E  Y
Y  T  W  G  B  Q  E  T  H  E  E  O  S  T  P
L  A  H  A  N  R  F  A  T  H  E  R  G  T  P
Y  F  T  E  O  I  V  Z  Z  M  C  H  J  L  K
D  S  F  F  S  L  K  T  I  H  T  T  G  E  N
T  A  E  W  L  E  H  N  K  P  D  A  J  R  A
A  B  V  A  I  I  E  T  K  A  M  T  K  J  T
H  Z  H  I  S  L  M  R  Q  V  E  O  D  E  H
T  S  R  F  D  N  L  Q  T  M  Z  P  R  L  A
E  V  E  R  M  O  R  E  D  Z  P  N  S  F  N
```

He shall **build** me an house, and I will **stablish** his throne for ever. I will be his **father**, and he shall be my son: and I will not **take** my **mercy away** from him, as I **took** it **from** him **that** was **before thee**: but I **will settle** him in **mine house** and in my **kingdom** for ever: and his **throne shall** be established for **evermore**. According to all **these words**, and **according** to all **this vision**, so did **Nathan speak unto David.**

HEBREW LETTERS AND WORDS IN PSALMS

```
M  G  T  C  C  R  E  S  H  P  T  P  D  N  R
R  A  H  X  R  G  H  K  N  W  R  Y  A  V  H
U  J  N  H  A  M  A  T  H  C  I  M  L  N  D
H  P  P  N  H  L  A  M  E  D  V  Y  E  Y  Y
H  O  S  F  A  L  L  N  G  Z  B  E  T  X  N
K  T  H  R  H  R  U  E  B  R  D  E  H  J  D
G  C  I  R  S  N  Z  M  A  U  T  J  T  T  M
M  N  G  T  H  S  P  W  T  N  G  M  G  H  H
A  U  G  F  T  X  E  H  H  M  N  H  T  M  T
H  H  A  H  E  I  R  L  A  A  T  O  R  J  O
A  T  I  Q  L  H  G  S  A  O  N  G  T  N  N
L  U  O  F  E  R  C  Y  M  H  N  I  L  H  I
A  D  N  R  J  H  L  A  L  E  M  I  G  G  G
T  E  D  T  I  L  L  Y  H  T  E  T  D  E  E
H  J  H  L  A  A  A  L  E  P  H  R  X  R  N
```

AIJELETH SHAHAR	JEDUTHUN	NEGINOTH
ALAMOTH	KOPH	NUN
ALEPH	LAMED	RESH
BETH	LEANNOTH	SELAH
DALETH	MAHALATH	SHIGGAION
EDUTH	MASCHIL	TAU
GIMEL	MICHTAM	TETH
GITTITH	NEGINAH	

NONE LIKE GOD

2 CHRONICLES 6:14–15

```
M  R  Y  H  F  U  L  F  I  L  L  E  D  H  Y
O  I  G  Q  Z  M  R  K  K  W  P  F  E  S  R
U  E  K  G  S  N  M  E  R  C  Y  A  S  I  T
T  H  D  W  E  H  C  I  H  W  V  H  I  H  N
H  T  A  A  R  I  S  R  A  E  L  T  M  T  A
D  L  H  D  V  P  R  T  N  T  S  V  O  F  N
K  R  R  Y  A  I  M  Q  S  E  H  T  R  A  E
N  O  N  K  N  N  D  W  W  E  L  E  P  T  V
L  T  E  C  T  R  H  E  I  E  P  M  R  H  O
U  S  U  T  S  S  H  D  C  T  E  E  G  E  C
T  O  H  N  T  S  Q  I  D  M  H  H  E  R  Q
D  A  H  R  T  T  L  A  K  E  P  T  T  K  N
T  N  A  T  S  O  I  S  P  M  R  Q  Q  W  M
T  E  A  A  N  T  K  N  G  E  R  O  F  E  B
H  Y  H  H  G  B  E  J  E  N  I  H  T  L  Z
```

And **said**, O **LORD** God of **Israel**, **there** is no God **like** thee in the **heaven**, nor in the **earth**; which **keepest covenant**, and **shewest mercy unto** thy **servants**, that **walk before thee** with all **their hearts**: thou which hast **kept** with thy servant **David** my **father that which thou** hast **promised** him; and **spakest** with thy **mouth**, and **hast fulfilled** it **with thine hand**, as it is **this** day.

COVENANT OF PEACE

ISAIAH 54:9–10

```
S  K  I  N  D  N  E  S  S  M  M  J  V  K  Z
H  Z  V  D  H  R  E  M  O  V  E  D  L  M  W
O  K  X  N  O  A  H  U  B  W  R  O  T  H  M
U  H  T  W  Q  H  N  L  M  M  R  Z  R  O  Z
L  G  T  R  I  T  S  R  T  D  R  K  R  N  R
D  S  P  A  A  T  V  W  L  H  R  E  Z  N  Y
L  R  H  I  H  P  H  P  O  V  T  V  P  R  T
N  R  N  A  B  X  E  K  E  R  L  R  S  N  R
S  S  T  L  L  D  J  D  E  V  N  R  A  E  S
I  L  T  K  L  L  R  N  H  N  E  N  H  E  A
H  N  V  U  E  K  E  T  T  T  E  T  Q  K  I
T  K  O  T  V  M  B  B  A  V  I  T  A  H  T
T  W  T  Z  A  O  U  W  O  E  S  L  L  I  H
N  D  Y  L  H  R  K  C  N  R  E  V  O  F  L
M  E  R  C  Y  F  E  R  R  P  E  A  C  E  Q
```

For **this** is as the **waters** of **Noah** unto me: for as I have **sworn** that the waters of Noah **should** no **more** go **over** the **earth**; so **have** I sworn that I **would** not be **wroth** **with** thee, nor **rebuke** thee. For the **mountains** shall depart, and the **hills** be removed; but my **kindness** shall not **depart** **from** thee, **neither** **shall** the **covenant** of my **peace** be **removed**, **saith** the LORD **that** **hath** **mercy** on **thee**.

DANIEL

S	H	A	D	R	A	C	H	N	D	N	L	G	D	Y
G	J	L	Y	T	D	M	V	T	P	Y	T	A	N	L
K	T	B	E	L	S	H	A	Z	Z	A	R	L	E	Y
M	V	I	S	I	O	N	S	Z	Y	I	W	K	B	B
P	W	Z	B	Z	R	N	W	C	U	R	O	I	U	C
S	T	L	M	R	O	O	E	S	I	K	G	N	C	H
H	E	N	H	L	O	H	N	T	N	E	E	G	H	A
T	S	L	Y	C	P	N	I	G	F	C	N	D	A	L
C	N	B	I	O	A	N	Z	R	Z	A	D	O	D	D
M	A	D	R	X	G	H	H	E	L	N	E	M	N	E
B	I	P	T	V	E	L	S	D	H	R	B	Q	E	A
Z	S	C	B	Z	I	B	L	E	N	U	A	P	Z	N
N	R	K	W	O	H	O	R	N	M	F	Y	L	Z	S
Q	E	M	N	L	G	M	A	E	R	D	B	Z	A	R
K	P	S	N	A	I	C	I	G	A	M	R	K	R	R

ABEDNEGO	FURNACE	NEBUCHADNEZZAR
BABYLON	GOLD	PERSIANS
BELSHAZZAR	HORN	PROPHECY
BRONZE	IRON	SHADRACH
CHALDEANS	KINGDOM	VISIONS
DARIUS	LIONS	WRITING
DREAM	MAGICIANS	
EXILES	MESHACH	

NIGHT WITH THE LIONS

DANIEL 6:21-23

```
M Y L G N I D E E C X E T L N C Q
K C T N F B E C A U S E B U K N B
S K N E M Y E C H C M F P H N T
E L K H H Q L N G J Q F Z A V S M
N V N T H T A H O F L L N B K H C
T F D E T Z L H L D R G K B G O T
R R I D K F O U N D E Q T N M R X
D E A E V A H X K L P M I M U H P
A N S V N B T T R Z Y K A H C L T
N N Z E M K T S F G P N R U R X B
I A D I V T G H W O D F M R K T E
E M B L H E M T E E U S C R H T F
L P M E F D R U D Y A N Y F Z O O
C W E B D V H O M R D J D N T R R
W R L L N Z R M O D R K K N T Q E
L I V E G N R F G L A D U R R W L
T X N M I N N O C E N C Y R N X J
```

Then **said** Daniel **unto** the king, O king, **live** for **ever**. My God hath **sent** his **angel**, and **hath shut** the lions' **mouths**, that they have not hurt me: **forasmuch** as before him **innocency** was **found** in me; and also **before thee**, O king, **have** I **done** no hurt. **Then** was the **king exceedingly glad** for him, and **commanded** that **they** should take Daniel up out of the den. So **Daniel** was **taken** up out of the den, and no **manner** of **hurt** was **found** upon him, **because** he **believed** in his God.

PRAYER OF CONFIDENCE

PSALM 17:6-9

```
T  L  B  S  E  I  M  E  N  E  T  S  U  R  T
C  O  E  K  K  E  T  M  W  S  D  Y  Q  Z  X
O  V  S  Z  H  H  O  S  E  B  E  L  W  H  D
M  I  I  T  E  R  P  V  Q  T  L  D  A  S  E
P  N  R  I  F  E  A  W  G  J  L  A  P  U  K
A  G  R  U  E  S  W  E  H  S  A  E  P  O  C
S  K  S  C  O  R  E  D  N  U  C  D  L  L  I
S  I  H  G  K  H  E  T  N  T  K  H  E  L  W
S  N  T  T  N  E  T  S  L  G  I  K  H  E  K
H  D  T  H  H  I  E  I  O  D  H  Z  E  V  G
A  N  N  R  A  I  W  P  E  H  J  R  A  R  N
D  E  C  Z  P  N  N  L  W  V  T  F  R  A  P
O  S  W  X  N  X  D  E  R  I  G  H  T  M  H
W  S  A  G  A  I  N  S  T  R  B  T  Y  T  M
F  O  P  P  R  E  S  S  I  N  C  L  I  N  E
```

I have **called** upon thee, for thou **wilt** hear me, O God: **incline thine** ear unto me, and **hear** my **speech. Shew** thy **marvellous lovingkindness,** O **thou** that **savest** by thy **right hand** them which put **their trust** in thee from **those** that **rise** up **against them. Keep** me as the **apple** of the eye, **hide** me **under** the **shadow** of thy **wings,** from the **wicked** that **oppress** me, **from** my **deadly enemies,** who **compass** me about.

U'S IN THE BIBLE

```
P  N  T  D  E  T  T  O  P  S  N  U  P  M  G
C  I  U  N  R  E  A  S  O  N  A  B  L  E  N
U  S  R  N  U  N  S  T  A  B  L  E  L  H  I
N  R  U  N  P  R  O  F  I  T  A  B  L  E  V
D  A  R  N  T  S  O  M  R  E  T  T  U  W  E
E  H  G  D  D  Y  X  T  Y  J  U  T  H  A  I
R  P  E  V  E  E  R  J  U  Z  Z  I  A  H  L
S  U  N  C  O  R  R  U  P  T  N  E  S  S  E
T  C  K  D  Q  U  E  N  S  U  C  T  U  M  B
A  N  C  N  R  L  R  T  E  U  R  N  X  J  N
N  H  J  I  C  A  Y  X  T  A  R  B  C  B  U
D  V  A  N  O  P  R  U  S  U  T  E  A  Q  T
I  H  U  R  K  P  X  J  L  C  P  H  P  N  V
N  T  P  K  Y  M  Z  Y  V  L  Z  N  K  P  E
G  U  T  U  N  K  N  O  W  N  G  O  D  T  U
```

UNBELIEVING
UNCLE
UNCORRUPTNESS
UNDERNEATH
UNDERSTANDING
UNKNOWN GOD
UNPROFITABLE
UNREASONABLE

UNRULY
UNSPOTTED
UNSTABLE
UPHARSIN
UPPER
UPROAR
URBANE
URGE

URIAH
USURP
USURY
UTHAI
UTTERED
UTTERMOST
UZZIAH

MORE HALL OF FAITH

HEBREWS 11:4-37

M	V	L	Q	J	A	C	O	B	X	T	M	S	R	D
O	S	G	N	I	G	R	U	O	C	S	D	A	K	E
S	T	S	G	N	I	K	C	O	M	E	R	R	C	T
E	N	T	L	C	J	F	N	A	S	H	D	A	R	N
S	E	O	E	B	N	O	H	T	M	L	A	K	B	E
F	M	N	B	P	S	A	I	Q	S	S	V	W	A	M
J	N	E	A	M	R	T	S	L	I	C	I	Z	H	R
R	O	D	A	B	U	F	A	T	P	D	D	D	A	O
N	S	S	A	T	S	I	B	N	E	N	C	Q	R	T
H	I	M	E	R	N	A	T	A	O	H	C	O	N	E
N	R	T	L	P	Y	F	W	A	R	E	P	H	V	K
D	P	J	C	Y	H	K	H	N	T	A	D	O	M	J
T	M	J	Y	Y	L	E	U	M	A	S	K	E	R	L
W	I	W	K	J	E	P	H	T	H	A	E	B	G	P
Y	V	D	T	A	F	F	L	I	C	T	E	D	X	X

ABEL	ISAAC	SAMSON
ABRAHAM	JACOB	SAMUEL
AFFLICTED	JEPHTHAE	SARA
BARAK	JOSEPH	SAWN
DAVID	MOCKINGS	SCOURGINGS
DESTITUTE	MOSES	SLAIN
ENOCH	NOAH	STONED
GEDEON	PROPHETS	TORMENTED
IMPRISONMENT	RAHAB	

Day 312

DAVID'S PRAYER OF PRAISE
PSALM 8:3-6

```
T R Q L S L E G N A K Y T Z R
C S T T Y L W R H C I H W E L
H N A M A D E S T N K Q D C I
K R H H V D E L R R N I L H T
S Q W K N I U N U T S H A W T
D V F U D F S O W N M N A O L
O N R I D E N I O O D M V V E
M K H N N O N C T S R E D W E
I Z I E H G N I L E R C M X T
N M S H F K E O A X S M W M J
I T G W D F W R J D B T Y M Y
O L N R F E E T S M R T R O R
N K I L R S K R O W R O O O W
T R H H E A V E N S R T L N Z
Z C T H O U C M H N G H G T N
```

When I **consider** thy **heavens**, the work of thy **fingers**, the **moon** and the **stars**, **which** thou hast **ordained**; **wha**t is man, that thou art **mindful** of him? and the son of man, that **thou visitest** him? For thou hast made him a **little lower** than the **angels**, and hast **crowned** him with **glory** and **honour**. Thou **madest** him to **have dominion over** the **works** of thy **hands**; thou **hast** put all **things under** his **feet**.

THE CONTEST: GOD AND BAAL
1 KINGS 18

S	D	O	O	L	B	S	A	C	R	I	F	I	C	E
T	X	L	R	N	M	A	N	N	E	R	H	G	V	N
E	P	E	L	A	T	S	K	D	S	R	C	N	B	V
H	E	A	L	M	L	N	E	B	D	W	N	I	D	E
P	O	R	V	E	B	M	A	D	C	P	E	N	B	L
O	P	S	W	F	U	R	U	E	D	R	R	R	A	I
R	L	I	E	S	R	O	K	M	C	O	T	O	W	J
P	E	L	N	E	L	N	C	C	O	I	O	M	A	A
E	L	O	L	A	F	R	C	U	O	C	O	W	K	H
S	C	S	Y	B	F	K	N	T	T	L	K	V	E	R
O	T	T	N	A	V	R	E	S	M	P	L	E	D	E
O	W	O	N	H	H	R	A	L	T	A	R	U	D	T
H	Z	N	R	A	R	C	A	Q	R	H	L	R	B	A
C	T	E	N	G	N	I	R	E	F	F	O	H	V	W
C	Y	S	C	R	I	E	D	P	H	L	E	R	I	F

AHAB	CUT	OFFERING
ALOUD	ELIJAH	PEOPLE
ALTAR	FELL	PROPHETS
ANSWER	FIRE	SACRIFICE
AWAKED	HEAR	SERVANT
BARRELS	ISRAEL	SLEW
BLOOD	LORD	STONES
BULLOCK	MANNER	TRENCH
CHOOSE	MOCKED	VOICE
CONSUMED	MORNING	WATER
CRIED	NAME	WOOD

THE LAW OF THE LORD
PSALM 19:7–10

```
G  N  I  N  E  T  H  G  I  L  N  E  K  T  L
M  J  U  D  G  M  E  N  T  S  X  F  Y  T  Z
B  H  C  O  N  V  E  R  T  I  N  G  N  K  N
M  N  E  E  S  I  W  S  C  S  Z  D  T  J  C
O  Y  T  A  R  A  R  K  W  R  O  P  H  M  O
C  X  S  T  R  L  H  A  G  E  U  U  T  Q  M
Y  N  E  E  S  T  E  F  E  R  E  C  L  G  M
E  A  T  S  U  O  K  L  E  F  E  T  N  D  A
N  E  U  T  O  G  W  X  P  F  C  I  E  T  N
O  L  T  I  E  E  A  N  R  M  R  S  H  R  D
H  C  A  M  T  T  L  E  F  U  I  G  P  S  M
T  Z  T  O  H  H  P  R  D  R  I  S  U  T  E
N  R  S  N  G  E  G  N  E  R  K  R  L  N  N
T  T  U  Y  I  R  E  D  M  V  E  T  N  K  T
Y  H  R  E  R  J  R  E  J  O  I  C  I  N  G
```

The **law** of the LORD is **perfect, converting** the **soul**: the **testimony** of the LORD is **sure**, making **wise** the **simple**. The **statutes** of the LORD are **right, rejoicing** the **heart**: the **commandment** of the LORD is **pure, enlightening** the eyes. The **fear** of the LORD is **clean, enduring** for ever: the **judgments** of the LORD are **true** and **righteous altogether**. More to be **desired** are they than gold, yea, than much fine gold: **sweeter** also than honey and the **honeycomb**.

TAX COLLECTOR
MATTHEW 9:9-10

D	L	O	H	E	B	K	Q	R	Z	N	F	M	Y	W
L	D	D	N	G	T	F	R	O	M	M	A	E	N	D
N	P	U	B	L	I	C	A	N	S	T	E	A	A	I
A	G	N	I	T	T	I	S	V	T	M	K	T	M	S
M	R	R	Z	M	N	L	L	H	A	R	L	H	N	C
E	P	Y	T	J	F	Z	E	C	Z	N	T	T	W	I
D	J	D	J	P	T	W	K	N	L	R	C	X	H	P
Y	T	E	D	M	I	H	F	X	O	L	Y	M	M	L
M	T	S	S	E	H	E	E	F	G	A	R	O	S	E
L	M	S	J	U	W	M	C	N	B	B	B	T	R	S
T	K	A	T	H	S	O	H	E	C	G	X	S	E	K
N	Q	P	T	K	D	O	L	D	R	E	R	U	N	M
X	W	I	D	K	U	O	R	L	M	R	R	C	N	H
V	A	F	F	S	Y	V	W	C	O	T	R	G	I	L
S	R	C	E	K	Y	D	Q	N	L	F	H	M	S	P

And as Jesus **passed forth from thence**, he saw a man, **named Matthew**, **sitting** at the **receipt** of **custom**: and he **saith** unto him, Follow me. And he **arose**, and **followed** him. And it came to pass, as **Jesus** sat at **meat** in the **house**, **behold**, **many publicans** and **sinners came** and sat **down** with him and his **disciples**.

BIBLE MOUNTAINS

```
H  E  R  O  M  F  O  L  L  I  H  T  L  P  F
C  M  O  U  N  T  O  F  E  S  A  U  E  B  S
M  A  S  E  V  I  L  O  T  B  D  K  B  M  H
O  F  R  Y  F  V  K  H  O  R  E  B  A  I  A
U  K  D  M  R  F  V  R  T  K  P  N  N  Z  P
N  J  D  A  E  I  K  X  N  F  A  M  O  A  H
T  R  E  N  E  L  E  G  A  N  R  I  N  R  E
E  N  Y  A  A  L  E  S  P  O  A  R  F  E  R
P  P  O  N  R  R  I  Z  H  M  N  A  G  P  J
H  S  I  I  I  I  H  G  T  R  H  B  H  T  J
R  S  I  Z  Z  A  M  Z  A  E  G  A  Y  M  W
A  P  I  N  L  T  E  C  L  H  A  I  R  O  M
I  M  E  A  A  R  B  R  I  A  O  B  L  I  G
M  B  A  F  O  I  A  G  G  B  E  T  H  E  L
O  B  M  H  M  Z  L  M  I  A  R  A  M  E  Z
```

ABARIM	HOR	PARAN
BAALAH	HOREB	PERAZIM
BETHEL	JEARIM	SEIR
CARMEL	LEBANON	SHAPHER
EBAL	MORIAH	SINA
GERIZIM	MOUNT EPHRAIM	SINAI
GILBOA	MOUNT OF ESAU	TABOR
GILEAD	NAPHTALI	ZEMARAIM
HERMON	NEBO	ZION
HILL OF MOREH	OLIVES	

SAMSON

H	W	I	F	E	E	D	E	L	D	D	I	R	S	H
M	D	R	B	T	S	O	L	I	V	E	S	T	R	E
P	K	E	A	N	E	O	L	F	T	K	R	N	T	W
I	P	G	L	R	E	R	J	I	S	E	T	I	V	R
L	P	H	X	I	B	S	R	S	N	K	R	K	A	R
L	Y	D	I	L	L	I	W	G	E	A	C	Z	H	B
A	R	P	D	L	P	A	T	G	Z	X	O	O	J	S
R	E	N	V	S	I	H	H	A	R	R	O	A	L	T
S	T	S	A	E	F	S	N	S	D	I	W	F	E	N
H	H	H	G	A	Z	A	T	S	E	B	N	Y	P	E
A	G	O	T	P	Z	B	D	I	O	P	E	D	H	M
O	U	N	D	N	F	R	M	N	N	S	O	M	A	R
N	A	E	C	T	O	L	E	R	M	E	C	R	R	A
A	L	Y	G	C	S	H	A	V	E	N	S	Q	O	G
M	S	D	N	O	I	L	T	C	O	R	N	K	Z	Z

BEES	GAZA	PILLARS
CORDS	GRIND	RAZOR
CORN	HONEY	RIDDLE
DELILAH	JAWBONE	ROPES
DOORS	LION	SHAVEN
EYES	LOCKS	SLAUGHTER
FEAST	MANOAH	SPIRIT
FOXES	NAZARITE	STRENGTH
GARMENTS	OLIVES	WIFE
GATE	PHILISTINES	ZORAH

Day 318

GOD IS FAITHFUL IN THE OLD TESTAMENT

```
L  X  M  C  H  A  J  I  L  E  R  J  O  S  J
H  A  I  M  E  R  E  J  J  C  L  G  H  H  M
P  M  O  S  E  S  M  A  H  D  E  A  R  A  V
J  O  S  H  U  A  C  P  E  N  D  E  Z  R  A
B  A  R  A  K  O  E  B  D  R  H  H  R  A  O
K  H  H  P  B  S  O  E  A  B  A  C  L  S  T
D  A  Y  I  O  R  B  C  N  K  I  O  N  H  H
E  I  R  J  A  A  H  H  I  G  M  N  O  R  N
B  D  A  H  F  C  G  K  E  Y  E  E  R  C  I
E  A  H  C  A  R  E  C  L  Z  H  M  A  I  E
H  B  A  A  E  H  Q  D  A  R  E  M  A  S  L
C  O  B  H  Q  W  S  B  R  L  N  K  T  A  K
O  M  T  S  L  D  N  I  O  O  E  B  I  I  L
J  S  J  E  X  T  L  C  L  J  M  B  P  A  Z
E  K  F  M  I  D  W  I  V  E  S  F  V  H  H
```

AARON	EZRA	MIDWIVES
ABEDNEGO	HEZEKIAH	MORDECAI
BARAK	ISAIAH	MOSES
CALEB	JACOB	NEHEMIAH
DANIEL	JEREMIAH	OBADIAH
DEBORAH	JOB	OTHNIEL
ELIJAH	JOCHEBED	RAHAB
ELISHA	JOSEPH	SARAH
ENOCH	JOSHUA	SHADRACH
ESTHER	MESHACH	

GOD IS FAITHFUL IN
THE NEW TESTAMENT

```
S  A  L  O  C  I  N  V  S  H  P  E  S  O  J
X  J  P  H  I  L  I  P  A  L  R  L  Z  S  N
V  T  C  O  R  N  E  L  I  U  S  I  T  T  I
M  A  R  T  H  A  A  S  N  A  M  S  I  E  C
X  K  R  M  T  I  L  I  A  P  J  A  M  P  A
T  S  Y  Z  D  I  C  O  N  G  S  B  O  H  N
S  C  U  Y  A  O  T  L  A  A  H  E  T  E  O
N  U  L  R  D  C  T  U  B  L  T  T  H  N  R
D  N  M  E  A  A  C  A  S  X  R  H  E  E  X
V  O  M  I  B  Z  N  H  Q  S  E  K  U  R  D
M  U  R  I  S  R  A  D  A  B  I  N  S  R  G
S  A  T  C  A  E  N  L  E  E  I  L  C  W  M
Q  H  R  B  A  L  N  H  M  C  U  L  A  B  N
A  T  C  Y  P  S  P  O  E  D  T  S  R  S  M
```

ANANIAS	LYDIA	PHILIP
BARNABAS	MARTHA	SILAS
CORNELIUS	MARY	STEPHEN
DORCAS	NICANOR	TABITHA
ELISABETH	NICODEMUS	TIMOTHEUS
EUNICE	NICOLAS	TITUS
JOSEPH	ONESIMUS	ZACCHAEUS
LAZARUS	PAUL	
LOIS	PHEBE	

Day 320

CITIES

J	A	T	T	I	R	N	N	Q	N	T	R	R	A	C
K	H	Z	Z	L	N	A	R	O	H	R	E	D	I	N
N	F	B	A	V	A	Q	B	K	A	Z	E	C	H	T
M	A	G	B	G	B	R	F	M	E	B	P	N	P	Z
Z	N	A	E	H	E	B	O	G	I	M	O	R	L	C
R	R	E	Z	E	G	T	A	R	R	M	O	J	E	H
P	Y	C	E	B	H	H	S	B	L	B	H	R	D	S
E	M	I	R	R	G	A	A	Y	Y	B	N	A	E
R	S	D	T	O	Y	E	O	T	M	L	Y	I	L	D
G	D	O	K	N	Q	H	H	L	R	A	O	A	I	E
A	N	A	T	H	O	T	H	O	A	A	R	N	H	K
M	N	L	W	L	M	Z	M	H	B	N	K	I	P	V
O	N	F	O	K	U	K	G	I	B	E	O	N	A	D
S	M	N	V	L	V	M	E	L	A	S	U	R	E	J
R	S	U	S	E	H	P	E	J	E	R	I	C	H	O

AIN
ALMON
ANATHOTH
BABYLON
BEZER
DEBIR
EPHESUS
GAZA
GEBA
GEZER

GIBEON
GOLAN
HEBRON
HOLON
HORAN
JATTIR
JERICHO
JERUSALEM
KARTAH
KEDESH

LAODICEA
LUZ
PERGAMOS
PHILADELPHIA
RAMOTH
REHOB
ROME
SAMARIA
SMYRNA

THE LORD'S PRAYER
LUKE 11:1-4; MATTHEW 6:9-13

```
D  H  A  L  L  O  W  E  D  S  L  W  D  K  V
H  T  K  R  E  C  O  M  E  F  I  E  I  R  M
C  P  E  N  S  T  B  E  D  M  B  N  G  L  Y
A  E  O  V  W  C  T  D  F  T  G  R  S  R  L
E  D  V  D  E  H  N  A  O  D  U  T  O  M  T
T  E  K  I  Y  R  T  R  O  O  T  L  H  S  E
T  V  D  H  G  H  S  M  T  E  G  P  W  E  M
E  I  A  D  E  R  P  Z  R  V  L  R  I  L  P
N  L  Y  R  A  A  O  R  A  I  R  A  N  P  T
O  N  K  D  E  I  V  F  E  G  B  Y  D  I  A
F  D  A  E  L  M  L  E  M  V  D  D  E  C  T
P  O  W  E  R  M  A  Y  N  A  I  Y  B  S  I
R  E  V  E  R  O  F  N  E  C  J  L  T  I  O
H  C  I  H  W  E  A  R  T  H  H  N  E  D  N
M  D  B  D  V  B  B  J  L  H  G  N  D  D  R
```

ART	EVIL	ONE
BREAD	FATHER	OUR
COME	FOREVER	POWER
DAILY	FORGIVE	PRAY
DAY	GIVE	SINS
DEBTORS	GLORY	TEACH
DEBTS	HALLOWED	TEMPTATION
DELIVER	HEAVEN	THY
DISCIPLES	INDEBTED	WHICH
DONE	KINGDOM	WILL
EARTH	LEAD	
EVER	NAME	

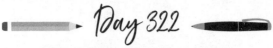

PRAISE FOR GOD
2 SAMUEL 7:22-23

```
Z  L  N  E  A  R  T  H  N  I  X  B  G  J  R
T  H  A  E  V  F  R  L  S  N  E  L  O  K  E
A  H  Z  N  I  F  E  R  Y  S  T  E  D  T  D
E  W  F  T  D  T  A  V  I  G  H  G  S  E  E
R  T  L  L  N  E  H  D  A  X  E  Y  T  R  E
G  H  E  I  L  E  E  E  V  H  R  P  P  O  M
K  I  S  K  B  M  W  X  R  T  E  T  D  F  E
D  N  M  E  L  B  I  R  R  E  T  M  R  E  D
E  G  I  T  G  N  I  D  R  O  C  C  A  R  S
L  S  H  X  M  O  H  W  N  A  M  E  E  E  T
P  R  W  D  R  Y  D  C  K  P  K  T  H  H  M
O  M  I  E  E  R  N  O  N  E  A  V  O  W  V
E  T  K  E  O  V  F  Z  F  H  P  U  N  N  D
P  A  D  L  H  R  E  T  W  T  Y  M  C  Y  B
M  S  N  O  I  T  A  N  E  R  O  F  E  B  T
```

Wherefore thou art great, O **LORD** God: for there is **none** like thee, **neither** is **there** any God **beside** thee, **according** to all that we **have heard** with our ears. And **what** one nation in the **earth** is like thy people, **even like Israel, whom** God **went** to redeem for a people to **himself**, and to **make** him a **name**, and to do for you **great things** and **terrible**, for thy **land, before** thy **people**, which **thou redeemedst** to thee from **Egypt**, from the **nations** and **their gods?**

FIFTEEN YEARS ADDED TO HIS LIFE

ISAIAH 38:2-5

T	C	T	D	L	O	H	E	B	J	W	X	I	L	W
V	R	E	Y	A	R	P	E	B	J	D	Z	S	D	F
H	D	S	P	W	I	L	L	A	T	L	F	A	E	I
A	O	A	R	F	S	H	W	O	R	D	H	I	K	F
I	N	Y	A	D	R	E	C	L	K	T	Y	A	L	T
K	E	I	Y	V	A	R	R	E	D	N	B	H	A	E
E	R	N	E	K	E	O	Y	E	E	Z	E	B	W	E
Z	G	G	D	S	T	S	N	E	P	S	L	E	T	N
E	T	J	Y	M	Q	R	R	H	A	W	E	O	S	Q
H	K	A	N	J	U	Q	T	I	Q	R	A	B	R	T
C	D	K	Q	T	J	U	D	H	F	C	S	L	H	D
F	A	C	E	E	R	G	E	K	W	T	T	M	L	N
W	V	C	M	T	O	A	T	H	G	I	S	P	Q	T
R	C	A	K	O	R	J	R	E	B	M	E	M	E	R
V	C	B	D	D	T	T	P	E	R	F	E	C	T	W

Then **Hezekiah turned** his **face** toward the **wall**, and **prayed** unto the LORD, and **said, Remember** now, O LORD, I **beseech** thee, how I have **walked** before thee in **truth** and with a **perfect heart** and have **done** that which is **good** in thy **sight**. And Hezekiah **wept sore**. Then **came** the **word** of the LORD to **Isaiah, saying**. . .I have **heard** thy **prayer**, I have **seen** thy **tears: behold**, I **will** add unto thy **days fifteen years**.

THE PRODIGAL SON

W	S	Q	G	G	L	O	S	T	H	W	D	P	V	B
O	T	H	L	R	S	O	N	O	T	E	B	O	R	Y
R	N	M	A	E	T	T	U	F	S	N	W	C	V	E
T	A	Z	D	H	E	S	D	S	O	D	E	Q	K	N
H	V	G	T	T	E	N	I	A	E	U	T	P	N	R
Y	R	M	P	A	V	K	I	E	N	S	N	H	S	U
R	E	T	E	F	I	R	F	M	E	C	K	D	M	O
M	S	S	M	F	L	Q	X	O	A	K	I	S	L	J
M	E	P	W	F	A	Z	H	R	K	F	T	N	U	N
U	G	R	L	I	E	S	I	D	K	P	B	W	G	H
S	N	A	R	A	N	N	L	E	T	G	N	B	D	L
I	C	M	T	Y	G	E	J	A	N	Y	Q	L	G	P
C	W	R	E	G	N	U	H	D	L	F	I	E	L	D
L	L	J	C	O	M	P	A	S	S	I	O	N	D	R
K	J	R	K	Q	K	R	E	D	L	E	N	P	Q	T

ALIVE	FIELD	MUSIC
CALF	FOUND	RING
COMPASSION	GLAD	ROBE
DANCING	HOUSE	SAFE
DEAD	HUNGER	SERVANTS
EAT	HUSKS	SHOES
ELDER	JOURNEY	SON
FAMINE	KISSED	SPENT
FATHER	LOST	SWINE
FEED	MERRY	WORTHY

V'S IN THE BIBLE

V	V	N	V	R	E	C	N	A	E	G	N	E	V	Y
C	E	O	M	A	A	V	I	R	T	U	O	U	S	D
E	E	S	I	E	N	G	V	A	N	I	S	H	L	N
D	R	M	T	C	G	I	E	V	O	Y	A	G	E	O
N	G	U	U	M	E	A	T	N	Y	B	N	Z	V	B
M	H	N	T	L	E	K	S	Y	I	O	N	E	T	A
H	P	M	V	N	O	N	K	I	I	V	H	N	T	G
W	D	V	A	V	E	V	T	L	V	E	A	R	E	A
Y	R	E	S	O	K	V	I	S	M	I	D	V	C	V
L	A	X	H	W	L	M	V	E	L	I	I	K	N	T
I	Y	A	T	V	R	I	N	A	O	N	T	B	E	Q
R	E	T	I	E	R	T	V	V	E	S	S	E	L	S
E	N	I	V	G	L	E	G	A	T	N	I	V	O	L
V	I	O	I	Y	G	X	S	E	G	A	L	L	I	V
Y	V	N	S	L	A	U	T	C	I	V	D	D	V	T

VAGABOND	VESSELS	VIRGIN
VALIANT	VESTMENTS	VIRTUOUS
VANISH	VEXATION	VISAGE
VANITY	VICTUALS	VOICE
VASHTI	VILLAGES	VOID
VEHEMENTLY	VINE	VOLUME
VENGEANCE	VINEGAR	VOW
VENTURE	VINEYARD	VOYAGE
VERILY	VINTAGE	
VERMILION	VIOLENCE	

WHAT DOES GOD REQUIRE?

MICAH 6:7-8

```
T  D  X  B  N  D  M  P  R  H  Q  H  S  L  L
S  H  L  K  O  P  Y  C  R  E  M  H  A  Q  D
H  T  E  G  T  R  N  D  Q  L  A  Y  K  T  G
E  T  B  E  K  I  N  B  O  L  D  F  W  O  H
W  T  H  Q  M  V  U  V  L  R  Q  D  O  T  L
E  K  A  O  K  E  E  R  O  K  E  D  L  Y  T
D  W  G  H  U  R  J  L  F  S  L  X  R  L  X
F  T  K  K  W  S  B  R  A  D  L  Y  T  B  T
J  K  M  Q  R  B  A  E  K  U  I  R  A  M  S
U  F  E  V  I  G  L  N  O  L  W  M  P  U  Q
S  T  H  Y  T  P  C  S  D  Q  A  D  L  H  M
T  T  T  D  T  V  Y  K  L  S  J  W  R  K  Q
L  C  O  O  C  K  F  I  R  S  T  B  O  R  N
Y  N  D  B  C  N  D  R  E  Q  U  I  R  E  W
N  O  I  S  S  E  R  G  S  N  A  R  T  K  Z
```

Will the LORD be **pleased** with thousands of **rams,** or with ten **thousands** of **rivers** of oil? **shall** I **give** my **firstborn** for my **transgression,** the **fruit** of my **body** for the sin of my **soul?** He **hath shewed** thee, O man, what is **good;** and **what doth** the LORD **require** of **thee,** but to do **justly,** and to **love mercy,** and to **walk humbly** with thy **God?**

THE BURNING BUSH
EXODUS 3

S	S	E	S	O	M	L	K	C	P	L	D	H	H	R
O	H	S	R	E	T	H	G	U	A	D	A	O	W	L
N	G	R	O	U	N	D	M	E	H	A	R	N	S	V
S	L	L	R	L	C	I	Z	R	X	E	S	I	D	H
L	B	U	S	H	L	H	C	I	B	T	L	I	O	O
L	H	M	J	K	P	C	I	F	M	V	P	R	R	N
O	O	A	P	X	T	O	T	L	E	J	H	Y	D	E
R	A	H	B	X	F	N	L	R	D	T	C	E	G	Y
D	R	A	O	T	B	S	B	A	E	R	N	D	D	E
F	A	R	C	Q	E	U	K	J	I	R	E	E	Q	S
G	H	B	A	R	M	M	Z	H	U	R	L	N	E	G
Y	P	A	J	F	A	E	C	B	O	I	O	O	Q	D
P	M	A	I	H	N	D	M	J	V	L	H	M	L	P
N	R	A	I	M	E	N	T	E	V	S	Y	O	E	T
K	J	E	W	E	L	S	R	Q	X	Q	G	P	N	M

ABRAHAM	GROUND	LORD
BURNED	HOLY	MEMORIAL
BUSH	HONEY	MILK
CHILDREN	HOREB	MOSES
CONSUMED	I AM	NAME
DAUGHTERS	ISAAC	PHARAOH
DELIVER	JACOB	RAIMENT
EGYPT	JETHRO	SHOES
FIRE	JEWELS	SILVER
GOLD	LAND	SONS

PRAYER FOR A NEW APOSTLE

ACTS 1:23–25

```
T  A  K  E  N  L  E  J  O  S  E  P  H  Q  N
Q  W  E  H  S  Y  O  C  M  C  K  S  C  D  N
A  R  W  M  N  E  B  R  A  Q  A  V  E  S  Q
P  K  T  L  O  H  V  S  D  L  C  L  U  H  D
O  N  H  Q  I  T  R  V  A  H  P  R  L  E  T
S  X  G  M  S  T  W  K  O  I  N  P  T  E  Z
T  M  I  B  S  F  D  S  Q  A  H  N  A  K  D
L  I  M  A  E  K  E  M  E  I  T  Q  R  D
E  N  K  R  R  N  X  E  A  O  S  W  T  E  T
S  I  N  S  G  W  D  R  P  A  H  M  Y  A  Z
H  S  O  A  S  T  T  P  H  I  W  A  W  J  M
I  T  W  B  N  S  A  K  C  H  R  J  K  W  U
P  R  E  A  A  L  Z  H  K  P  L  L  E  F  O
H  Y  S  S  R  P  S  U  T  S  U  J  K  T  H
Y  W  T  X  T  S  A  I  D  J  U  D  A  S  T
```

And they **appointed** two, **Joseph called Barsabas,** who was **surnamed Justus,** and **Matthias**. And **they prayed,** and **said,** Thou, **Lord,** which **knowest** the **hearts** of all men, **shew** whether of **these** two **thou hast chosen,** that he may **take part** of this **ministry** and **apostleship,** from **which Judas** by **transgression fell, that** he **might** go to his own **place.**

RIGHT IN THE SIGHT

```
Z  Y  L  T  N  E  G  I  L  I  D  J  Y  R  Y
T  H  E  A  R  S  D  L  X  D  O  K  H  F  J
J  M  A  P  C  E  S  D  V  S  K  T  A  T  E
R  S  F  N  O  Y  K  E  I  Y  E  U  I  T  H
A  S  F  K  M  E  H  A  T  L  R  Z  Z  Q  O
L  E  H  S  M  E  H  D  A  U  N  Z  A  E  S
L  S  R  O  A  H  C  E  N  G  T  I  M  V  H
E  S  H  N  N  T  H  H  I  A  K  A  A  R  A
W  O  E  O  D  N  Q  E  I  D  L  H  T  E  P
O  P  Z  F  M  I  R  P  A  L  V  D  D  S  H
G  X  E  A  E  L  N  V  E  R  D  O  O  B  A
P  R  K  H  N  N  I  F  N  E  K  R  I  O  T
C  N  I  A  T  D  R  T  M  N  K  E  E  C  G
D  P  A  Z  S  M  A  H  T  O  J  X  N  N  E
M  Q  H  M  A  Z  A  R  I  A  H  J  M  W  J
```

AMAZIAH	HEALETH	OBSERVE
ASA	HEAR	POSSESS
AZARIAH	HEARKEN	REIGN
CHILDREN	HEZEKIAH	SON OF AHAZ
COMMANDMENTS	IN THE EYES	STATUTES
DAVID	JEHOSHAPHAT	UZZIAH
DILIGENTLY	JOSIAH	VOICE
GOOD LAND	JOTHAM	
GO WELL	KEEP	

THE TRANSFIGURATION

LUKE 9:28–36

```
J  E  R  U  S  A  L  E  M  S  O  N  H  G  T
T  E  C  N  A  N  E  T  N  U  O  C  L  H  Y
N  R  A  Y  Y  M  F  D  W  Q  L  I  G  S  Y
E  D  E  P  A  N  E  A  X  Z  S  I  E  M  M
T  E  S  M  P  R  S  N  S  T  E  L  F  O  S
I  W  A  T  C  E  P  Y  E  H  C  K  U  N  E
H  O  E  N  T  Y  A  N  A  A  I  N  H  C  M
W  D  C  E  X  W  I  R  N  D  T  O  L  H  A
F  A  E  M  L  N  O  R  E  A  J  O  N  K  J
E  H  D  I  G  X  E  R  I  D  U  P  T  C  R
A  S  C  A  N  B  H  N  A  D  E  T  M  A  V
R  R  Q  R  A  L  T  E  R  E  D  H  O  W  O
E  E  N  T  N  Y  R  O  L  G  H  R  S  A  I
D  V  R  E  L  I  A  S  H  L  M  E  E  K  C
W  O  N  L  T  R  E  T  E  P  K  E  S  E  E
```

ALTERED	GLISTENING	PRAY
APPEARED	GLORY	RAIMENT
AWAKE	HEAR	SLEEP
CLOUD	JAMES	SON
COUNTENANCE	JERUSALEM	TABERNACLES
DAYS	JOHN	THREE
DECEASE	MEN	TWO
EIGHT	MOSES	VOICE
ELIAS	MOUNTAIN	WHITE
FASHION	OVERSHADOWED	
FEARED	PETER	

Day 331

CRUCIFIXION

J	B	L	A	S	P	H	E	M	Y	K	L	T	B	S
R	M	O	U	N	T	O	F	O	L	I	V	E	S	R
B	J	U	D	A	S	I	S	C	A	R	I	O	T	E
R	L	F	R	D	E	I	F	I	C	U	R	C	N	D
E	C	O	R	P	R	I	E	S	T	S	P	A	R	L
V	A	B	O	B	Q	J	R	K	N	N	M	U	D	E
L	I	F	M	D	V	E	X	X	K	E	K	E	C	S
I	A	N	F	X	I	S	P	C	S	M	Y	R	P	A
S	P	D	W	D	E	I	R	H	K	A	Z	N	A	B
Y	H	G	L	B	L	O	T	Q	R	I	M	T	S	B
N	A	O	I	A	W	E	T	T	L	N	N	C	S	A
K	S	R	T	N	G	F	E	Y	V	L	X	G	O	R
I	C	E	P	X	M	B	R	P	X	N	C	M	V	A
S	E	C	E	I	P	Y	T	R	I	H	T	L	E	B
S	M	S	E	L	P	I	C	S	I	D	N	B	R	K

BARABBAS
BETRAYED
BLASPHEMY
BLOOD
CAIAPHAS
CROWN
CRUCIFIED
CUP

DISCIPLES
ELDERS
GETHSEMANE
JUDAS ISCARIOT
KING
KISS
MOUNT OF OLIVES
PASSOVER

PILATE
PRAY
PRIESTS
SCRIBES
SILVER
SOLDIERS
THIRTY PIECES

Day 332

RESURRECTION AND ASCENSION OF CHRIST

```
M  R  A  T  D  X  H  N  E  V  A  E  H  E  P
A  D  I  N  H  A  Y  E  M  M  A  U  S  N  E
D  P  T  S  N  S  E  P  U  L  C  H  R  E  T
S  H  O  D  E  A  X  R  J  R  Y  D  N  L  E
A  E  S  S  N  N  O  R  B  L  I  O  Z  A  R
P  T  C  E  T  T  M  J  R  A  T  W  P  D  P
O  E  N  I  A  L  P  A  R  S  B  O  F  G  F
E  I  A  N  P  C  E  F  F  E  W  M  V  A  U
L  W  C  C  P  S  A  S  L  E  Q  E  E  M  L
C  H  G  R  E  M  N  I  R  N  E  N  D  Y  F
M  A  R  Y  A  D  E  K  T  T  X  T  I  T  I
Y  N  H  Z  R  V  A  L  I  V  E  K  B  G  L
O  F  Z  R  E  G  N  A  R  T  S  M  A  L  L
J  L  B  D  D  K  L  A  W  D  E  W  O  B  E
X  D  R  O  W  M  E  L  A  S  U  R  E  J  D
```

ABIDE	FEET	PETER
AFRAID	FULFILLED	POWER
ALIVE	HANDS	RISEN
APOSTLES	HEAVEN	SEPULCHRE
APPEARED	JERUSALEM	SPICES
BELIEVED	JOANNA	STONE
BOWED	JOY	STRANGER
BREAD	LINEN	WALK
CLEOPAS	MAGDALENE	WOMEN
EARLY	MARY	WORD
EMMAUS	PEACE	

PSALM OF CHRIST

PSALM 22

D	S	R	C	A	S	T	L	O	T	S	M	S	Y	M
E	T	T	F	R	C	Z	P	R	K	T	G	Y	P	V
S	N	D	E	S	O	L	C	N	I	O	N	H	G	R
I	E	D	E	W	N	T	S	L	D	Y	E	N	C	E
P	M	Y	T	H	F	R	T	T	E	A	W	R	N	P
S	R	D	F	Y	O	U	A	H	R	A	I	Y	G	R
E	A	Q	O	L	U	S	R	T	A	E	V	Y	N	O
D	G	M	R	B	N	T	E	E	D	N	N	E	J	A
Z	Y	D	S	M	D	E	N	H	V	E	D	G	T	C
D	M	O	A	E	E	D	R	B	Y	I	T	S	T	H
E	Z	G	K	S	D	H	T	A	E	D	L	L	S	H
K	F	Y	E	S	D	E	C	R	E	I	P	E	E	M
C	L	M	N	A	X	T	Y	L	F	Z	N	B	D	M
I	D	R	I	E	D	U	P	Y	T	O	N	G	U	E
W	V	E	S	T	U	R	E	N	B	R	E	T	A	W

ASSEMBLY	DRIED UP	REPROACH
BONES	FEET	STARE
CAST LOTS	FORSAKEN	STRENGTH
CLEAVETH	HANDS	TONGUE
CONFOUNDED	HEART	TRUSTED
CRIED	INCLOSED	VESTURE
DEATH	MELTED	WATER
DELIVER	MY GARMENTS	WICKED
DESPISED	MY GOD	
DOGS	PIERCED	

NO LONGER DOUBTING

JOHN 20:26-28

```
L  R  C  R  B  L  D  A  Y  S  M  N  F  G  K
F  N  F  T  S  D  I  M  S  V  D  E  H  L  S
I  T  S  U  R  H  T  T  D  S  T  K  H  I  F
N  D  O  O  R  S  O  L  U  H  W  W  D  T  A
G  J  L  K  R  O  O  S  G  I  D  E  W  K  I
E  F  T  T  D  H  E  I  T  R  I  T  P  M  T
R  C  L  F  E  J  E  H  N  E  S  S  R  R  H
D  R  M  B  E  B  I  G  N  T  C  H  R  P  L
E  A  E  P  M  N  E  L  X  F  I  U  P  R  E
R  H  G  A  A  N  V  I  Y  A  P  T  E  E  S
E  T  G  A  C  M  E  T  N  G  L  L  A  H  S
W  I  R  F  I  H  R  H  F  G  E  O  C  T  B
S  A  H  H  A  N  D  S  T  M  S  R  E  I  Y
N  S  L  T  S  A  M  O  H  T  F  D  M  H  Z
A  N  N  K  L  B  E  L  I  E  V  I  N  G  T
```

And **after eight days again** his **disciples** were **within**, and **Thomas** with **them**: then **came Jesus**, the **doors being shut**, and **stood** in the **midst**, and said, **Peace** be unto you. **Then saith** he to Thomas, Reach hither thy **finger**, and **behold** my **hands**; and **reach hither** thy hand, and **thrust** it into my **side**: and be not **faithless** but **believing**. And Thomas **answered** and said unto him, My **Lord** and my God.

UNCLEAN FOOD
LEVITICUS 11:1–30

Q	C	T	V	E	C	M	V	U	L	T	U	R	E	L
P	O	Y	E	H	N	O	L	M	L	E	S	A	E	W
Y	R	E	B	R	M	I	N	P	L	M	R	F	T	N
A	M	G	V	P	R	K	W	E	E	L	G	A	E	H
R	O	A	J	J	D	E	I	S	Y	W	F	F	J	K
P	R	R	N	A	W	S	F	T	B	F	H	F	W	X
S	A	F	C	H	A	M	E	L	E	O	N	A	T	N
O	N	I	T	Q	J	S	R	C	L	L	H	E	A	D
W	T	S	G	H	T	E	U	A	I	B	C	S	B	L
S	Y	S	V	O	Z	C	S	Z	V	J	N	I	W	A
N	G	O	R	L	K	H	A	U	D	E	R	O	E	P
A	H	K	E	O	T	R	E	L	O	M	N	T	R	W
I	G	M	W	Z	D	J	B	F	L	M	W	R	A	I
L	A	P	P	E	L	I	C	A	N	B	K	O	H	N
C	D	N	Y	L	K	H	E	R	O	N	Y	T	K	G

BAT
CAMEL
CHAMELEON
CONEY
CORMORANT
CUCKOW
EAGLE
FERRET
HARE
HAWK

HERON
KITE
LAPWING
LIZARD
MOLE
MOUSE
OSPRAY
OSSIFRAGE
OWL
PELICAN

RAVEN
SNAIL
STORK
SWAN
SWINE
TORTOISE
VULTURE
WEASEL

ESTHER

```
Y  X  R  F  L  I  A  C  E  D  R  O  M  S  M
N  M  Z  E  H  K  Z  C  H  V  P  G  T  H  J
S  H  H  C  H  A  P  E  L  E  S  P  Y  U  R
W  O  C  A  B  T  N  L  R  U  G  D  H  S  E
O  R  R  L  R  I  S  O  R  E  V  A  L  H  Q
L  S  O  A  H  D  G  E  B  H  S  S  I  A  U
L  E  W  P  E  S  U  T  A  R  C  H  A  N  E
A  N  N  C  R  S  E  S  H  E  A  J  H  L  S
G  M  R  M  A  I  S  R  P  A  E  H  I  J  T
B  E  V  H  N  A  T  E  W  N  V  B  T  I
E  G  A  E  D  C  R  G  S  T  L  M  A  L  T
R  R  E  A  R  E  B  A  N  Q  U  E  T  J  H
W  U  H  E  C  N  A  R  E  V  I  L  E  D  S
Q  H  P  E  T  I  T  I  O  N  Q  J  L  R  A
R  R  L  A  E  S  H  A  M  A  N  N  N  L  V
```

ABIHAIL	HADASSAH	QUEEN
AHASUERUS	HAMAN	REQUEST
BANQUET	HARBONAH	RING
BIGTHAN	HEGAI	SCEPTRE
CROWN	HORSE	SEAL
DECREE	JEWS	SHUSHAN
DELIVERANCE	MORDECAI	TERESH
ESTHER	PALACE	VASHTI
GALLOWS	PETITION	ZERESH

INSTRUMENTS OF MUSICK

```
M  G  N  O  S  F  R  S  H  S  B  W  L  T  W
D  V  O  I  C  E  I  O  M  T  F  N  P  Q  K
E  N  Q  Q  K  N  R  F  J  E  X  L  H  F  H
G  V  T  D  G  N  R  X  S  N  Y  S  U  L  G
N  P  D  I  M  S  P  L  R  R  B  H  L  T  D
I  L  N  N  M  K  A  M  F  O  N  O  M  Q  E
R  G  P  X  U  B  C  C  F  C  I  U  R  D  S
T  M  T  K  M  O  R  I  K  V  K  T  Z  R  T
S  N  N  Y  V  Y  S  E  S  B  W  T  K  K  E
H  F  C  E  H  X  W  Q  L  U  U  J  R  N  P
V  P  P  X  A  N  D  F  V  S  M  T  Z  A  M
N  I  X  D  R  D  U  L  C  I  M  E  R  G  U
P  Y  B  W  P  M  S  T  E  R  B  A  T  R  R
P  M  S  T  N  E  M  U  R  T  S  N  I  O  T
T  J  R  T  K  F  P  S  A  L  T  E  R  Y  D
```

CORNETS	ORGAN	STRINGED
CYMBALS	PIPE	TABRETS
DULCIMER	PSALTERY	TIMBRELS
FLUTE	SACKBUT	TRUMPETS
HARP	SHOUT	VIOL
HORN	SINGING	VOICE
INSTRUMENTS	SONG	
MUSICK	SOUND	

MIRACLES OF HEALING

K	B	M	L	E	U	G	A	L	P	S	L	A	M	E
F	C	R	D	R	O	P	S	Y	T	H	T	A	E	D
Y	N	I	O	T	D	J	T	I	T	W	R	D	S	K
N	Q	B	S	K	C	C	R	N	E	N	E	O	L	Z
P	M	R	E	L	E	I	L	S	E	U	N	O	I	Y
Z	A	U	X	C	P	N	A	E	S	T	P	L	V	T
W	I	I	N	S	N	E	H	S	P	A	O	B	E	I
I	M	S	I	D	S	A	I	E	L	R	D	P	D	M
T	E	E	S	I	U	G	R	S	A	E	O	L	M	R
H	D	D	D	N	J	M	Y	E	A	R	F	S	Z	I
E	Y	B	E	W	T	D	B	F	V	E	T	V	Y	F
R	T	J	V	J	N	E	F	R	V	I	N	E	J	N
E	N	C	I	I	D	X	B	E	W	N	L	Z	D	I
D	T	T	L	A	H	E	R	U	N	C	L	E	A	N
N	X	B	L	T	K	V	Q	F	B	O	W	E	D	M

BLOOD
BLIND
BOWED
BROKENHEARTED
BRUISED
DEAF
DEATH
DELIVERANCE
DEVILS
DISEASE

DROPSY
DUMB
EVIL
FEVER
HALT
IMPOTENT
INFIRMITY
ISSUE
LAME
LEPROSY

MAIMED
PALSY
PLAGUE
SICK
SIN
SPIRITS
UNCLEAN
VEXED
WITHERED

W'S IN THE BIBLE

```
B  K  G  N  T  T  W  W  I  N  K  E  D  W  T
W  S  L  W  W  J  I  B  M  T  P  C  I  S  W
P  S  U  I  A  H  S  Y  T  K  F  F  E  O  D
D  E  F  D  L  W  E  D  G  E  E  G  R  E  Y
T  N  R  O  L  T  M  H  P  N  A  D  N  W  R
H  I  E  W  O  F  E  G  B  W  Y  I  R  O  B
S  R  D  Z  W  V  N  Y  A  W  W  T  L  R  J
E  A  N  F  W  I  Z  S  A  K  T  V  G  S  X
L  E  O  C  D  I  W  X  W  D  L  I  W  H  K
P  W  W  D  K  V  S  E  H  O  K  W  C  I  M
M  N  E  M  M  M  R  D  E  T  L  J  A  P  T
I  W  W  F  X  T  E  M  O  P  L  L  P  L  P
W  A  I  T  N  R  F  T  B  M  M  A  I  T  K
Z  T  M  Z  D  N  A  G  L  W  G  N  E  W  G
W  W  I  N  N  O  W  E  D  R  B  L  R  W  X
```

WAFERS	WEDDING	WINKED
WAGES	WEDGE	WINNOWED
WAIT	WEEP	WISDOM
WALK	WIDOW	WISE MEN
WALLOW	WIFE	WONDERFUL
WAX	WILD	WORD
WAY	WILLOWS	WORSHIP
WEALTH	WIMPLES	
WEARINESS	WINE	

PHILIP THE EVANGELIST

ACTS 6:5, 8:5-6

B	M	U	L	T	I	T	U	D	E	X	N	M	Y	V
P	T	K	T	H	T	I	A	F	J	L	T	N	V	R
R	T	I	J	D	W	Y	N	I	C	A	N	O	R	R
E	D	C	M	N	E	T	Y	L	E	S	O	R	P	S
A	N	S	H	O	E	A	C	C	O	R	D	N	P	P
C	F	A	M	O	N	W	C	L	T	H	N	A	E	T
H	D	M	A	R	S	R	S	Y	M	W	K	O	S	S
E	E	A	N	R	P	E	T	C	T	E	P	I	U	E
D	S	R	T	C	A	Y	E	Y	B	L	R	R	N	L
G	A	I	I	G	R	P	P	T	E	H	O	I	S	C
N	E	A	O	T	M	I	H	I	C	H	C	E	G	A
I	L	R	C	S	E	L	E	C	C	O	L	F	N	R
E	P	P	H	O	N	I	N	O	L	O	U	R	I	I
E	D	E	E	H	A	H	R	A	H	L	H	K	H	M
S	N	N	L	G	S	P	S	W	L	J	T	K	T	F

And the saying **pleased** the **whole multitude**: and they **chose Stephen**, a man **full** of **faith** and of the **Holy Ghost**, and Philip, and **Prochorus**, and **Nicanor**, and **Timon**, and **Parmenas**, and **Nicolas** a **proselyte** of **Antioch**. . . . Then Philip **went** down to the **city** of **Samaria**, and **preached Christ** unto them. And the **people** with one **accord** gave **heed** unto those **things** which **Philip spake**, hearing and **seeing** the **miracles** which he did.

Day 341

BEGINNINGS

R	B	T	K	S	P	T	N	E	M	G	D	U	J	G
E	K	N	B	N	K	R	F	L	R	T	L	P	S	J
T	D	E	D	E	Z	I	W	B	H	D	R	L	L	N
A	E	M	L	V	W	O	L	C	R	S	A	A	I	A
W	V	A	R	A	F	I	A	U	R	M	T	N	F	M
Y	I	M	O	E	G	E	N	A	I	H	L	T	E	O
N	L	R	W	H	S	K	T	N	B	L	A	S	M	W
N	T	I	T	D	E	S	A	S	N	O	I	T	A	N
G	A	F	M	N	A	Q	J	D	N	A	L	Y	R	D
F	Q	M	N	A	X	Y	K	N	R	R	L	H	R	Q
T	M	E	B	C	F	K	H	C	U	R	S	E	I	S
S	S	A	L	V	A	T	I	O	N	S	S	T	A	E
S	I	G	R	A	C	E	C	J	M	K	D	F	G	E
L	A	N	G	U	A	G	E	S	Y	E	D	Y	E	R
F	D	S	S	E	N	E	V	I	G	R	O	F	R	T

ALTAR	GRACE	SALVATION
ANIMALS	HEAVENS	SEA
CURSE	HOME	SIN
DAY	JUDGMENT	SKY
DEVIL	LANGUAGES	STARS
DRUNKENNESS	LIFE	SUN
DRY LAND	LIGHT	TREES
FAMILY	MARRIAGE	WATER
FIRMAMENT	MAN	WIFE
FORGIVENESS	NATIONS	WOMAN
FOWL	PLANTS	WORLD

THE PHARISEE AND THE PUBLICAN

LUKE 18:10-14

```
L  P  O  T  H  E  R  N  A  C  I  L  B  U  P
P  V  M  T  F  I  L  K  P  A  F  A  R  R  D
K  H  K  S  R  T  R  R  E  H  T  A  R  R  R
H  E  A  V  E  N  S  E  Y  E  L  Y  E  H  S
T  I  H  R  H  H  E  A  N  P  E  C  U  R  K
B  W  M  Z  I  T  T  G  F  D  I  M  E  X  N
E  R  V  S  O  S  E  I  L  W  B  R  P  D  A
V  K  E  M  E  V  E  U  T  L  E  C  O  E  H
I  G  S  A  E  L  F  E  E  T  N  L  S  S  T
G  M  N  R  S  I  F  T  L  T  O  D  S  A  Q
Y  T  Y  I  C  T  H  U  S  D  O  Z  E  B  H
H  B  H  R  Y  Z  D  U  O  O  Y  D  S  A  O
D  C  E  U  R  A  J  G  T  P  L  O  S  R  U
M  M  U  N  S  N  S  S  W  L  T  W  O  V  S
C  G  C  M  U  S  T  A  N  D  I  N  G  L  E
```

ABASED	HOUSE	SAYING
ADULTERERS	HUMBLETH	SMOTE
AFAR	LIFT	STANDING
BREAST	MERCIFUL	STOOD
DOWN	MUCH	THANK
EVERY	ONE	THUS
EYES	OTHER	TITHES
FAST	PHARISEE	TWICE
GIVE	POSSESS	TWO
GOD	PRAYED	UNJUST
HEAVEN	PUBLICAN	
HIMSELF	RATHER	

Day 343

HOPE

R	C	P	A	R	T	A	K	E	R	Q	N	Q	E	D
F	L	R	I	S	R	A	E	L	C	W	D	C	L	N
P	S	T	E	D	F	A	S	T	N	O	N	E	C	D
L	J	R	J	N	X	D	Y	D	O	A	P	H	O	E
T	I	F	H	U	C	L	L	R	R	S	Z	D	N	M
P	G	F	L	O	O	F	F	U	O	O	G	O	T	A
F	R	O	E	B	M	R	S	G	M	L	W	G	I	H
C	R	O	R	A	E	S	L	P	F	K	G	J	N	S
D	A	N	M	J	A	B	L	E	S	S	E	D	U	A
S	P	L	O	I	E	C	N	E	I	T	A	P	A	T
A	L	I	L	Y	S	R	E	H	T	A	F	N	L	O
V	C	L	R	I	C	E	R	E	A	S	O	N	L	N
E	H	E	D	Z	N	R	S	E	C	U	R	E	Y	G
D	N	K	N	J	H	G	E	Y	L	E	V	I	L	X
O	R	E	C	E	I	V	E	M	F	T	R	U	T	H

ABOUND
ASSURANCE
BLESSED
CALLING
COME
CONTINUALLY
DOOR
FATHERS
GLORY
GOD

GOSPEL
ISRAEL
LIFE
LIVELY
LORD
MERCY
NOT ASHAMED
ONE
PARTAKER
PATIENCE

PROMISE
REASON
RECEIVE
REJOICE
SAVED
SECURE
STEDFAST
TRUTH
WORD

NATHAN'S STORY

2 SAMUEL 12:1-4

```
G  V  R  G  T  O  G  E  T  H  E  R  H  M  Y
M  Y  R  H  M  F  E  A  T  C  P  W  N  W  A
N  E  L  N  O  L  D  R  C  N  W  O  E  T  L
W  O  X  J  S  O  N  I  K  X  T  G  O  R  H
D  D  T  P  O  C  C  M  V  H  V  T  K  A  C
E  T  T  H  B  K  S  H  G  A  H  K  N  V  I
H  V  K  J  I  S  B  U  I  E  D  O  A  E  R
S  C  A  M  E  N  O  F  R  L  W  M  R  L  E
I  C  F  R  R  B  G  M  H  T  D  T  D  L  M
R  Z  D  K  S  D  R  E  H  B  C  R  T  E  E
U  R  E  T  H  G  U  A  D  U  M  T  E  R  A
O  R  M  L  C  T  C  K  P  V  I  A  M  N  T
N  N  O  A  W  N  I  R  K  L  N  D  L  K  G
Q  M  B  O  N  K  T  L  O  R  D  Z  C  K  C
Y  P  Z  G  P  Y  Y  D  E  R  A  P  S  W  F
```

BOSOM	EWE	NOURISHED
BOUGHT	FLOCKS	OTHER
CAME	GREW	OWN
CHILDREN	HERDS	POOR
CITY	LAMB	RICH
CUP	LAY	SPARED
DAUGHTER	LITTLE	TOGETHER
DAVID	LORD	TRAVELLER
DRANK	MANY	TWO
DRESS	MEAT	
EAT	NOTHING	

JESUS PRAYS FOR HIMSELF

JOHN 17:1-3

```
T  H  O  U  N  W  W  Q  D  R  J  N  K  R  Z
J  T  D  E  M  M  T  O  G  L  E  T  T  U  G
K  G  V  I  C  L  L  T  N  S  U  H  R  O  M
L  I  G  S  P  A  K  E  K  K  E  O  T  H  P
G  H  T  H  I  S  S  N  P  Y  S  N  H  A  T
T  M  N  E  D  U  A  L  S  O  E  Y  T  S  F
X  G  M  R  S  H  S  E  L  F  H  R  E  T  H
V  O  O  E  Z  L  L  B  G  W  T  U  L  E  C
C  W  J  T  Q  Z  I  C  E  L  R  B  A  R  Y
Y  T  L  D  I  A  S  F  Y  T  O  V  H  M  N
N  S  P  I  L  A  N  R  E  T  E  R  K  B  A
Z  I  O  T  F  R  R  O  S  N  Y  L  I  T  M
C  R  W  H  Z  T  V  B  X  B  L  R  G  F  F
Y  H  E  E  B  E  E  K  T  W  N  H  H  M  Y
M  C  R  Y  R  N  H  D  K  T  O  P  C  Y  N
```

These words spake Jesus, and **lifted** up his **eyes** to **heaven**, and **said, Father,** the **hour** is **come;** glorify thy Son, that thy Son **also** may **glorify** thee: as thou hast given him **power over** all **flesh,** that he **should** give eternal life to as **many** as thou hast **given** him. And **this** is **life eternal,** that **they might know** thee the **only true** God, and **Jesus Christ,** whom **thou** hast **sent.**

JESUS PRAYS FOR HIS DISCIPLES

JOHN 17:7-10

```
J  T  D  M  R  E  V  E  O  S  T  A  H  W  K
K  T  E  T  T  M  I  N  E  G  N  J  L  N  R
Y  R  V  D  E  I  F  I  R  O  L  G  N  B  G
K  R  E  F  L  T  T  K  M  E  M  R  L  S
X  P  I  N  R  D  H  S  A  M  M  K  F  D  X
E  L  L  N  T  O  P  I  A  H  V  H  R  N  K
E  H  E  H  S  Y  M  C  N  H  T  O  W  G  B
H  Y  B  E  K  R  M  M  B  E  W  O  I  U  G
T  P  N  T  Y  E  E  L  D  L  N  V  N  Z  A
R  D  C  N  H  C  V  R  L  K  E  T  Y  R  V
Q  T  M  T  J  E  A  N  R  N  O  D  T  H  E
D  I  D  S  T  I  H  P  O  P  N  Z  H  C  S
X  D  D  V  L  V  R  L  W  M  R  T  O  I  T
X  L  Q  T  H  E  Y  H  T  R  Z  A  U  H  L
M  L  K  N  D  D  Y  L  E  R  U  S  Y  W  X
```

BELIEVED	KNOWN	THEY
CAME	MINE	THINE
DIDST	PRAY	THOU
FROM	RECEIVED	UNTO
GAVEST	SEND	WHATSOEVER
GIVEN	SURELY	WHICH
GLORIFIED	THAT	WORDS
HAST	THEE	WORLD
HAVE	THEM	

JESUS PRAYS FOR ALL BELIEVERS

JOHN 17:24-26

L	X	F	T	H	E	S	E	R	W	G	C	G	U	K
L	K	N	O	W	N	V	J	B	L	X	I	N	F	F
I	D	Y	F	J	A	S	T	M	R	V	T	J	R	N
W	T	E	W	H	E	Q	Y	H	E	O	L	T	E	H
N	Q	P	C	N	L	V	F	N	E	W	N	R	C	K
O	W	F	T	L	J	J	A	H	M	Y	O	D	H	K
I	H	O	N	M	A	Y	T	C	R	F	M	T	F	S
T	E	S	A	E	R	R	H	L	E	F	A	H	U	H
A	R	L	M	H	N	Q	E	B	O	H	V	O	Z	F
D	E	A	E	T	L	F	R	D	D	V	E	U	Y	D
N	W	E	T	B	E	H	O	L	D	T	E	L	K	T
U	I	X	H	S	L	Z	R	J	H	J	M	D	X	G
O	T	K	M	T	A	O	N	G	K	F	N	O	S	G
F	H	H	T	G	W	H	I	H	C	I	H	W	H	T
R	Y	R	O	L	G	R	T	F	T	A	H	T	L	W

ALSO	HAVE	THESE
BEFORE	KNOWN	THEY
BEHOLD	LOVEDST	THOU
DECLARED	NAME	UNTO
FATHER	RIGHTEOUS	WHEREWITH
FOUNDATION	SENT	WHICH
GIVEN	THAT	WHOM
GLORY	THEE	WILL
HAST	THEM	WORLD HATH

WHO OR WHAT IS STRONG

```
N  N  M  M  M  B  S  N  O  I  T  A  N  F  W
F  O  O  W  A  N  L  S  R  O  C  K  Q  A  I
R  F  I  R  N  C  F  O  K  J  E  G  C  I  S
E  P  A  T  I  N  D  A  V  A  N  Y  A  T  E
W  N  O  T  A  S  E  H  C  E  O  E  N  H  M
O  O  I  W  S  L  A  E  M  E  L  T  A  R  G
T  E  R  T  E  N  O  E  R  P  N  W  A  D  N
S  M  E  D  D  R  A  S  O  T  L  K  N  R  I
D  O  F  B  S  T  D  E  N  E  M  Y  I  O  Y
L  D  U  C  U  I  P  N  M  O  N  L  T  W  R
E  G  G  X  V  L  P  J  R  O  C  K  E  S  C
G  N  E  A  B  L  L  T  I  R  I  P  S  Q  D
N  I  D  L  O  R  D  L  B  O  R  D  E  R  N
A  K  S  N  O  I  T  A  D  N  U  O  F  X  I
L  E  C  N  E  D  I  F  N  O  C  N  R  C  W
```

ANGEL	FOUNDATIONS	POWER
ARM	HAND	REFUGE
BORDER	IRON	ROCK
BULL	KINGDOM	RODS
CANAANITES	LION	SPIRIT
CITIES	LORD	STAFF
CONFIDENCE	LOVE	SWORD
CONSOLATION	MAN	TOWER
CRYING	MEAT	TREE
DAVID	NATIONS	WIND
ENEMY	OAKS	WISE
FACE	ONE	WORDS
FAITH	PEOPLE	

PSALM 119

T	E	P	O	H	S	E	T	U	T	A	T	S	D	N
S	X	S	T	N	S	E	C	A	E	P	S	R	E	K
U	T	U	T	N	P	C	L	G	T	H	E	S	E	Z
R	R	T	A	N	L	R	D	A	E	Q	I	S	T	R
T	T	E	H	G	E	E	E	L	M	A	N	P	A	H
K	L	V	W	G	L	M	P	C	R	P	O	E	T	E
C	D	O	K	W	I	A	G	P	E	L	M	A	I	A
L	N	L	O	F	V	L	D	D	R	P	I	K	D	R
P	W	N	G	T	H	A	N	K	U	E	T	F	E	T
E	K	C	O	M	F	O	R	T	X	J	S	S	M	L
E	D	H	C	A	E	T	K	Q	L	W	E	I	E	W
K	L	Y	T	R	E	B	I	L	A	X	T	A	W	O
Q	O	B	S	E	R	V	E	Y	W	T	R	Z	J	R
T	C	O	M	M	A	N	D	M	E	N	T	S	D	D

CLEANSE
COMFORT
COMMANDMENTS
GLAD
HEART
HELP
HOPE
JUDGMENTS
KEEP
KNOWLEDGE
LAMP

LAW
LEARN
LIBERTY
LIGHT
LOVE
MEDITATE
OBSERVE
PEACE
PRAISE
PRECEPTS
SPEAK

STATUTES
TEACH
TESTIMONIES
THANK
TRUST
TRUTH
WAY
WISER
WORD

BIBLICAL GIFTS GIVEN

S	P	I	K	E	N	A	R	D	G	L	S	T	L	Q
R	V	L	T	T	Q	R	K	K	Z	J	Z	E	T	R
E	V	T	N	N	R	K	D	M	L	E	Q	R	W	J
S	C	R	R	K	E	S	N	M	M	W	Z	H	F	E
N	F	A	D	E	T	M	Y	P	C	E	S	C	K	L
E	D	H	M	A	E	R	I	K	L	L	D	L	M	L
C	H	K	O	E	R	S	G	A	T	S	N	U	X	T
N	F	G	K	H	L	T	C	M	R	R	O	P	S	N
I	Z	T	L	Q	L	S	W	H	E	T	M	E	M	C
K	S	Y	E	K	N	O	D	V	O	L	L	S	A	O
N	G	Y	N	Y	G	C	L	C	A	N	A	L	R	A
A	G	C	K	M	O	I	M	B	C	H	E	W	M	T
R	F	W	V	W	S	B	U	L	L	S	N	Y	B	K
F	Z	R	S	P	I	C	E	S	G	O	L	D	B	T
T	T	C	K	R	M	T	N	E	M	T	N	I	O	M

ALMONDS
BALM
BULLS
CAMELS
COAT
COWS
DONKEYS
EWES

FRANKINCENSE
GOATS
GOLD
HONEY
JEWELS
MYRRH
OINTMENT
RAIMENT

RAMS
SEPULCHRE
SILVER
SPICES
SPIKENARD
TREES

NAMES OF GOD

```
P  C  J  P  S  B  R  G  F  W  C  D  T  W  G
T  K  A  R  D  D  O  L  E  A  M  R  Q  O  N
K  I  N  I  R  O  L  E  F  D  T  E  Z  N  I
D  N  C  N  O  G  L  A  I  E  S  H  J  D  K
O  G  I  C  L  F  E  R  L  L  A  P  E  E  G
G  O  E  E  F  O  S  S  F  I  V  E  H  R  N
G  F  N  O  O  B  N  I  O  V  I  H  O  F  I
N  K  T  F  D  M  U  F  D  E  O  S  V  U  T
I  I  O  P  R  A  O  O  A  R  U  D  A  L  S
V  N  F  E  O  L  C  K  E  E  R  O  H  C  A
I  G  D  A  L  M  L  C  R  R  A  O  R  T  L
L  S  A  C  Q  Y  L  O  B  B  W  G  N  M  R
P  R  Y  E  Q  V  N  R  B  M  A  L  L  I  E
C  G  S  L  L  C  Q  A  K  Q  M  R  A  J  V
A  L  M  I  G  H  T  Y  G  O  D  M  J  J  E
```

ABBA
ALMIGHTY GOD
ANCIENT OF DAYS
BREAD OF LIFE
COUNSELLOR
DELIVERER
EVERLASTING KING

FATHER
GOOD SHEPHERD
I AM
JEHOVAH
KING OF KINGS
LAMB
LAMB OF GOD

LIVING GOD
LORD OF LORDS
PRINCE OF PEACE
ROCK OF ISRAEL
SAVIOUR
WONDERFUL

KINGS AND QUEENS
OF ISRAEL AND JUDAH

```
J  E  H  O  A  H  A  Z  H  A  I  S  O  J  L
I  R  M  I  Z  D  H  N  O  M  O  L  O  S  X
J  P  B  R  N  A  X  Y  A  T  I  B  N  I  R
M  E  A  L  I  H  L  E  C  B  D  P  T  N  T
L  K  H  Z  J  E  H  O  S  H  A  P  H  A  T
Z  A  A  U  H  S  H  E  S  S  A  N  A  M  J
M  H  H  A  O  J  E  R  O  B  O  A  M  A  E
A  I  A  H  M  A  M  A  Z  I  A  H  T  H  Z
O  A  I  I  N  O  T  R  M  K  D  H  A  Q  E
B  H  K  L  R  P  N  U  K  J  A  I  F  K  B
O  D  E  L  R  M  L  K  O  L  K  R  V  L  E
H  K  Z  X  F  L  O  A  I  E  T  Z  U  A  L
E  G  E  M  A  Q  S  A  D  F  V  A  L  A  D
R  T  H  H  N  H  H  E  R  P  S  D  C  S  K
A  H  S  A  A  B  Z  A  C  H  A  R  I  A  H
```

AHAB	JEHOAHAZ	REHOBOAM
AHAZIAH	JEHOSHAPHAT	SAUL
AMAZIAH	JEHU	SHALLUM
AMON	JEROBOAM	SOLOMON
ASA	JEZEBEL	TIBNI
ATHALIAH	JOASH	ZACHARIAH
BAASHA	JOSIAH	ZEDEKIAH
DAVID	MANASSEH	ZIMRI
HEZEKIAH	OMRI	
HOSHEA	PEKAHIAH	

PAGAN KINGS AND QUEENS

K	A	A	N	S	H	E	M	E	B	E	R	N	V	N
R	H	R	E	S	E	N	A	M	L	A	H	S	F	Y
A	S	T	A	H	A	S	U	E	R	U	S	C	R	C
Z	R	A	R	A	Z	Z	A	H	S	L	E	B	E	W
Z	I	X	N	A	B	E	H	S	B	D	D	D	G	T
E	B	E	I	S	E	N	N	A	C	H	E	R	I	B
N	P	R	B	E	L	L	L	K	R	Z	Q	B	L	V
D	H	X	A	G	N	A	G	M	I	E	H	X	I	T
A	A	E	J	L	K	F	X	N	S	E	B	L	I	R
H	R	S	T	O	L	A	O	U	R	M	T	D	V	Z
C	A	I	G	N	I	D	R	O	R	C	A	Y	H	J
U	O	V	O	H	A	Y	D	M	L	L	P	H	P	M
B	H	Q	P	C	C	N	E	C	H	O	D	I	O	J
E	Z	A	X	N	H	D	A	R	I	U	S	J	R	H
N	J	R	E	M	O	A	L	R	O	D	E	H	C	A

ADONIZEDEC	CYRUS	NECHO
AHASUERUS	DARIUS	PHARAOH
ARIOCH	DEBIR	PIRA
ARTAXERXES	EGLON	SENNACHERIB
BALAK	HEROD	SHALMANESER
BELSHAZZAR	HOHAM	SHEBA
BERA	JABIN	SHEMEBER
BIRSHA	JAPHIA	TIDAL
CHEDORLAOMER	NEBUCHADNEZZAR	

Y'S AND Z'S IN THE BIBLE

```
T  Z  Z  L  C  W  M  F  N  A  O  Z  U  F  N
R  I  Q  E  P  Q  Q  P  X  L  Y  O  U  N  G
E  P  D  M  P  Y  E  A  R  N  Y  N  Y  H  L
D  H  K  A  G  H  O  V  L  X  K  E  H  P  H
N  E  T  Y  H  K  O  U  M  J  T  A  Y  U  V
O  N  K  F  E  E  D  N  R  Z  Y  E  O  Z  S
Y  W  N  O  B  L  H  Z  I  S  Q  Y  U  Y  A
N  H  T  R  Y  G  L  P  I  T  E  G  T  E  N
C  K  A  T  L  H  H  O  O  O  E  L  H  S  E
M  E  T  M  A  R  J  Y  W  L  N  S  V  T  Z
Y  N  C  U  O  G  N  I  D  L  E  I  Y  E  L
B  Y  R  N  Z  Z  I  F  R  N  Z  Z  D  R  S
X  E  Y  Y  L  S  U  O  L  A  E  Z  X  D  T
Z  P  T  Z  M  K  P  B  Z  D  O  L  T  A  L
Z  H  J  R  X  P  X  A  J  T  T  Z  C  Y  M
```

YEA	YOU	ZERUAH
YEAR	YOUNG	ZIF
YEARN	YOURSELVES	ZION
YELLOW	YOUTH	ZIPH
YESTERDAY	ZAZA	ZIPHRON
YET	ZEALOUSLY	ZOAN
YIELDING	ZELOPHEHAD	ZOAR
YOKE	ZENAS	ZUPH
YONDER	ZEPHONITES	

HOSEA'S STORY

```
F  N  N  X  P  B  L  R  T  O  L  R  A  H  G
R  R  N  F  T  R  B  R  E  T  N  C  D  O  Y
E  L  I  L  T  E  T  O  X  T  H  Z  M  R  W
T  V  S  E  Z  A  N  K  U  I  H  E  K  I  H
U  S  R  A  N  D  T  K  L  G  R  G  M  Y  O
R  E  E  R  N  D  C  D  D  P  H  M  U  D  R
N  I  V  S  L  A  R  C  J  N  A  T  L  A  E
L  R  O  I  B  E  K  E  J  O  A  E  Q  G  D
M  E  L  N  N  R  Z  E  L  N  I  B  B  Y  O
I  T  T  F  I  R  S  T  D  F  K  N  S  R  M
A  L  L  T  E  Q  B  E  L  O  V  E  D  U  S
L  U  D  E  V  I  E  C  N  O  C  P  L  L  H
B  D  L  T  M  O  T  H  E  R  G  L  O  R  D
I  A  C  R  E  V  L  I  S  B  O  W  I  F  E
D  L  O  R  U  H  A  M  A  H  D  H  L  R  D
```

ADULTERIES	FIRST	LORUHAMAH
BACK	FRIEND	LOVERS
BELOVED	GOD	MOTHER
BOUGHT	GOMER	NAKED
BREAD	HARLOT	RETURN
CHILDREN	HUSBAND	SILVER
CONCEIVED	ISRAEL	WHOREDOMS
DAUGHTER	JEZREEL	WIFE
DIBLAIM	LOAMMI	
FIELD	LORD	

MANY THINGS

```
P  E  O  P  L  E  C  S  N  O  I  S  N  A  M
S  S  S  E  M  I  T  R  K  H  Z  R  Y  J  T
P  G  N  S  Y  F  S  K  W  N  E  D  V  T  R
I  N  O  I  I  K  S  R  E  H  T  A  E  F  E
H  I  I  G  C  A  L  L  E  D  P  Y  R  B  E
S  K  T  N  S  T  P  E  W  T  I  S  D  T  S
D  L  C  S  T  D  D  S  S  N  A  E  R  S  S
E  W  I  V  E  S  N  A  V  N  V  W  E  R  W
R  I  L  G  S  E  D  E  U  E  O  E  H  I  O
E  S  F  M  D  E  N  L  I  G  K  S  O  C  R
H  E  F  I  V  T  L  L  I  R  H  Q  U  H  R
T  G  A  I  I  V  E  S  C  G  F  T  S  H  A
A  M  C  O  F  B  G  T  I  M  H  C  E  C  P
G  E  N  D  E  T  I  V  N  I  C  T  S  R  S
S  S  R  A  E  Y  H  E  A  L  E  D  S  L  S
```

AFFLICTIONS	HOUSES	SIGNS
BELIEVED	INVENTIONS	SONS
CALLED	INVITED	SPARROWS
DAUGHTERS	ISLES	TIMES
DAYS	KINGS	TREES
DEVICES	LIGHTS	WATERS
FEATHERS	MAIDENS	WEPT
FRIENDS	MANSIONS	WISE
GATHERED	PEOPLE	WIVES
GIFTS	RICH	YEARS
HEALED	SEEK	
HEARTS	SHIPS	

CENTENARIANS

```
P  R  C  F  C  X  W  R  N  A  H  O  R  M  B
Y  R  A  H  A  W  X  Z  A  D  A  M  L  W  C
B  E  A  C  I  G  U  R  E  S  F  R  D  M  N
J  U  S  E  N  L  E  E  L  A  L  A  H  A  M
E  T  I  M  A  N  H  P  E  S  O  J  N  N  N
H  K  W  A  N  A  H  H  C  O  N  E  Z  F  R
O  N  Q  L  V  T  R  L  Y  D  Y  R  J  Z  E
I  O  S  H  E  M  E  P  J  A  C  O  B  B  M
A  R  A  S  J  A  M  S  H  V  B  N  E  B  C
D  A  N  U  M  A  A  T  G  A  S  R  O  T  M
A  A  M  H  H  L  R  H  E  E  X  O  Y  A  D
R  N  S  A  A  S  L  E  S  R  L  A  N  B  H
P  I  R  H  R  M  O  O  D  J  A  E  D  E  X
L  B  P  C  A  L  M  J  L  P  Z  H  P  Q  Q
A  B  L  F  S  H  A  L  E  S  U  H  T  E  M
```

AARON	JACOB	NAHOR
ABRAHAM	JARED	NOAH
ADAM	JEHOIADA	PELEG
ARPHAXAD	JOB	REU
CAINAN	JOSEPH	SALAH
EBER	JOSHUA	SARAH
ENOCH	LAMECH	SERUG
ENOS	MAHALALEEL	SETH
ISAAC	METHUSELAH	SHEM
ISHMAEL	MOSES	TERAH

HIGHLY FAVORED

LUKE 1:29-31, 38

```
D  G  B  L  T  C  R  Y  T  N  F  V  N  R  T
D  E  D  N  N  G  N  L  H  E  M  M  C  D  G
I  H  P  F  O  A  N  V  O  H  T  F  M  M  N
A  W  C  A  A  I  M  I  U  W  B  K  J  D  I
M  D  D  A  R  V  T  E  R  K  J  R  E  C  D
D  K  L  R  S  T  O  A  Z  B  M  L  S  H  R
N  J  U  O  L  T  E  U  T  Z  B  J  U  T  O
A  M  O  A  H  G  N  D  R  U  V  W  S  R  C
H  K  H  V  T  E  B  M  O  W  L  R  G  O  C
C  S  S  A  M  Z  B  R  H  L  A  A  N  F  A
S  A  Y  I  N  G  T  L  Z  E  D  C  S  W  R
N  W  O  R  D  G  Q  Q  F  R  E  M  H  M  J
V  C  A  L  L  R  E  K  O  I  A  A  T  I  Y
F  O  U  N  D  T  B  L  V  R  T  L  M  N  L
W  R  E  N  N  A  M  E  Y  D  I  A  S  D  B
```

And **when** she saw him, she was **troubled** at his **saying**, and **cast** in her **mind what manner** of **salutation** this **should** be. And the angel said unto her, **Fear** not, Mary: for thou hast **found favour** with God. And, behold, **thou** shalt **conceive** in thy **womb**, and **bring forth** a son, and **shalt call** his **name Jesus**. . . . And **Mary said, Behold** the **handmaid** of the **Lord**; be it unto me **according** to thy **word**. And the **angel departed** from her.

GREETINGS FROM A RELATIVE

LUKE 1:42–45

E	T	H	I	N	G	S	D	E	E	R	S	Y	M	L
N	R	F	L	W	K	T	S	B	E	M	I	M	K	T
V	Z	E	R	V	H	O	A	H	T	W	H	Q	S	P
L	S	G	H	A	H	B	T	D	O	H	T	R	R	E
L	O	C	T	T	W	O	U	M	M	N	O	J	A	R
A	O	T	O	V	M	O	E	M	R	E	A	U	E	F
H	N	D	O	M	L	N	M	R	G	K	M	F	G	O
S	K	I	L	L	E	D	E	B	K	A	O	R	B	R
K	C	O	M	T	D	N	E	C	R	P	N	J	L	M
E	R	J	T	I	U	R	F	D	N	S	G	K	E	A
D	D	L	E	A	P	E	D	J	N	E	X	P	S	N
K	N	Q	S	H	O	U	L	D	K	U	H	R	S	C
D	E	V	E	I	L	E	B	R	M	R	O	W	E	E
V	G	M	N	O	I	T	A	T	U	L	A	S	D	K
M	P	J	R	S	A	I	D	X	K	K	V	L	F	Z

And she **spake** out with a **loud** voice, and **said**, Blessed art **thou among women**, and blessed is the **fruit** of thy womb. And **whence** is **this** to me, that the **mother** of my Lord **should come** to me? For, lo, as **soon** as the **voice** of thy **salutation sounded** in mine **ears**, the **babe leaped** in my **womb** for joy. And **blessed** is she **that believed**: for **there shall** be a **performance** of **those things** which were **told** her from the **Lord**.

Day 360

MARY'S MAGNIFICAT

LUKE 1:46–55

```
R R E M E M B R A N C E Q Z R
H E K K M P R T L N E D R O L
U J T J Y I R U N V X R H P I
N O D H C H O O C N A P V S F
G I O H I S O Y U S L L R X E
R C O C Y N C L R D T A T T K
Y E G A W R G L Y K E A N Z A
Y D W C E O V S D L D S E W P
F A D M V G L X K O T K S S S
I D E L L I F M N R G T C T F
N D E G R E E K A H E L P E D
G N N T R M M E N A M E A M Y
A M Z F F L H P S P I R I T Q
M R U O I V A S T S H E W E D
G A T N A V R E S Y J T W B V
```

ARM
AWAY
DEGREE
EMPTY
EXALTED
FEAR
FILLED
GOD
GOOD
HEARTS
HELPED

HOLY
HUNGRY
ISRAEL
LORD
LOW
MAGNIFY
MERCY
NAME
PROUD
REJOICED
REMEMBRANCE

RICH
SAVIOUR
SEATS
SENT
SERVANT
SHEWED
SOUL
SPAKE
SPIRIT
THINGS

Day 361

PASSOVER

```
R W S N O I T A R E N E G M D
Q S E V E N D A Y S P D D E E
O X J V H O A R A H P O S U K
R M S T P Y G E N R V T G Z U
D F S R F D F Y Y E R A L T N
I B A W X D E R R O L N D N L
N O P S O D S L Y P R O R E E
A V B O E E L E I G N R M M A
N K L S S S R A X V J A Y G V
C B D O E T U T I G E A B D E
E S M F G R W O Z R J R Y U N
T K M C T O V T H B O B E J E
C P M I K Y Q E W R T M P D D
F I R S T B O R N X T V E P L
C T G T Q E V T B R E A D M M
```

AARON	GENERATIONS	PASS
BLOOD	HOUSES	PHARAOH
BREAD	JUDGMENT	PLAGUE
DELIVERED	MEMORIAL	SEVEN DAYS
DESTROY	MOSES	SMITE
DESTROYER	OBSERVE	UNLEAVENED
EGYPT	ORDINANCE	
FIRSTBORN	OVER	

THE LORD IS MY SHEPHERD

PSALM 23

```
W  H  V  R  E  S  T  O  R  E  T  H  L  V  R
A  P  O  S  E  R  U  T  S  A  P  I  J  L  A
T  R  S  U  C  C  O  M  F  O  R  T  I  E
E  E  S  W  S  H  E  A  D  W  X  T  W  V  F
R  P  E  H  T  E  N  N  U  R  O  R  V  E  F
S  A  N  D  D  T  Q  L  L  E  W  D  C  O  F
Q  R  S  R  E  D  R  O  L  Z  C  M  A  N  A
L  E  U  E  A  T  T  R  R  O  V  E  R  H  T
E  S  O  H  T  K  N  V  E  B  P  Q  R  L  S
A  T  E  P  H  S  R  H  E  V  V  A  I  F  N
D  T  T  E  Q  O  T  D  T  D  E  E  T  E  C
E  A  H  H  D  C  I  I  O  E  D  W  E  H  L
T  B  G  S  C  S  U  W  L  T  K  R  A  U  S
H  L  I  R  E  G  N  P  Q  L  G  A  O  L  F
K  E  R  B  K  Y  E  L  L  A  V  S  M  Q  K
```

BESIDE	LIE	RUNNETH
COMFORT	LORD	SHADOW
CUP	MAKETH	SHEPHERD
DEATH	NO EVIL	SOUL
DOWN	OIL	STAFF
DWELL	OVER	STILL
EVER	PASTURES	TABLE
FEAR	PATHS	VALLEY
GREEN	PREPAREST	WALK
HEAD	RESTORETH	WATERS
HOUSE	RIGHTEOUSNESS	
LEADETH	ROD	

FULL OF FAITH

ACTS 6:8-10

M	Q	C	C	H	R	L	J	X	Z	W	D	C	T	X
T	R	I	D	C	T	Q	N	P	O	M	Y	X	K	Y
Q	A	L	N	I	P	W	E	N	O	R	E	V	C	S
B	I	I	E	H	N	M	D	L	E	W	R	H	N	G
S	S	C	H	W	K	E	O	N	P	C	E	A	T	G
Y	A	I	P	T	R	W	I	D	E	O	I	R	N	R
N	N	A	E	S	H	A	P	S	S	R	E	B	E	E
A	C	T	T	P	N	E	O	J	D	I	Q	P	H	A
G	S	A	S	S	L	R	Y	N	W	R	W	D	T	T
O	P	N	L	L	A	E	A	C	E	R	T	A	I	N
G	I	N	U	L	K	X	A	N	F	A	I	T	H	R
U	R	F	W	A	E	B	S	E	L	C	A	R	I	M
E	I	T	P	L	L	D	T	G	T	S	I	S	E	R
Z	T	S	A	E	S	E	N	I	T	R	E	B	I	L
Z	T	L	H	C	Q	D	I	S	P	U	T	I	N	G

And **Stephen**, **full** of **faith** and **power**, did **great wonders** and **miracles** among the **people**. **Then** there **arose certain** of the synagogue, which is **called** the **synagogue** of the **Libertines**, and **Cyrenians**, and **Alexandrians**, and of **them** of **Cilicia** and of **Asia, disputing** with Stephen. And **they** were not **able** to **resist** the **wisdom** and the **spirit** by **which** he **spake**.

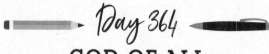

GOD OF ALL
JOSHUA 2:11; HEBREWS 11:31

```
D  H  A  R  L  O  T  B  E  C  A  U  S  E  Y
L  H  P  L  M  G  R  L  N  N  E  H  W  Z  G
H  R  E  K  O  N  L  E  N  N  E  R  E  H  T
P  E  L  A  D  R  I  T  E  V  O  B  A  R  H
E  C  G  L  R  T  D  A  G  H  M  H  H  B  T
R  E  R  Q  H  T  N  M  M  M  V  T  F  D  A
I  I  R  E  T  P  S  E  J  E  I  L  R  B  E
S  V  R  S  E  H  E  L  F  A  R  A  D  L  N
H  E  R  C  E  G  H  T  F  K  E  H  E  M  E
E  D  A  A  A  I  C  T  W  H  L  Y  V  K  B
D  E  V  R  H  L  P  T  R  N  C  O  E  N  T
P  E  U  P  N  A  H  S  E  A  K  U  I  O  B
N  O  T  K  Y  E  B  W  R  H  E  R  L  O  Z
C  K  R  L  M  B  N  R  O  Z  L  R  E  S  X
C  J  T  H  I  N  G  S  M  W  M  Y  B  Y  P
```

And as **soon** as we had **heard** these **things**, our **hearts** did **melt**, **neither** did **there remain** any **more courage** in any man, **because** of you: for the LORD **your** God, he is God in **heaven above**, and in **earth beneath**. . . . By **faith** the **harlot Rahab perished** not with **them** that **believed** not, **when** she had **received** the spies with **peace**.

MORE ON REVELATION

N	O	I	T	A	L	U	B	I	R	T	C	C	T	F
R	O	Q	H	A	M	M	G	B	R	N	A	J	J	A
E	G	G	M	O	G	N	O	I	L	N	F	S	O	H
B	N	B	A	N	R	E	M	S	D	O	T	N	H	P
Z	G	O	Z	R	L	S	M	L	T	A	O	T	N	L
E	S	R	R	N	D	H	E	O	E	A	F	D	C	A
R	R	B	N	H	R	S	E	S	P	K	R	N	G	P
I	E	O	R	T	T	R	B	E	A	S	T	S	D	R
F	D	O	K	I	I	L	W	P	A	T	M	O	S	O
F	L	K	C	F	E	S	T	E	P	M	U	R	T	P
O	E	K	X	G	S	E	H	C	R	U	H	C	S	H
E	S	Y	N	O	M	I	T	S	E	T	P	W	P	E
K	Z	A	G	A	T	E	S	N	Y	R	O	Y	P	C
A	S	E	B	I	R	T	T	B	R	R	X	H	Y	Y
L	Y	N	S	E	A	L	S	R	D	K	X	G	G	K

ALPHA	GATES	SEATS
ANGEL	HORSES	STARS
BEASTS	JOHN	SWORD
BLOOD	LAKE OF FIRE	TESTIMONY
BOOK	LAMB	THRONE
CANDLESTICKS	LION	TRIBES
CHURCHES	OMEGA	TRIBULATION
DRAGON	PATMOS	TRUMPETS
ELDERS	PROPHECY	
FIRE	SEALS	

ANSWERS

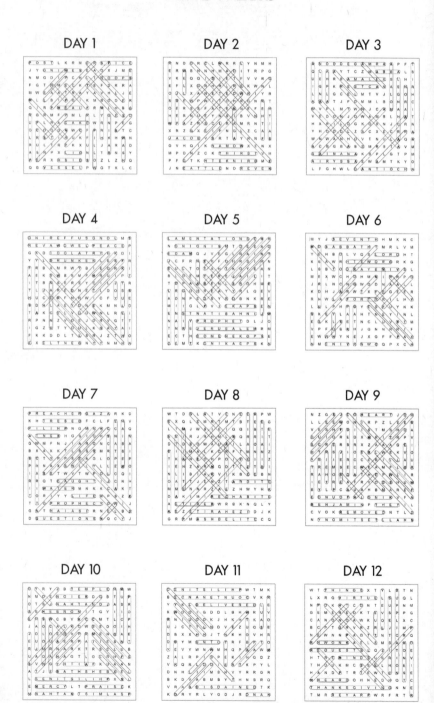

DAY 1

DAY 2

DAY 3

DAY 4

DAY 5

DAY 6

DAY 7

DAY 8

DAY 9

DAY 10

DAY 11

DAY 12

ANSWERS

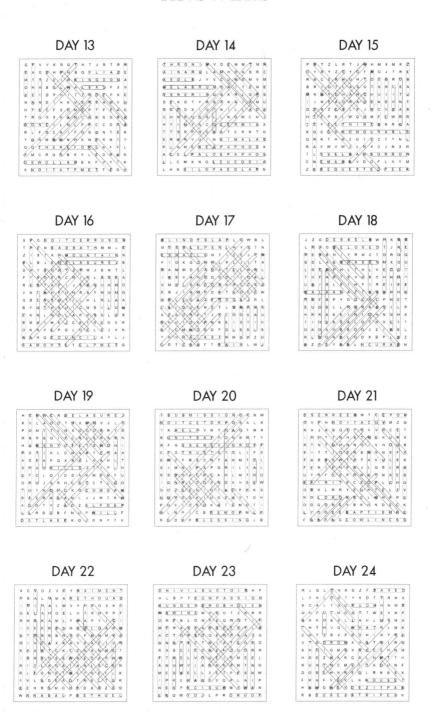

ANSWERS

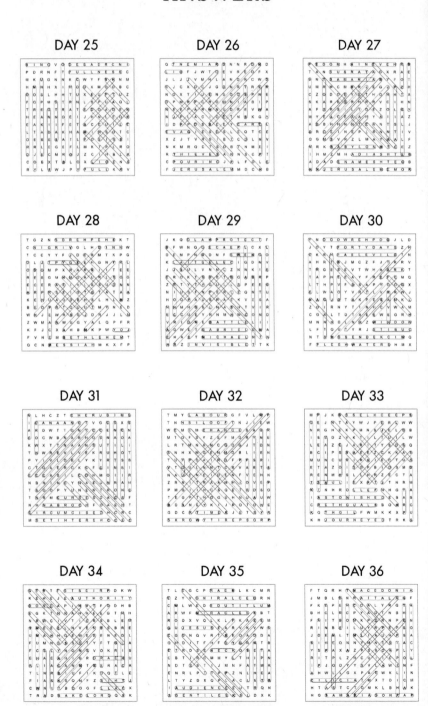

DAY 25

DAY 26

DAY 27

DAY 28

DAY 29

DAY 30

DAY 31

DAY 32

DAY 33

DAY 34

DAY 35

DAY 36

ANSWERS

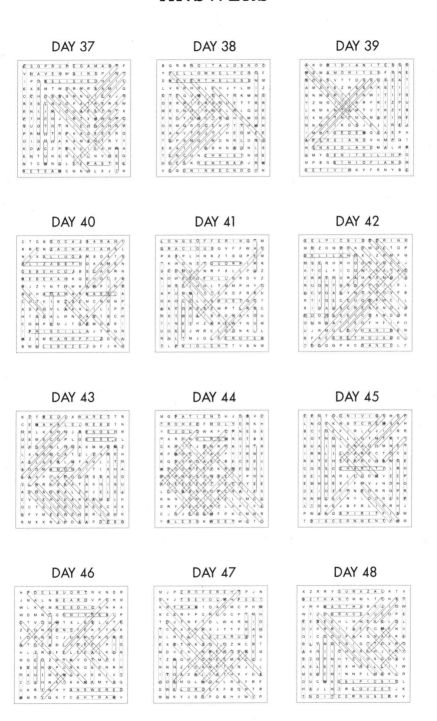

ANSWERS

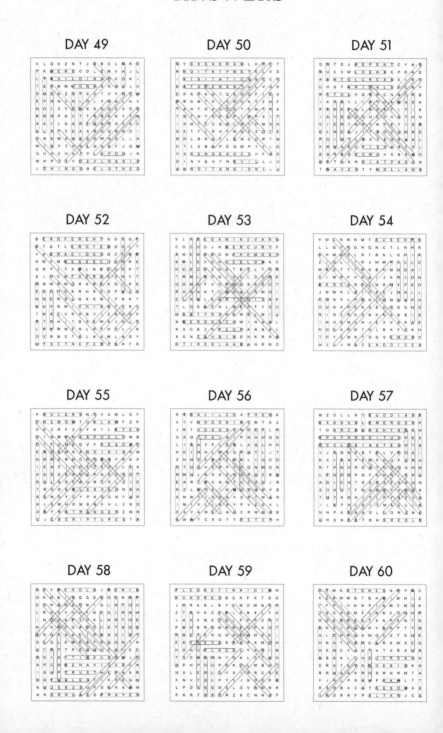

DAY 49

DAY 50

DAY 51

DAY 52

DAY 53

DAY 54

DAY 55

DAY 56

DAY 57

DAY 58

DAY 59

DAY 60

ANSWERS

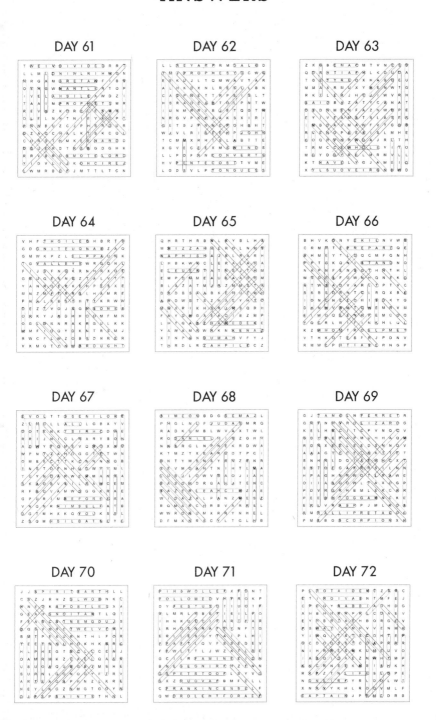

ANSWERS

DAY 73

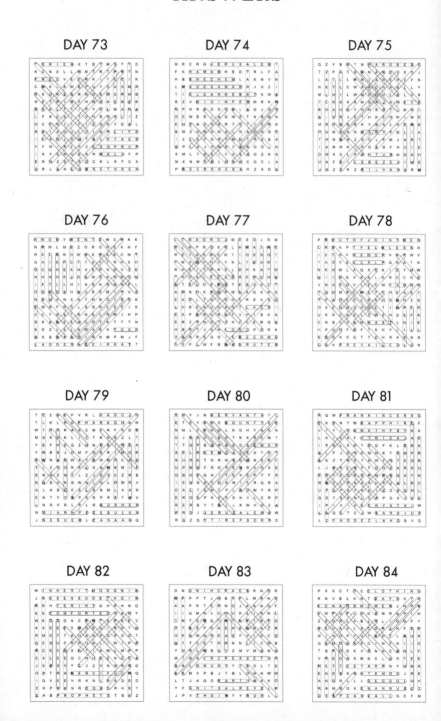

DAY 74

DAY 75

DAY 76

DAY 77

DAY 78

DAY 79

DAY 80

DAY 81

DAY 82

DAY 83

DAY 84

ANSWERS

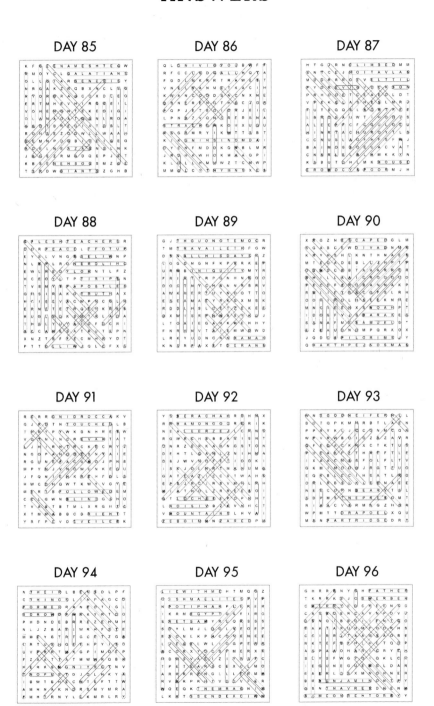

ANSWERS

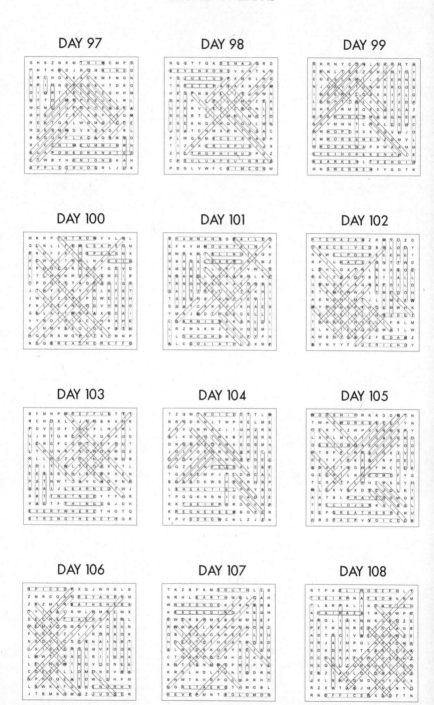

DAY 97

DAY 98

DAY 99

DAY 100

DAY 101

DAY 102

DAY 103

DAY 104

DAY 105

DAY 106

DAY 107

DAY 108

ANSWERS

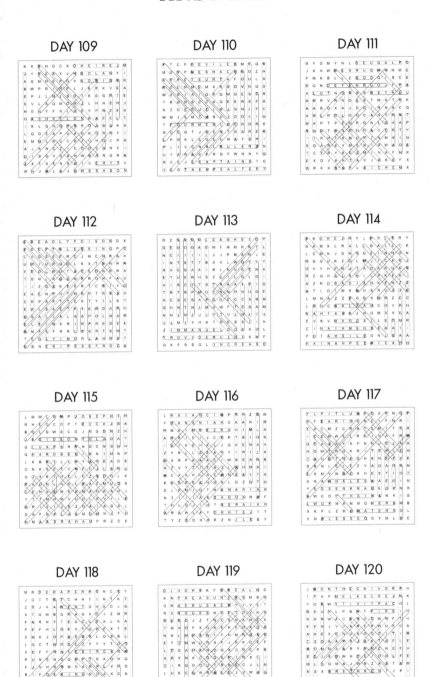

ANSWERS

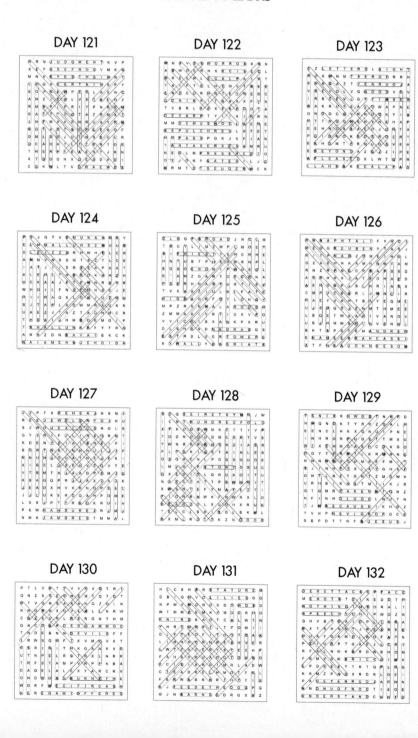

DAY 121

DAY 122

DAY 123

DAY 124

DAY 125

DAY 126

DAY 127

DAY 128

DAY 129

DAY 130

DAY 131

DAY 132

ANSWERS

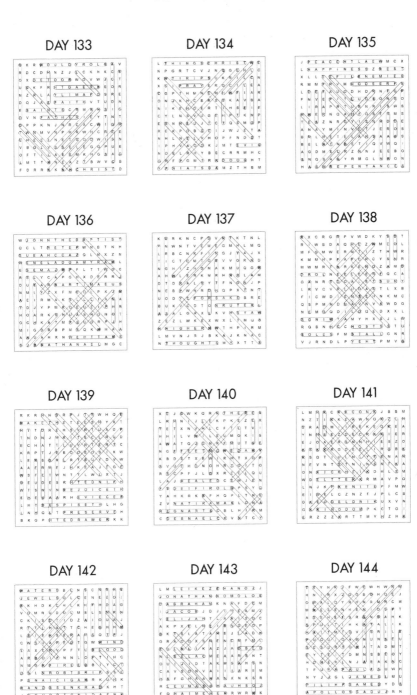

DAY 133

DAY 134

DAY 135

DAY 136

DAY 137

DAY 138

DAY 139

DAY 140

DAY 141

DAY 142

DAY 143

DAY 144

ANSWERS

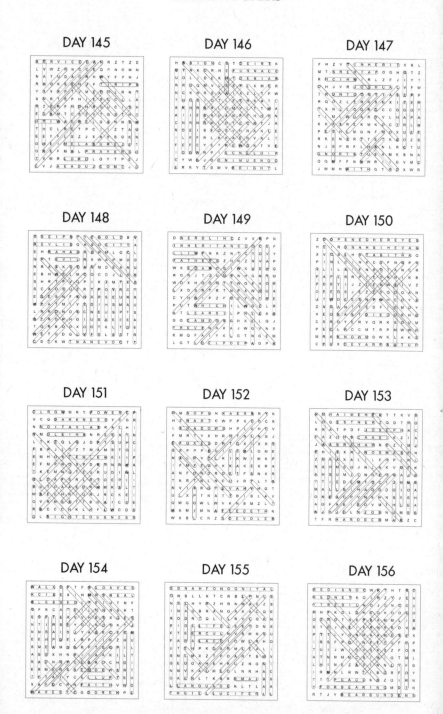

DAY 145

DAY 146

DAY 147

DAY 148

DAY 149

DAY 150

DAY 151

DAY 152

DAY 153

DAY 154

DAY 155

DAY 156

ANSWERS

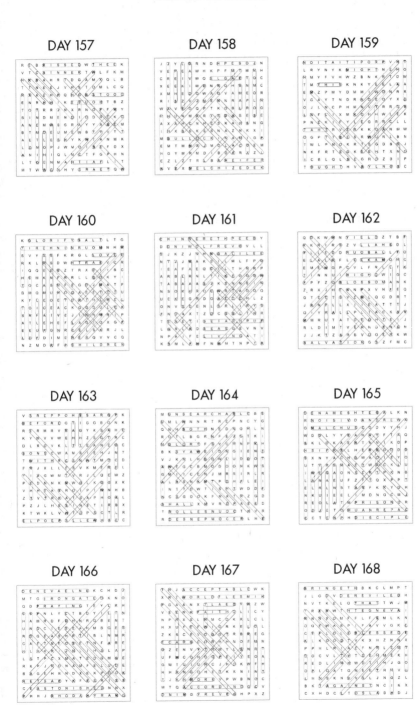

ANSWERS

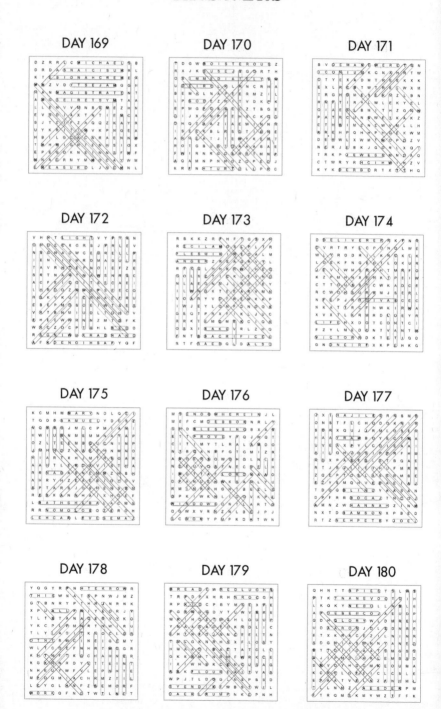

DAY 169

DAY 170

DAY 171

DAY 172

DAY 173

DAY 174

DAY 175

DAY 176

DAY 177

DAY 178

DAY 179

DAY 180

ANSWERS

DAY 181

DAY 182

DAY 183

DAY 184

DAY 185

DAY 186

DAY 187

DAY 188

DAY 189

DAY 190

DAY 191

DAY 192

ANSWERS

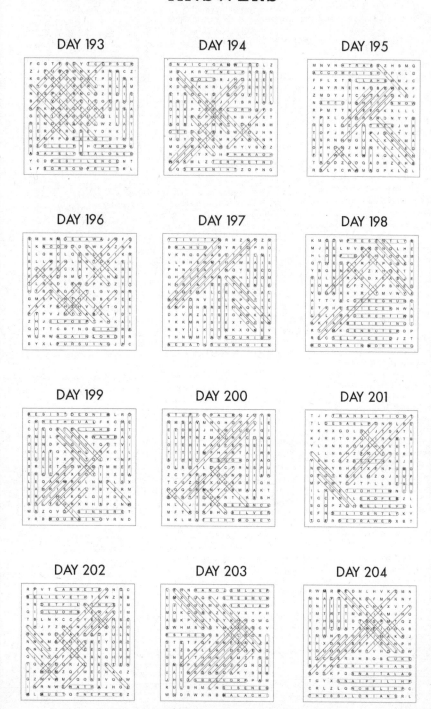

DAY 193

DAY 194

DAY 195

DAY 196

DAY 197

DAY 198

DAY 199

DAY 200

DAY 201

DAY 202

DAY 203

DAY 204

ANSWERS

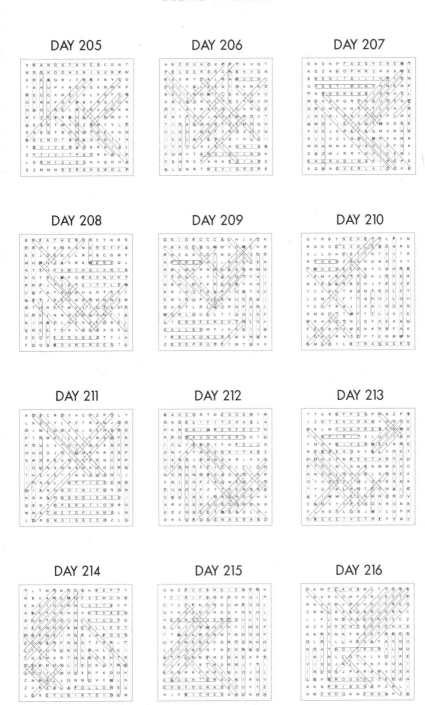

DAY 205

DAY 206

DAY 207

DAY 208

DAY 209

DAY 210

DAY 211

DAY 212

DAY 213

DAY 214

DAY 215

DAY 216

ANSWERS

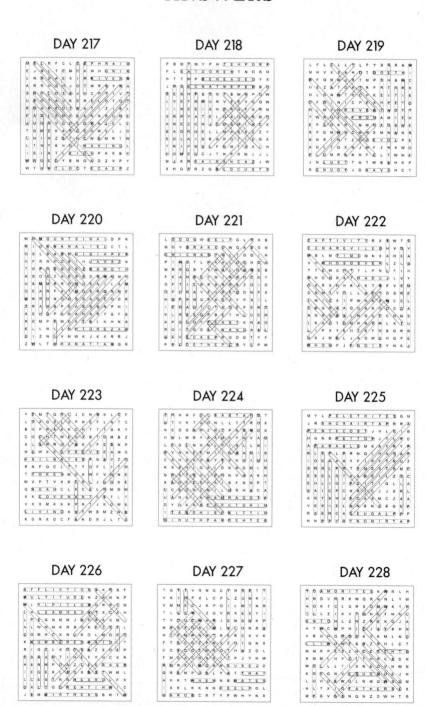

DAY 217

DAY 218

DAY 219

DAY 220

DAY 221

DAY 222

DAY 223

DAY 224

DAY 225

DAY 226

DAY 227

DAY 228

ANSWERS

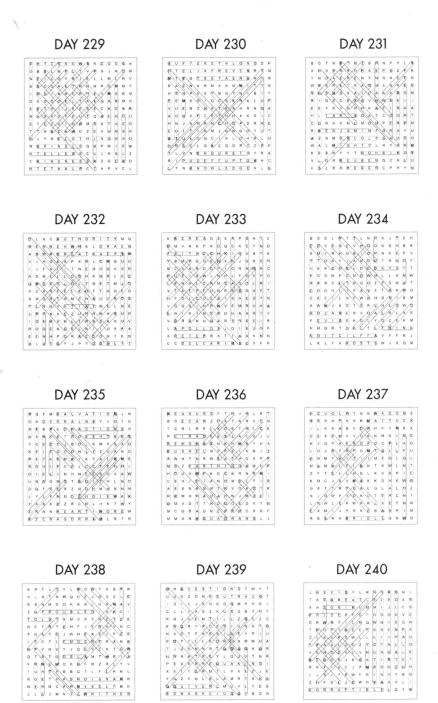

DAY 229

DAY 230

DAY 231

DAY 232

DAY 233

DAY 234

DAY 235

DAY 236

DAY 237

DAY 238

DAY 239

DAY 240

ANSWERS

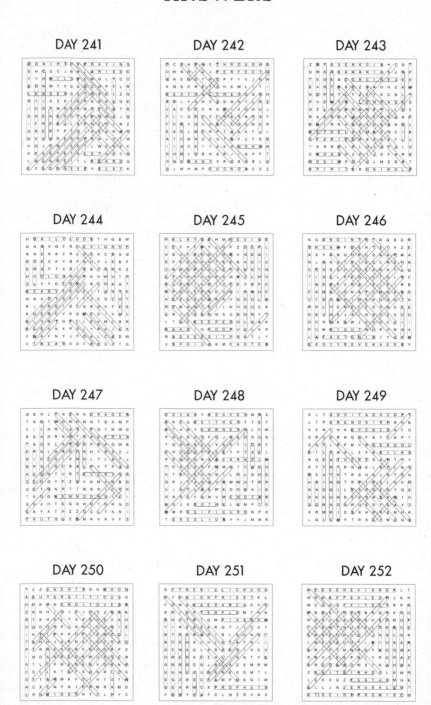

DAY 241

DAY 242

DAY 243

DAY 244

DAY 245

DAY 246

DAY 247

DAY 248

DAY 249

DAY 250

DAY 251

DAY 252

ANSWERS

DAY 253

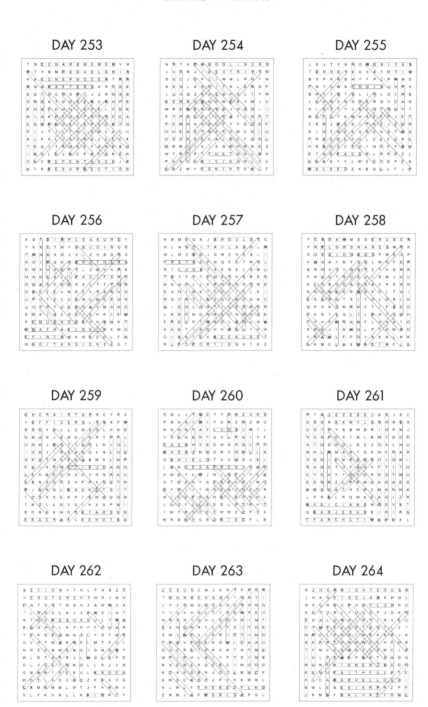

DAY 254

DAY 255

DAY 256

DAY 257

DAY 258

DAY 259

DAY 260

DAY 261

DAY 262

DAY 263

DAY 264

ANSWERS

DAY 265

DAY 266

DAY 267

DAY 268

DAY 269

DAY 270

DAY 271

DAY 272

DAY 273

DAY 274

DAY 275

DAY 276

ANSWERS

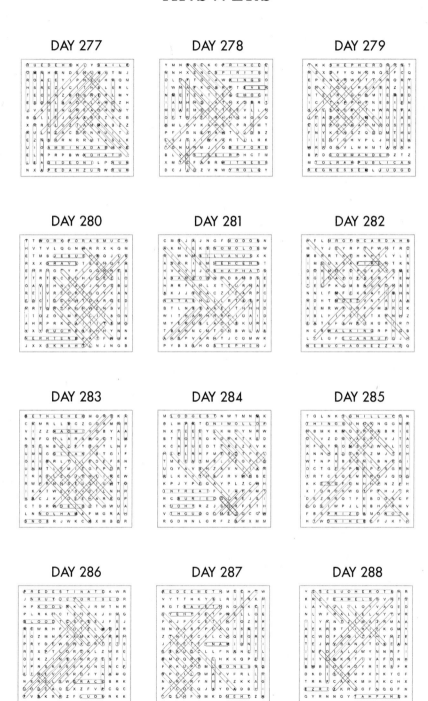

DAY 277

DAY 278

DAY 279

DAY 280

DAY 281

DAY 282

DAY 283

DAY 284

DAY 285

DAY 286

DAY 287

DAY 288

ANSWERS

DAY 289

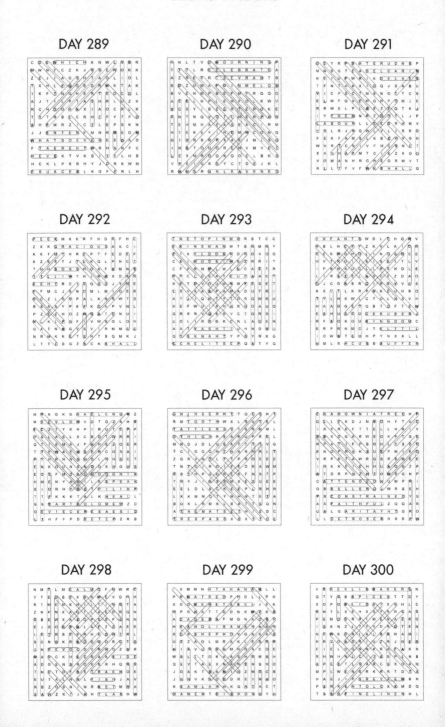

DAY 290

DAY 291

DAY 292

DAY 293

DAY 294

DAY 295

DAY 296

DAY 297

DAY 298

DAY 299

DAY 300

ANSWERS

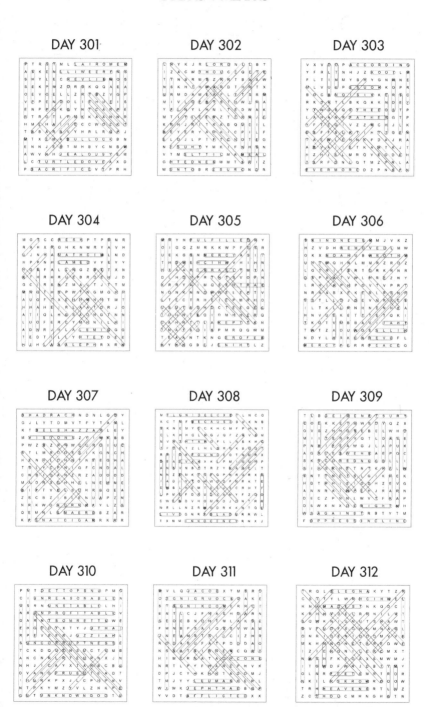

DAY 301

DAY 302

DAY 303

DAY 304

DAY 305

DAY 306

DAY 307

DAY 308

DAY 309

DAY 310

DAY 311

DAY 312

ANSWERS

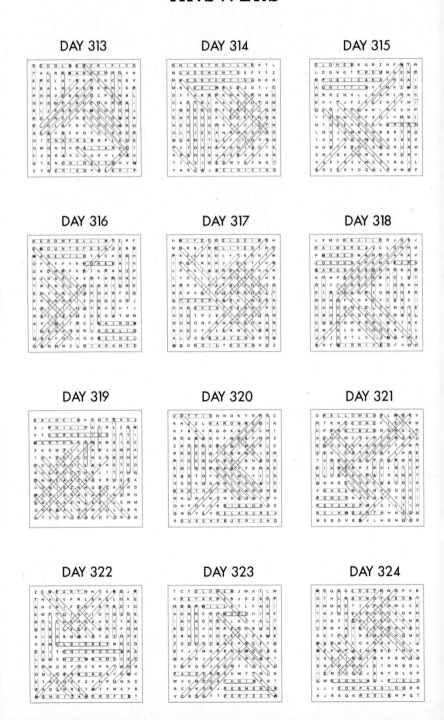

DAY 313

DAY 314

DAY 315

DAY 316

DAY 317

DAY 318

DAY 319

DAY 320

DAY 321

DAY 322

DAY 323

DAY 324

ANSWERS

DAY 325

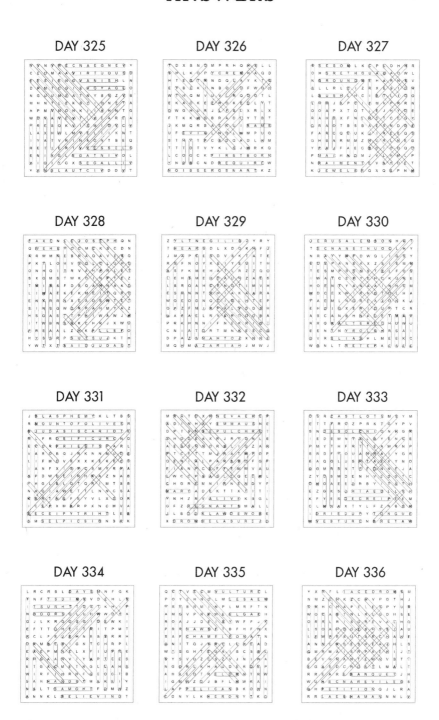

DAY 326

DAY 327

DAY 328

DAY 329

DAY 330

DAY 331

DAY 332

DAY 333

DAY 334

DAY 335

DAY 336

ANSWERS

DAY 337
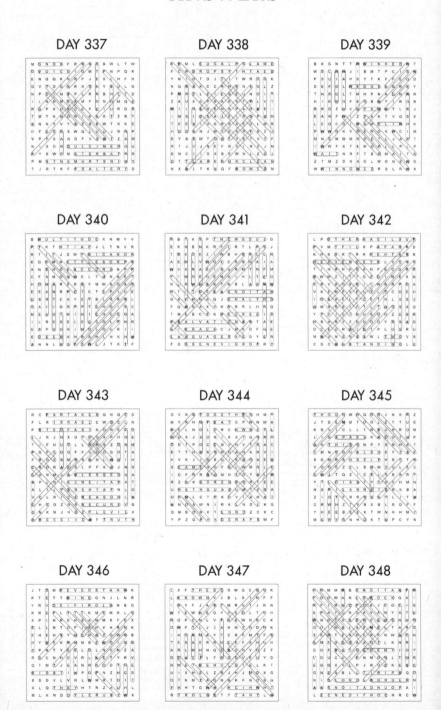

DAY 338

DAY 339

DAY 340

DAY 341

DAY 342

DAY 343

DAY 344

DAY 345

DAY 346

DAY 347

DAY 348

ANSWERS

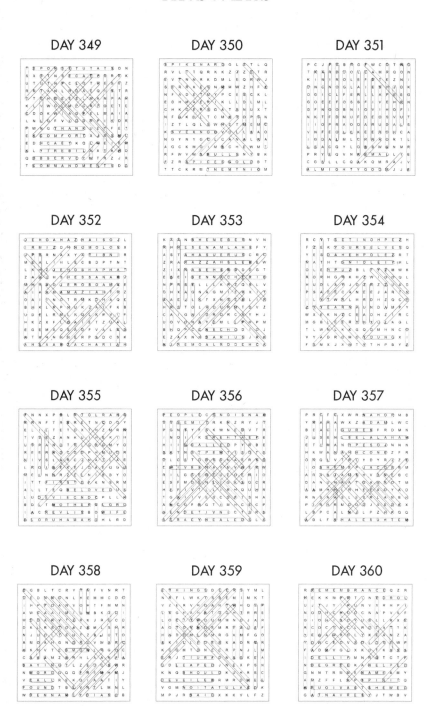

DAY 349

DAY 350

DAY 351

DAY 352

DAY 353

DAY 354

DAY 355

DAY 356

DAY 357

DAY 358

DAY 359

DAY 360

ANSWERS

DAY 361

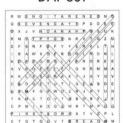

DAY 362

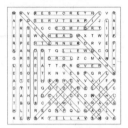

DAY 363

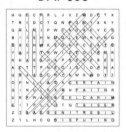

DAY 364

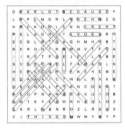

DAY 365

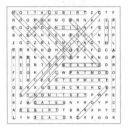

MORE GREAT
BIBLE PUZZLES!

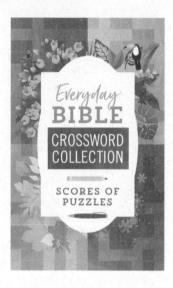

Love word games? Love the Bible? Here are scores of puzzles to challenge and expand your knowledge of the Good Book. Based on the beloved King James Version, crosswords also feature some clues and answers from other translations and fields of study for added variety.

Paperback / 978-1-63609-144-0 / $9.99